AŞK-I MESNEVİ

"SONSUZ AŞK"

AŞK-I MESNEVİ

"SONSUZ AŞK"

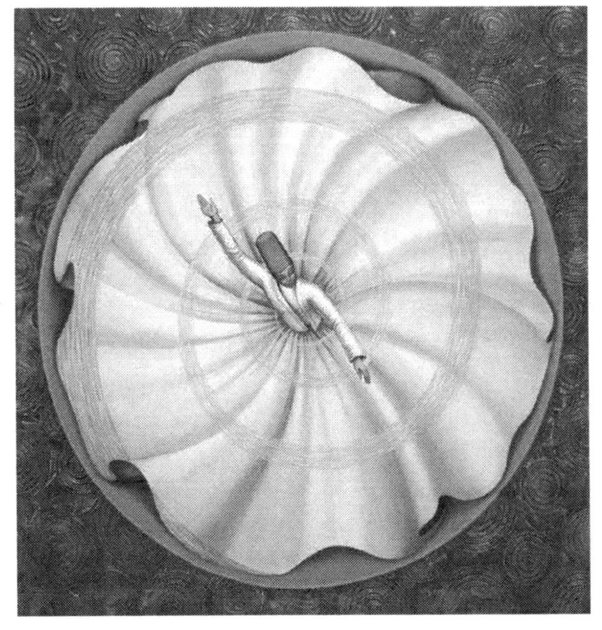

MURAT UKRAY

~ 2010 ~

AŞK-I MESNEVÎ

SONSUZ AŞK (A NOVEL)

Yazarı (Author): Murat UKRAY (Turkish Writer)

Sayfa Düzeni ve Grafik Tasarım: E-Kitap Projesi

Yayıncı (Publisher): http://www.ekitaprojesi.com

Baskı ve Cilt (Print): POD (Bookmundo) Inc.

Sertifika No: 45502

İstanbul – Ağustos, **2010**

ISBN: 978-605-7748-29-4

eISBN: 978-605-9654-29-6

İletişim ve İsteme Adresi:

E-Posta (e-mail): muratukray@hotmail.com

İnternet Adresi (web): www.kiyametgercekligi.com

قىيآمەة گەرچەكليغي

* كلّيآتي *

Kıyamet Gerçekliği Külliyatından

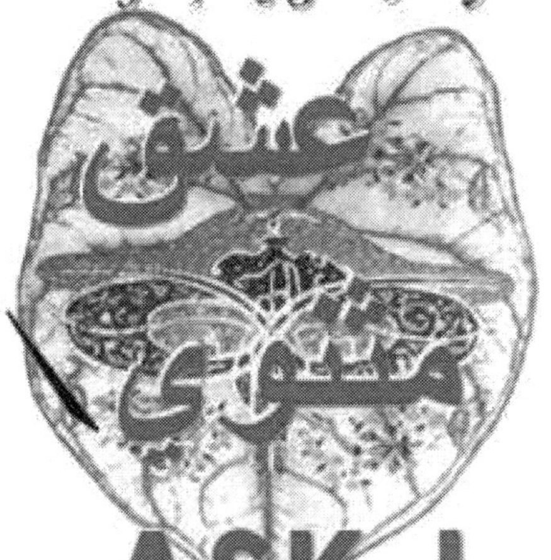

AŞK-I MESNEVÎ

SONSUZ AŞK

MURAT UKRAY

Hicrî 1430 Miladî 2010

Beni yetiştiren kıymetli
babaannemin ve bu
çalışmada bana manevî
destek veren, kıymetli üstadım
Mevlâna Celâleddinî Rumî'nin,

ve onun talebelerinin,

ve marifet ve hakikati ilân ve
ispat eden bütün tasavvuf
ehlinin
anısına...

İÇİNDEKİLER

Yazar Hakkında

Murat UKRAY,

17 Ağustos 1976 tarihinde İstanbul'da doğdu. İlk, orta ve lise öğrenimini İstanbul'da tamamladı. Daha sonra Yıldız Teknik Üniversitesi Elektronik Mühendisliği bölümünde ve aynı üniversitenin fen bilimleri enstitüsünde yüksek lisans öğrenimi gördü. 2000'li yılların başından bu yana, çeşitli yerli ve yabancı kaynaklardan araştırmalar yaparak imanî ve bilimsel konularda çeşitli makaleler ve grafik tasarımları (aralarında Hz. Mevlana, Üstad Bediîüzzaman Saidî Nursî'ye v.b. ait çizimlerin de bulunduğu) eserleri hazırladı. Çocuklar için "*Galaxy*" isimli bir oyun tasarladı. Yazarın, kaotik zaman serileri ve yapay sinir ağlarıyla borsa da tahmin sistemleri üzerine uluslararası düzeyde yayınlanmış bir makalesi ve yayınlanmış iki kitabı vardır. Bunlardan ilki: Kıyamet Gerçekliği, Kur'ân'daki İncil'deki ve diğer bazı ilmî kaynaklardaki kıyametin büyük alâmetlerini içinde bulunduğumuz zamana yönelik açıklamaya ve aydınlatmaya yönelik bir çalışmadır. Kitaba, ayrıca günümüz Türkçe'sini Osmanlı Alfabesine kodlayan bir de Osmanlıca Alfabe konulmuştur. Kitap, bu konuyla ilgili Kur'an âyetleri ve hadislere yönelik batınî bir tefsirdir. İkincisi ise: 5 Boyutlu Rölativite ve Birleşik Alan Teorisi, Plâton'dan günümüze kadar devam eden süreç içerisinde yapılan fizik yasalarını birleştirme çabasına yönelik bir çalışma olup, Kur'ân'ın bazı semavî

müteşâbih ayetlerinin tefsirine yönelik, bugüne kadar çeşitli bilim adamları tarafından yapılmış matematiksel ve fiziksel çalışmaları da içerecek şekilde, gözlemleyebildiğimiz maddî evreni matematiksel olarak açıklamaya çalışan zahirî bir tefsirdir. Kitapta, evrenin yapısını ve karadelikleri açıklayan hikmet (fizik) yasaları çeşitli teoremlerle anlatılmakta olup, yüksek bir matematik bilgisi gerektirmektedir. Her iki çalışmanın da amacı iman-ı tahkikînin batınî ve zahirî kutuplarına yöneliktir.

2011 yılında, "İnternette e-kitap yayıncılığı ilkeleri" ve "5-Boyutlu Relativite & Birleşik Alan Kuramı & Quantum Mekaniği"nin birleştirilmesi üzerine iki makale yayımladı. Bu makaleleri büyük ses getirdi ve çoğu kişi web yayıncılığına yöneldi. İkinci makalesindeki fikirlerini, temel Fizik yasalarını en küçük ölçeklerde birleştirmeye çalışan ve halen üzerinde çalışılan "Birleşik Alan Teorisi" isimli eserini 2007 yılında yazmaya başladı. 2000'li yıllardan bu yana, çeşitli yerli ve yabancı kaynaklardan araştırmalar yaparak, Akademik, Web yayıncılığı ve Bilimsel konularda çeşitli Makaleler, Projeler yürütmüş olup, yine çoğu dini araştırmalar olmak üzere, çeşitli Grafik Tasarımları ile Kitap kapakları hazırladı. Bu yüzden, yurtdışında profesyonel yayıncılık için kendine editoryal ve grafik sanatları olarak iki yönlü geliştirerek kuvvetli bir alt yapı hazırladı. Aralarında, 2006 yılında kaleme aldığı ilk eseri "KIYAMET GERÇEKLİĞİ" ve 2007 yılında kaleme aldığı "5-BOYUTLU RELATİVİTE & BİRLEŞİK ALAN TEORİSİ", 2008 yılında kaleme aldığı "İSEVİLİK İŞARETLERİ" ile diğer eserleri olan "YARATILIŞ GERÇEKLİĞİ" (2009), ve yine Mevlanayla ilgili "MESNEVİYYE-İ UHREVİYYE" (2010) (AŞK-I MESNEVİ) ve "ZAMANIN SAHİPLERİ" (2011) isimli otobiyografik roman olmak üzere yayımlanmış toplam 14 türkce kitabı ile çoğu FİZİK ve METAFİZİK konularında olmak üzere, ingilizce olarak yayınlanmış toplam 5 kitap olmak üzere tamamı 19 yayımlanmış eseri vardır..

Yazar, daha sonraki zamanda tüm kitaplarının ismine genel olarak, her biri KIYAMET'i isbat ve ilan etmek üzere odaklandığından "KIYAMET GERÇEKLİĞİ KÜLLİYATI" ismini vermiş, ve 2010 yılından beri zaman zaman gittiği AMERİKA'daki aynı isimde kurmuş olduğu (www.kiyametgercekligi.com) web sitesi üzerinden kitaplarını sadece dijital elektronik ortamda, hem düzenli olarak yılda yazmış veya yayınlamış olduğu diğer eserleri de yayın hayatına E-KİTAP ve POD (Print on Demand - talebe göre yayıncılık-) sistemine göre yayın hayatına geçirerek okurlarına sunmayı ilke olarak edinirken; diğer yandan da, projenin SOSYAL yönü olan doğayı korumak amaçlı başlattığı "E-KİTAP PROJESİ" isimli yayıncılık sistemiyle KİTABINI KLASİK SİSTEMLE YAYINLAYAMAYAN "AMATÖR YAZARLAR" için, elektronik ortamda kitap yayıncılığı ile kitaplarını bu sistemle yayınlatmak isteyen PROFESYONEL yayıncılar ve yazarlar için de hemen hemen her çeşit kitabın (MAKALE, AKADEMİK DERS KİTABI, ŞİİR, ROMAN, HİKAYE, DENEME, GÜNLÜK TASLAK) elektronik ortamda yayıncılığının önünü açan E-YAYINCILIĞA başlamıştır. Yazar, halen çalışmalarına İstanbul'da devam etmektedir.

Yazarın yayınlanmış diğer Kitapları:

1- **Kıyamet Gerçekliği** *(Kurgu Roman) (2006)*

2- **Birleşik Alan Teorisi** *(Teori – Fizik & Matematik) (2007)*

3- **İsevilik İşaretleri** *(Araştırma) (2008)*

4- **Yaratılış Gerçekliği- 2 Cilt** *(Biyokimya Atlası)(2009)*

5- **Aşk-ı Mesnevi** *(Kurgu Roman) (2010)*

6- **Zamanın Sahipleri** *(Deneme) (2011)*

7- **Hanımlar Rehberi** *(İlmihal) (2012)*

8- **Eskilerin Masalları** *(Araştırma) (2013)*

9- **Ruyet-ul Gayb (Haberci Rüyalar)** *(Deneme) (2014)*

10- **Sonsuzluğun Sonsuzluğu (114 Kod)** *(Teori & Deneme) (2015)*

11- **Kanon (Kutsal Kitapların Yeni Bir Yorumu)** *(Teori & Araştırma) (2016)*

12- **Küçük Elisa (Zaman Yolcusu)** (Çocuk Kitabı) (2017)

13- **Tanrı'nın Işıkları (Çölde Başlayan Hikaye)** *(Bilim-Kurgu Roman) (2018)*

14- **Son Kehanet- 2 Cilt** *(Bilim-Kurgu Roman) (2019)*

http://www.ekitaprojesi.com

http://kiyametgercekligi.com

"Ölüm yalnız kavuşmadır;

Cefa etmek, kin gütmek değil..

Ölen yalnız ten imiş, Canlar ölesi değil.."

Hz. Mevlâna (K.S.)

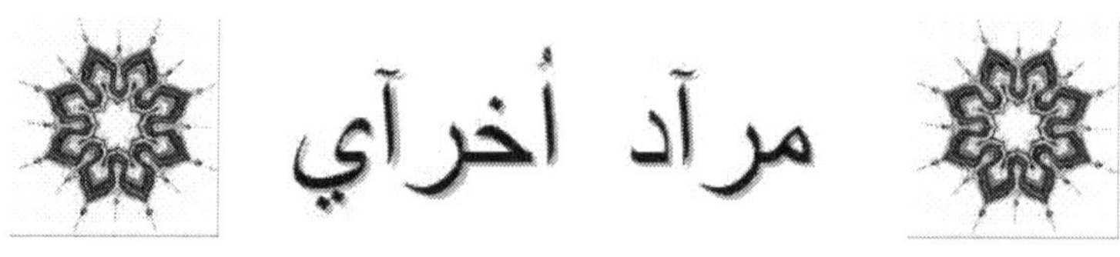

ÖNSÖZ

Aşk-ı Mesnevî isimli bu eserimiz, parça parça iç içe geçmiş halkalar halinde varlık âlemine ait bir kısım varlıkların, Kâinatı müşahede etmesini ve yaratılış delillerinin kendi lisanlarıyla konuşturulmasını anlatan **40** adet hikâyeden oluşur. Hz. Mevlana ve Şems-i Tebriz'inin tanışmasının sırlarını araştıran üç arkadaşın 1200'lü yıllara Şems'in peşine düşerek ilahi aşkın anlamını araştırmaları ve dinlerin tarihi kökenlerine uzanarak ulaştıkları sembolik kavramları canlı bir biçimde anlatıyor. Bu uzun mistik yolculukta her varlık kendi varlığına bir delil oluşturmakta ve varlıklar evreninin toplamı yaratıcıyı göstermektedir. Bu yolculuk esnasında evrendeki en küçük yapıtaşından en büyüğüne kadar felsefi bir incelemeyle hareket eden eser, yaratıcının varlığını tek tek ispatlayarak ilerliyor. Aşk-ı Mesnevi, içerisinde yer alan 40 adet yolculukla beraber insanı evrenle bir bütün halinde bir iç yolculuğa çıkartarak ruhlar ve evrenler âleminin gizemlerini sunuyor. Aşk-ı Mesnevi'yi aşk ve gizemi tevhid ve dinlerin birliği ekseninde birleştiren bir modern zaman Mevlana ve Mesnevi felsefesi yolculuğu olarak da ele alabiliriz. Birçok gizem ve çözümünü beraber sunan bu değerli eseri mutlaka okumanızı öneriyoruz. Kainattaki her bir varlık, kendi varlığına bir delil olduğu gibi, ondan çok daha önemli olan yaratıcısını da gösterdiği ve ilân ettiği gibi, kâinatta gerçekleşen pek çok hikmetli tabiat harikası varlık da, onu gösterir. İşte bu önemli eserimizde, varlıkların bu yönünü ele alarak kâinatta var olan en büyük cisimlerden en küçüğüne doğru giden bir sıralamada örnek olarak seçtiğimiz bazı varlıklara ilişkin yaratılış delillerini hikâye tarzında aktararak anlatacağız. Eserin metodolojisi ve dokusu, en küçük ve en büyüğü bir çember üzerinde birleştiren bir yaratılış silsilesi içerisinde devam eden bir yolculuktan ibarettir. Bu yolculuğumuza, kâinattaki en büyük cisimle ve onun hikâyesiyle başlayarak, en küçüğün hikâyesini anlatarak bitireceğiz ve sonunda göreceğiz ki, kâinat bir bütün olarak en küçük yapıtaşından en büyüğüne kadar mükemmel bir yaratılış silsilesi içerir ve her varlık kendi lisan-ı haliyle yaratıcısına işaret eder ve onun varlığını bildirir. Dolayısıyla, kâinattaki en büyük ve en küçük arasında, yaratılıştaki zorluk bakımından bir fark olmayıp, en küçük en büyüğün küçültülmüş bir sureti hükmündedir. Bu yolculuğumuz sırasında, atomlardan yıldızlara; sineklerden insanlara kadar kademe kademe sıralanan bu yaratılış silsilesi içerisinde birbirine bağlantılı bir silsile-i nuraniye olduğu müşahede edilecektir. Aynı zamanda, kendi içerimizde de gerçekleşen bu yolculuğun son kısımlarında şöyle bir tablo ile karşılaşırız ki, yaratılışın en ince noktalarında küçük ile büyük; zerre ile kürre bir olmaktadır ve kendi nefsimiz bu ikisinin arasında bulunan nihayetsiz dereceler arasında yükselip alçalabilmektedir. Kâinatı anlayış ve kavrayış kapasitesiyle sınırlı olan bu derecelendirme, her varlığa kâinatta bir konum ve yer belirler. İşte, kâinatın halifesi olan insan da bu silsilenin en üstünde yer almakla birlikte; yaratıcısını tanımadığı takdirde, bu silsilenin en altına inebilmekte ve en adî bir hayvandan daha aşağıya düşebilmektedir. İşte, eserimizi takip ederken, biz de kendimize buna göre bir rol biçmeli ve kâinatı müşahede eden ve yaratıcısını isbat ve ilân eden şu varlıklardan ibretli bir ders alıp iman etmeliyiz ki, can kuşunun dünya hayatına salınmasıyla başlayan bu yolculuğa, kabir, berzah, sırat, mizan, terazi, cennet ve cehennem uçuşlarıyla devam edelim ve sonunda Hakikat-i ilâhiyeye ulaşabilelim. Şu kâinat, içerdiği tüm mevcudatıyla bir kitap hükmünde olduğu gibi, Hâlik-i Zülcelâl o kitap üzerinde yazar, çizer, bozar ve değiştirir. Ta ki, Hâlik-i Zülcelâl şu mevcudat silsilelerini, ahirete akıp giden şu karanlık sel gibi unsurları Cennet ve Cehennem havuzlarına boşaltarak harab edecek, kıyameti ve haşri getirecektir. İşte bu eser, Mesnevi tarzında, Kaf Dağı'nın ardındaki Anka kuşu misali hakikati aramak için yola çıkan kuş misali 40 adet varlığın kendi nefsini ve nihayetinde yaratıcısını keşfetmesini anlatan 40 adet yolculuktan oluşan uzunca bir hikâyedir. İşte bu hikâyemiz boyunca, her biri 2 gün süren o 40 adet yolculukla her biri 4 yolculuk süren 10 adet istasyona uğrayıp, 80 günde tamamlanan ve kâinatı içerisine alan büyük bir devr-i âlem yapacağız. Ben çok zaman, Hz. Mevlâna'nın Mesnevî'si gibi bir eser hazırlamayı düşünmüştüm. Fakat sonradan gördüm ki, bu küçük ve harika eser, canlı varlıklara ait bir mesnevî hükmüne geçti ve ayrıca büyük İslâm mutasavvuflarından Hz. Mevlâna, Gazalî ve Saidî Nursi'de yer alan Mesnevî düşüncelerini günümüze uyarlanan tek bir çizgide birleştirdi. Hem, her bir parçasının, ikili beyitlerden yazılan mesnevî tarzında iki günde bir arayla yazılması bu hakikati doğruladı..

GİRİŞ

بِسْمِ اللّٰهِ الرَّحْمٰنِ الرَّحِيمِ

Ey hakikati arayan arkadaş! Kur'an-ı Hâkim'in varlık âlemine ilişkin **40 adet ayetinden** istifade ettiğim **kâinata ve 18.000 adet varlık âlemine** ilişkin **40 adet hakikatini**, gayb âlemine açılan ve Anka kuşu misalî hakikate yolculuk yapan **40 adet kuş** misalî **40 adet varlığın kâinatı müşahedatını, 40 adet yolculuk** halinde, her bir varlığın **kendi lisan-ı haliyle** ifade edeceğim.

Kim isterse istifade edebilir.

"Aşk imiş her ne meyve varsa şu kâinat bağında,

Her dem başka bir âlemin başka bir dalında,

Yaratır mı hiç şu âlemi lüzumsuz boş yere,

Her nereye baksan gösterir sana bir mucize."

Yıl: **1980**'ler. Yer: **İstanbul**'da Beykoz semtinde Türkiye'de geleneksel düşünceyle postmodern dinî düşüncenin kesişim noktalarını ve Türkiye üzerindeki yakın zamanlardaki etkisini tartışan bir panel sonrası.

Panel çıkışında heyecanla tartışan kalabalığın arasından ayrı bir yere çekilen üç arkadaş yıllar sonra tekrar bir araya gelmişler ve hem hasret gideriyorlar ve hem de yaşadıkları hayatın paralelinde gelişen Türkiye'deki bazı düşünce değişimlerini konuşuyorlardı. Her üçünün düşünce yapısı farklı olsa da, hepsinin ortak düşüncesi ortak bir noktada buluşuyordu: "**Türkiye'de dinî düşünce ekseninde pozitif bir değişim mi var, yoksa yüzlerce senedir yerinde mi sayıyoruz?**" Aslında, konuyu Mustafa başlatmıştı. O'nun düşünceleri, Türkiye'nin batıdan teknoloji ve fen bilimlerinde geri kalmasının sebebini dinî bağnazlıklara bağlıyor ve bu şekilde devam eden iç çekişmelerle demokratikleşmenin önü sürekli tıkanıyordu. Özellikle, 80 öncesi ve 80 döneminde akademi yıllarında yaşadığı birtakım olaylar onu bu düşünce içerisine itmişti; oysa Leyla ve Halil böyle düşünmüyordu. Her ne kadar, bazı cemaat grupları Türkiye'de faaliyet göstererek demokratikleşmenin önüne zaman zaman geçse de, din ve bilimin ortak bir eksende yorumlanmasına ilişkin son 10 yıl içerisinde önemli bir gelişme sağlanmıştı. "Evet, böyle buyurdu üstad" dedi, Halil coşkulu bir sesle; "Gerçekten de Osmanlı yeni bir Avrupa doğurmak üzere ve şu Avrupa'ya bakıyorum da orada da sanki bir İslâm devletinin temelleri yeni yeni oluşuyor. Bu yüzden ben gelecekten o kadar da ümitsiz değilim. Hem pozitif bilimlerle Kur'anın uyuşması ve ispatlanması konusunda da yeni yeni birçok gelişme yaşanıyor batı dünyasında" "Evet" dedi Leyla. Halil: "Haklısın arkadaş, büyük gelişmeler var. Sanki dünya üstadın dediği gibi büyük bir yenilenmeye gebe ve belki de o değişim çoktan başladı. Hakikaten şu kâinat kitabı hikmetli bir sanat eseridir, lâkin okumak lazımdır." Mustafa hemen söze karışarak "Doğru söylüyorsunuz arkadaşlar, fakat ben size katılmıyorum, kâinat bu kadar mükemmel olsaydı dünyada bunca karışıklık, kâinatta göremediğimiz bu kadar kaos yaşanır mıydı? Hem, ben dünyada diyalektik bir değişimin evrimin kaçınılmaz bir sonucu olduğunu düşünüyorum ve yeni gelişmeleri buna bağlıyorum, yani tabiî seleksiyon ve büyük ve güçlü olanın ideolojisini ve sistemini dünyada kabul ettirmesi gibi bir şey yani." dedi. Aslında Mustafa, Halil ve Leyla çocukluktan beri sıkı arkadaştılar. Liseyi farklı okullarda okumuşlar, daha sonra da farklı akademilerin farklı bölümlerinden mezun olduktan sonra her biri kendi yolunu çizerek hayata atılmışlardı. Halil, imam hatip lisesini okuduktan sonra, iktisat **öğrenimi görmüş** ve daha sonra da babasının devam ettirdiği ticaret hayatına atılmıştı. Genelde sessiz ve içine kapalı bir genç olarak muhafazakâr bir aile ortamında büyümüştü. Leyla ise, O'na göre daha serbest karakterli, hayata bakışı farklı olan fakat görüş ve düşünce bakımından Halil'e yakın bir görüntü arzediyordu. O da liseyi aynı semtte **bitirmişti** fakat imam hatip lisesinin hemen yan tarafındaki ticaret lisesinde iyi bir eğitim görmüş ve daha sonra sıkı bir hazırlıktan sonra, akademide tıp **öğrenimi görmüştü**. Mustafa ise, diğer ikisinden tamamen farklı bir karakterde olup fen lisesini bitirdikten sonra, marksist fikirlerin etkisinde kalmış ve diyalektik materyalizmi benimsemiş ve bunun sonucunda inançtan uzaklaşmış bir karakter çiziyordu. Akademiyi yurtdışında bitirip ülkeye döndükten sonra sol görüşlü bir gazetede yayın editörü olarak çalışıyordu. Her üçü de evliydi ve İstanbul'da sık sık bir araya gelip eğitim ve siyasetten, son zamanlardaki gelişmelerden konuştukları bu panele katılıyorlardı. Fakat yıllar geçtikçe hayat her üçünü de farklı kulvarlarda koşmaya zorlamış ve birbirinden uzaklaştırmıştı. Öyle ya, hayatın kendisi de bir yolculuktu ve uzun süren beraberlikler bile en sonunda bir gün bitiyordu. Kısa bir ayaküstü konuşmasının ardından Mustafa gazeteye dönmek üzere acelesi olduğunu belirtip, arabasına bindi ve ayrıldı. Leyla ve Halil ise, bir süre daha sohbet ettikten sonra, yenilenen bir dinî anlayışın ne kadar gerekli olduğundan bahsediyordu ki, Halil Mevlâna'nın görüşlerinin günümüze uyarlanmış bir uzantısının 800 sene sonra dünyaya tekrar barış ve huzur ortamını getirmesi konusunda birçok yeni fikir ileri sürüyordu ve bunun günümüzün kaotik ortamında çok etkili bir çözüm olabileceğine işaret ediyordu ki, bu konuda daha fazla bilgi sahibi olmak için Leyla ve Halil Süleymaniye Kütüphanesi'ne gitmek konusunda hemfikir oldular. Saat daha öğleden sonra 2 civarıydı ve kütüphane kapalı değildi. İçeriye kimliklerini bırakarak girdiler. Görevli yaklaşarak sordu: "Hangi tür kitap arıyorsunuz?" Halil sakin bir şekilde cevapladı: "Efendim, Mesnevi'nin eski şerhlerinin günümüze uyarlanmış Türkçe çevirileri var mı kütüphanede?" Görevli cevap verdi: "Sanırım bir tane olması gerekir, **Abdülkadir Gölpınarlı**'ya ait olması gerekir." "Fakat çeviriye esas olan Mesnevi nüshasının orjinalinin hangi yıla ait olduğunu bilemiyorum; belki **1280** veya **1300** tarihlerine ait olabilir, emin değilim." Görevli kısa sürede kitabı getirdikten sonra Halil kapağını açtı:

Sufi: Söze şöyle başlıyordu Üstad;

HZ. MEVLÂNA KİMDİR, MESNEVÎ NEDİR?

HZ. MEVLÂNA'NIN HAYATI ve ESERLERİ: Hz. Mevlâna 30 Eylül 1207 tarihinde bugün Afganistan sınırları içerisinde yer alan Horasan yöresinde, Belh şehrinde doğmuştur. Mevlâna'nın babası Belh şehrinin ileri gelenlerinden olup sağlığında "Bilginlerin Sultanı" ünvanını almış olan Hüseyin Hatib oğlu Bahaeddin Veled'dir. Annesi ise Belh Emiri Rükneddin'in kızı Mümine Hatun'dur. Sultan-ül Ulema Bahaeddin Veled, bazı siyasî olaylar ve yaklaşmakta olan Moğol istilası nedeniyle Belh'ten ayrılmak zorunda kalmıştır. Sultan-ül Ulema 1212 veya 1213 yıllarında aile fertleri ve yakın dostları ile birlikte Belh'ten ayrıldı. Sultan-ül Ulema'nın ilk durağı Nişabur olmuştur. Nişâbur şehrinde tanınmış mutasavvuf Ferîdüddin Attar ile de karşılaşmıştır. Mevlâna burada küçük yaşına rağmen Ferîdüddin Attar'ın ilgisini çekmiş ve takdirlerini kazanmıştır. Sultan-ül Ulema, Nişabur'dan Bağdat'a ve daha sonra Kûfe yolu ile Kâbe'ye hareket etti. Hac farizasını yerine getirdikten sonra dönüşte Şam'a uğradı. Şam'dan sonra Malatya, Erzincan, Sivas, Kayseri, Niğde yolu ile Lârende'ye (Karaman) geldi. Karaman'da Subaşı Emir Musa'nın yaptırdıkları medreseye yerleşti. 1222 yılında Karaman'a gelen Sultan-ül Ulema ve ailesi burada 7 yıl kaldı. Mevlâna 1225 yılında Şerefeddin Lâlâ'nın kızı Gevher Hatun ile Karaman'da evlendi. Bu evlilikten Mevlâna'nın Sultan Veled ve Alâeddin Çelebi adında iki oğlu oldu.

Mevlâna Celâleddinî Rumî (MS 1207–1273)

Yıllar sonra Gevher Hatun' u kaybeden Mevlâna bir çocuklu dul olan Kerra Hatun ile ikinci evliliğini yaptı. Mevlâna'nın bu evlilikten de Muzaffereddin ve Emir Âlim Çelebi adlı iki oğlu ve Melike Hatun adlı bir kızı dünyaya geldi. Bu yıllarda Anadolu'nun büyük bir kısmı Selçuklu Devleti'nin egemenliği altında idi. Konya ise bu devletin başşehri idi. Konya sanat eserleri ile donatılmış, ilim adamları ve sanatkârlarla dolup taşmıştı. Kısaca Selçuklu Devleti en parlak devrini yaşıyordu ve devletin hükümdarı Alâeddin Keykubad idi. Alâeddin Keykubad, Sultan-ül Ulema Bahaeddin Veled'i Karaman'dan Konya'ya davet etti ve Konya'ya yerleşmesini istedi. Bahaeddin Veled, sultanın davetini kabul etti ve Konya'ya 3 Mayıs 1228 yılında ailesi ve dostları ile geldi. Sultan Alâeddin O'nu muhteşem bir törenle karşıladı ve ona ikametgâh olarak Altunapa (İplikçi) Medresesi'ni tahsis etti. Sultan-ül Ulema, 12 Ocak 1231 yılında Konya'da vefat etti. Mezar yeri olarak Selçuklu Sarayı'nın gül bahçesi seçildi. Günümüzde müze olarak kullanılan Mevlâna Dergâhı'nda bugünkü yerine defnedildi. Sultan-ül Ulema ölünce talebeleri ve müridleri bu defa Mevlâna'nın çevresinde toplandılar. Mevlâna'yı babasının tek varisi olarak gördüler. Gerçekten de Mevlâna büyük bir ilim ve din bilgini olmuş, İplikçi Medresesi'nde vaazlar veriyordu. Medrese kendisini dinlemeye gelenlerle dolup taşıyordu. Mevlâna 15 Kasım 1244 yılında Şems-i Tebrizî ile karşılaştı. Mevlâna Şems'te "Mutlak kemâlin varlığını", cemalinde de "Allah'ın nurlarını" görmüştü. Ancak beraberlikleri uzun sürmedi. Şems aniden öldü. Mevlâna Şems'in ölümünden büyük bir üzüntü duydu ve sonrasında uzun yıllar süren bir inzivaya çekildi. Daha sonraki yıllarda Selâhaddin Zerkubî ve Hüsameddin Çelebi, Şems-i Tebrizî'nin yerini doldurmaya çalıştılar. Yaşamını "Hamdım, piştim, yandım" sözleri ile özetleyen Mevlâna 17 Aralık 1273 pazar günü Hakk'ın rahmetine kavuştu. Mevlâna'nın cenaze namazını vasiyeti üzerine Sadrettin Konevi kıldıracaktı. Ancak Sadreddin Konevi çok sevdiği Mevlâna'yı kaybetmeye dayanamayıp cenazede bayıldı. Bunun üzerine Mevlâna'nın cenaze namazını Kadı Siraceddin kıldırdı.

MESNEVÎ

Mesnevi, klâsik doğu edebiyatında, bir şiir tarzının adıdır. Mesnevî, kelime manası olarak **ikili** demektir ve beyitlerden oluşan şiirlere verilen genel isimdir. Edebiyatta aynı vezinde ve her beyti kendi arasında ayrı ayrı kafiyeli olan nazım türüne mesnevî adı verilmiştir. Uzun sürecek konular veya hikâyeler şiir yoluyla anlatılmak istendiğinde, kafiye kolaylığı nedeniyle mesnevî türü tercih edilirdi. Mesnevî her ne kadar klâsik doğu şiirinin bir türü ise de, "**Mesnevî**" denildiği zaman akla "**Mevlâna'nın Mesnevî'si**" gelmektedir. İlginçtir ki, Mevlâna Mesnevi'yi kendi isteğiyle değil, Hüsameddin Çelebi'nin isteği üzerine yazmıştır. Kâtibi Hüsameddin Çelebi'nin söylediğine göre, Mevlâna, Mesnevi beyitlerini Meram'da gezerken, otururken, yürürken, hatta semâ ederken söylermiş. Çelebi Hüsameddin de yazarmış. Mesnevî'nin dili Farsça'dır. Halen Mevlâna Müzesi'nde teşhirde bulunan 1278 tarihli, elde bulunulan en eski Mesnevî nüshasına göre beyit sayısı 25.618 dir. Mesnevî'nin aruz vezni: Fâ i lâ tün - fâ i lâ tün - fâ i lün şeklindedir. Mevlâna 6 ciltlik Mesnevî'sinde tasavvufî fikir ve düşüncelerini, birbirine ulanmış hikâyeler halinde anlatmaktadır.

Leyla ve Halil: "Sohbet koyulaştı, söz meclisten açıldı, fikir derinleşti, düşünce kamışları büyüdü kalem-misal bir ney oldu ve en sonunda derin bir kuyunun dibine düştü. Ne mutlu ondan doğru sözü çıkarabilip, yazabilene! İşte biz de hikâyemize böylece başlamış olduk." diyerek kitabı heyecenla mütalâ etmeye başlamışlardı.

MESNEVÎ'NİN İLK 18 BEYTİ

Sufi: **B**u eserin konusu Mesnevî tarzında olduğu için, öyleyse meseleye Mesnevî ile başlamak gerek. İşte, Mesnevî-i Şerif'in ilk 18 beyiti, 18 bin âlemin hakikat lisanıyla bir neyin ağzından konuşturulmasıyla başlar ve böylece devam ederek uzar gider. İşte, bizim şu hikâyemiz de benzer şekilde, bir ney ile hakikati arayan bir yolcunun karşılıklı hikâye tarzındaki konuşmalarını ve fikir alış-verişlerini anlatır.

Ney: **B**iz dahi, şu varlıkların konuşturulmasına ve hikâyemize şu **18000** âlemin tercümanı-misal şu **18 beyitle** başlayalım:

بشنو این نی چون حکایت می‌کند

از جدایی‌ها شکایت می‌کند

Bişnev in ney çün hikâyet mîküned

Ez cüdâyîhâ şikâyet mîküned

Dinle, bu ney neler hikâyet eder,

Ayrılıklardan nasıl şikâyet eder.

کز نیستان تا مرا ببریده‌اند

در نفیرم مرد و زن نالیده‌اند

Kez neyistân tâ merâ bübrîdeend

Ez nefîrem merd ü zen nâlîdeend

Beni kamışlıktan kestiklerinden beri feryâdımdan

Erkek ve kadın müteessir olmakta ve inlemektedir.

سینه خواهم شرحه شرحه از فراق

تا بگویم شرح درد اشتیاق

Sîne hâhem şerha şerha ez firâk

Tâ bigûyem şerh-i derd-i iştiyâk

İştiyâk derdini şerhedebilmem için,

Ayrılık acılarıyla şerha şerha olmuş bir kalp isterim.

هر کسی کاو دور ماند از اصل خویش

باز جوید روزگار وصل خویش

Herkesî kû dûr mand ez asl-ı hiş

Bâz cûyed rûzgâr-ı vasl-ı hîş

Aslından vatanından uzaklaşmış olan kimse,

Orada geçirmiş olduğu zamanı tekrar arar.

من به هر جمعیتی نالان شدم

جفت بد حالان و خوش حالان شدم

Men beher cem'iyyetî nâlân şüdem

Cüft-i bedhâlân ü hoşhâlân şüdem

Ben her cemiyette, her mecliste inledim durdum.
Bedhal (kötü huylu)

olanlarla da, hoşhal (iyi huylu) olanlarla da düşüp kalktım.

هر کسی از ظن خود شد یار من

از درون من نجست اسرار من

Herkesî ez zann-i hod şüd yâr-i men

Vez derûn-i men necüst esrâr-i men

Herkes kendi anlayışına göre benim yârim oldu.

İçimdeki esrârı araştırmadı.

سر من از نالەی من دور نیست

لیك چشم و گوش را آن نور نیست

Sırr-ı men ez nâle-i men dûr nist

Lîk çeşm-i gûşrâ an nûr nîst

Benim sırrım feryâdımdan uzak değildir.

Lâkin her gözde onu

görecek nûr, her kulakda onu işitecek kudret yoktur.

تن ز جان و جان ز تن مستور نیست

لیك کس را دید جان دستور نیست

Ten zi cân ü cân zi ten mestûr nîst

Lîk kes râ dîd-i cân destûr nîst

Beden ruhdan, ruh bedenden gizli değildir.

Lâkin herkesin rûhu görmesine ruhsat yoktur.

آتش است این بانگ نای و نیست باد

هر که این آتش ندارد نیست باد

Âteşest în bang-i nây ü nîst bâd

Her ki în âteş nedâred nîst bâd

Şu neyin sesi âteşdir; hava değildir.

Her kimde bu ateş yoksa, o kimse yok olsun.

آتش عشق است کاندر نی فتاد

جوشش عشق است کاندر می‌فتاد

Âteş-i ıskest ke'nder ney fütâd

Cûşiş-i ışkest ke'nder mey fütâd

Neydeki ateş ile meydeki kabarış,

hep aşk eseridir.

نی حریف هر که از یاری برید

پرده‌هایش پرده‌های ما درید

Ney harîf-i herki ez yârî bürîd

Perdehâyeş perdehây-i mâ dirîd

Ney, yârinden ayrılmış olanın arkadaşıdır. Onun makam perdeleri,

bizim nûrânî ve zulmânî perdelerimizi

-yânî, vuslata mânî olan perdelerimizi- yırtmıştır.

همچو نی زهری و تریاقی که دید

همچو نی دمساز و مشتاقی که دید

Hem çü ney zehrî vü tiryâkî ki dîd

Hem çü ney dem sâz vü müştâkî ki dîd

Ney gibi hem zehir, hem panzehir;

hem demsâz, hem müştâk bir şeyi kim görmüştür.

نی حدیث راه پر خون می‌کند

قصه‌های عشق مجنون می‌کند

Ney hadîs-i râh-i pür mîküned

Kıssahây-i ışk-ı mecnûn mîküned

Ney, kanlı bir yoldan bahseder,

Mecnûnâne aşkları hikâye eder.

محرم این هوش جز بی‌هوش نیست

مر زبان را مشتری جز گوش نیست

Mahrem-î în hûş cüz bîhûş nist

Mer zebânrâ müşterî cüz gûş nîst

Dile kulakdan başka müşteri olmadığı gibi, maneviyatı idrak

etmeye de bîhûş olandan başka mahrem yoktur.

در غم ما روزها بی‌گاه شد

روزها با سوزها همراه شد

Der gam-î mâ rûzhâ bîgâh şüd

Rûzhâ bâ sûzhâ hemrâh şüd

Gamlı geçen günlerimiz uzadı ve sona ermesi gecikti.
O günler, mahrumiyyetten ve

ayrılıktan hâsıl olan ateşlerle arkadaş oldu
-yani, ateşlerle, yanmalarla geçti -

روزها گر رفت گو رو باك نيست

تو بمان ای آن که چون تو پاك نيست

Rûzhâ ger reft gû rev bâk nîst

Tû bimân ey ânki çün tû pâk nist

Günler geçip gittiyse varsın geçsin.

Ey pâk ve mübârek olan insan-ı kâmil; hemen sen var ol!..

هر که جز ماهی ز آبش سیر شد

هر که بی‌روزی است روزش دیر شد

Herki cüz mâhî zi âbeş sîr şüd

Herki bîrûzîst rûzeş dîr şüd

Balıktan başkası onun suyuna kandı.

Nasibsiz olanın da rızkı gecikti.

درنیابد حال پخته هیچ خام

پس سخن کوتاه باید و السلام

Der neyâbed hâl-i puhte hîç hâm

Pes sühan kûtâh bâyed vesselâm

Ham ervâh olanlar, pişkin ve yetişkin zevatın halinden anlamazlar.

O halde sözü kısa kesmek gerektir.

Vesselâm..

Sufi: Yolculuğumuza, yaratılış silsilesinin en büyüğü olan bir gökcismiyle başlayacağız; Ta ki, kendi hakikatimizin ve nefsimizin sırrına vakıf olabilelim. Ey nefsim! Bil ki, kâinattaki tüm diğer cisimler ve varlıklar insandan hariç olmadığı gibi; insan dahi o büyük kâinatın küçük bir sureti hükmündedir. Fakat sen, hakikat-i halinden bîhaber olduğun için, senin menşein olan en büyük cisimden başladım; Ta ki, en küçüğüne ve onun bir parçası olan tek bir hücresine de vâkıf olabilelim. Fakat bundan da ikna olmadığın için, bu kez senin en küçüğünden, o hücrenin tek bir molekülünden başladım; Ta ki, onun da en küçüğü ve bir parçası olan tek bir atomuna da vâkıf olabilelim. Evet, vâkıf olabilelim; çünkü ancak bu sayede kendimizi varlık aynasında müşahede edebiliriz ve bizim üzerimizde kendi ruhundan bir nefhası bulunan Hâlik-i Zülcelâl'i tanıyabiliriz. Şu kâinat, içerdiği tüm mevcudatıyla bir kitap hükmünde olduğu gibi, Hâlik-i Zülcelâl o kitap üzerinde yazar, çizer, bozar ve değiştirir. Ta ki, Hâlik-i Zülcelâl şu mevcudat silsilelerini, ahirete akıp giden şu karanlık sel gibi unsurları cennet ve cehennem havuzlarına boşaltarak harap edecek, kıyameti ve haşri getirecektir. Kaf Dağı'nın ardındaki Ankakuşu misali hakikati aramak için yola çıkan kuş misali 40 adet varlığın kendi nefsini ve nihayetinde yaratıcısını keşfetmesini anlatan 40 adet yolculuktan oluşan uzunca bir hikâyedir. İşte şimdi her biri 2 gün süren o 40 yolculukla her biri 4 yolculuk süren 10 istasyona uğrayıp 80 günde tamamlanan ve kâinatı içerisine alan bir devr-i âlem yapacağız. Fakat bu yolculuğa çıkmadan önce, sufinin 40 basamaktan oluşan bu miraç-misal hakikat yolculuğu sırasında, her bir yolculuktan önce kendisine Burak-misal yol gösteren mevlevî-sufî öğretisinin önderi Şems-i Tebrizi'yi biraz tanıyalım, O'nu tanıdıkça Hz. Mevlâna'nın asıl kaynağına ulaşmış oluruz. Hiç Mevlâna'dan bahsedip de Şems'den bahsetmemek olu mu? Çünkü, Mevlâna Şems-i Tebrizi'ye (1185-1247) o kadar büyük bir aşkla bağlanmıştı ki, O öldükten sonra çok az yemek yer, çok az güler ve çok az konuşur hale geldi. Öyle ki, O'nun cemalinde Allah'ın tecellisini, nurlarını görmüştü. İşte, bu manevî dönüşüm sürecinden sonra Mesnevî yazılmaya başlandı. Hz. Mevlâna Mesnevî'de Şems'den şöyle bahseder:

Üstat (Mevlâna): *Yollara sular dökün, bahçelere müjdeler edin, bahar kokuları geliyor. O geliyor O! Ay parçamız, sevgilimiz, yârimiz geliyor. Yol verin, açılın, savulun beri durun beri, yüzü apaydınlık ak pak, bastığı yeri ardında gündüzler gibi bırakarak O geliyor O! Ay parçamız, sevgilimiz, yârimiz geliyor. Gökler yeryüzünü kapladı örttü bir anda. Bir anda dört yanım misk gibi bir koku sardı. Bir anda bir velvele bir kıyamet koptu cihanda. O geliyor O! Ay parçamız, sevgilimiz, yârimiz geliyor. Bir anda can geldi bağlara, bağlar ışıdı. Bir anda açıldı baktı bağlarda gözler. Bir anda bizde ne dert kaldı ne gam ne keder. O geliyor O! Ay parçamız, sevgilimiz, yârimiz geliyor. Yayından fırladı ok, hedefe ha vardı ha varacak. Bahçeler selâma durdu, selviler ayağa kalktı. Çayır çimen yollara düştü. İşte gonca ata binmiş geliyor, biz ne duruyoruz. O geliyor O! Ay parçamız, sevgilimiz, yârimiz geliyor. Sen bizim çevremize gelirsen göreceksin ey Şems! Huyumuz sadece susmak olmuş bizim, susmak, senin güzel gözlerin için, işte canım pusuda. Rahatım kaçtı benim, geceleri uykum kalmadı gitti ama Bak işte o güzel gözler yola çıkmış geliyor.*

Leyla: Kim Bu Şems? Bir deli mi? Bir âşık mı? Kendini anlatamamış bir garip mi? Ya da bugün bile bazı kendini

bilmezlerin pervasızca iddia ettiği gibi Moğol ajanı mı? Gerçekten onu tanımak isterim.

Halil: O'nu anlatan tarihî kaynaklar, en başından beri farklı olduğunu yazar. Gençliği de alıştığımız genç tiplemesinden uzaktır. Hep kaynayan, hep coşan bir şeyler vardır onda. Tahammül edemez patlar bazen, kendini evliya sanan, etrafında mürit toplayan bir sürü kişiyi kendine mürid eder. Cevaplayamayacağı hiçbir soru yoktur. O'nu bazen bir çocukla taş oynarken, bazen inşaatta kum taşırken, bazen de Yahudi mahallesinden şarap getirtirken görürüz. Tanıştığı insanları imtihana tâbi tutar. "Evliyayım" diyenlere "*bana biraz şarap getir*" der. O kişi bundan çekinince de "*tüm evliyalığını bir kadeh şaraba satmalısın*" der. "*Kim ne derse desin mantığını anlamadıkça, o mahalleye gidip şarap almaktan acaba ne derler korkusuyla çekindikçe, sen bana şeyh olmazsın*" der. Bu imtihanlar Mevlâna ile tanıştığında da sürer. Zaten Şems'i tek başına anlatmak mümkün değil. Her cümlemin sonunda ya da bir yerlerinde Mevlâna olacaktır mutlaka. O kadar girmişler ki, birbirlerine ağaç ile meyve, gökyüzü ile bulut gibiler sanki. Birbirlerine anlam ve değer katıyorlar. İşte gerçek sevgi ve dostluk da bu değil midir? Size anlam katan, değer katan sevgileri kazanmak değil midir amaç?

Leyla: Nasıl bir kişiliği var, Hz. Mevlâna'yı nasıl etkilemiş? Anladığım kadarıyla kişilik okyanusu oldukça derin?

Halil: Evet, zamanında hiç anlaşılamamış Şems. Fakat ilginçtir ki, bugün bile pek çok iftiraya düçar oldu ve hâlâ tam anlaşılamadı; çünkü, insanlar bir şeyi anlamadıkları, ya da alışmadıkları fikirlerle karşılaştıkları zaman, yargılamayı ve kaçmayı daha kolay sayarlar. Sorun belki de kapasite sorunuydu. Körler içinde görmek gibi olsa gerek. Eğilmeyen, bükülmeyen, bildiği doğruları söylemekten çekinmeyen biriydi O. "Şeyhim" deyip de elini ayağını öptüren çok şeyhi kendine mürit yapmış, Onlar'a gerekli cevabı vermekten hiç çekinmemiştir. Beyinleri donduran sorular sorar imtihan eder karşısındakini. Alıştığımız velî tiplemesiyle hiç örtüşmez. Biz sessiz-sakin, elinde tesbih, postlara oturmuş hep Allah diyen kişilere dedik velî diye. Ama O hangi işi yaparsak yapalım, hep aksiyon halinde olmayı, donmamayı öğretti bize. "Böyle de Allah dostu olabilirsiniz" dedi. Ta çağımıza uzanan bir alternatif tasavvufî İslam görüşü ve bakış açısı kazandırdı. Hayatın içinde, sıkıntı ve güçlüklere rağmen hem de. Bazen inşaatta kum taşıyan, bir çocukla oturup taş oynayan, şarap içen Yahudilere gülümseyerek yanlarından geçen, bambaşka bir Allah dostuydu O. Böyle bir madeni ancak bir sarraf anlardı. Öyle bir sarraf ki, uğruna şükrane olarak baş verilecek Mevlâna idi. Karakter zafiyeti içinde, aktıkları dereyi her şey zannedenlerin, kişiliği okyanus kadar derin ve engin birini kavramaları zaten düşünülemezdi.

Leyla: Peki Şems'in Mevlâna ile tanışmaları nasıl olmuş? Önce, Mevlâna mı Şems'e mürit olmuş yoksa Şems mi

Mevlâna'ya mürit olmuş? Anladığım kadarıyla ikisinin kişiliği bir bütün oluşturuyor ve birbirini tamamlıyor.

Halil: İkisinin de birbirini etkilediği çok açık. Fakat detaylarını bilmek için önce Şems'in ilk hayatını ve Konya'ya ilk gelişini iyi bilmek lazım. İstersen anlatayım. Şöyle ki:

Konya'da, eski adıyla güllük mevkiînde Şems Parkı olarak bilinen alanın içinde eski bir cami ve türbe vardır. Yılın her günü ziyaretçilerle dolup taşan Mevlâna türbesine yaklaşık on dakikalık mesafedeki bu mekânı bilen ve ziyaret edenlerin sayısı ise parmakla gösterilecek kadar azdır. Sözünü ettiğimiz türbe, Mevlâna'yı hakikatin sırlarına ulaştıran bir zatın adını taşımaktadır. Tahmin ettiğin gibi onun adı, Şems-i Tebrizi'dir. Büyük bir ârif olduğu bilinen Melikdad oğlu Ali adlı bir kişinin oğlu olan Muhammed Şemseddin, 1185 senesinde Tebriz'de dünyaya gelmiştir. Henüz çocukluk ve ilk gençlik yıllarında bile kendi kuşağının çocuklarından bambaşka olduğunu göstermiş, anne babasını, yakınlarını, hocalarını hayrete düşüren davranışlar ortaya koymuştur. Zamanın ölçülerini aşan bu zat, çocukluk dönemine ait bir anıyı şöyle anlatıyor:

> *"Henüz ergenlik çağına girmemiştim. Aşk deryasına daldım mı otuz kırk gün hiçbir şey yiyemezdim; istekten kesilirdim. Günlerce açlığa susuzluğa katlanırdım. Bir gün babam bana çıkıştı: 'Oğlum', dedi 'ben senin bu halinden bir şey anlamıyorum.*

Bunun sonu nereye varacak?' Ben, O'na şu cevabı verdim:

'Baba, seninle benim babalık ve evlâtlık ilişkimiz neye benzer bilir misin? Bir tavuğun altına tavuk yumurtalarıyla bir de kaz yumurtası koymuşlar. Vakti gelip de civcivler çıktığı zaman, bunlar hep birlikte analarının ardına düşerler, bir göl kenarına gelirler. Kaz yumurtasından çıkan civciv hemen kendini suya atar, bunu gören ana tavuk, eyvah yavrum boğulacak der. Çırpınmaya başlar. Hâlbuki kaz yavrusu, neşe içinde suda yüzmektedir. İşte, seninle benim aramdaki fark da böyledir."

Muhammed Şemseddin, bazı görüşlerin ve Mevlâna'nın müridi, öğrencisi olduğu yolundaki yaygın inanışın aksine, basit bir batınî dervişi değil, üstün vasıflarla bezenmiş, hatta vasıftan dahi söz edilemeyecek yapıda bir zattır. Mevlâna gibi zahir ve batın ilimlerinde yüksek derecelere ermiş, müderrislik, müftülük yapmış seçkin bir insanı aşk ateşiyle pişirip ona mana âleminin pencerelerini açan biri hakkında başka nasıl düşünebiliriz ki? Her sözü, sohbeti ve bakışı ile insanları alt üst eden, dar, sınırlı bir ahlâktan Allah'ın ahlâkı anlayışına çeken Şems, kendisi için şunları söylüyor:

"Ben bir tarafta, dünyanın insanla şenelmiş dörtte bir kısmının halkı da bir tarafta olsa, beni sorguya çekse Onlar'a cevap vermekten kaçınmam ve daldan sıçramam. Ne kadar zor şey sorsalar cevap üstüne

cevap veririm. Benim bir sözüm, onlardan her birisi için on cevap ve hüccet olur."

Bir gün Baba Kemal'in, kendisine Şeyh Fahreddin Irakî'ye açılan sırlardan ve hakikâtlerden yana bir keşif gelip gelmediğini, sorması üzerine Tebrizî:

"O'ndan daha çok müşahade gelir! Ancak O'nun bildiği bazı ıstılahlar vardır; onun için gördüğünü en sevimli şekilde sunar. Bana gelince, bende öyle güç yoktur." diye cevap verir. Baba Kemal de "Allah-ü Teâlâ, sana günlük bir arkadaş versin ki, evvellerin ahirlerin bilgilerini hakikâtlerini senin adına izhar etsin. Hikmet ırmakları O'nun kalbinden diline aksın, harf ve ses kıyafetine girsin, o kıyafetin rütbesi de Sen'in adına olsun" der.

Makalât adlı eserindeki ifadelerinden onun Tebriz'de Ebubekir adlı şeyhinden feyz aldığı anlaşılır, ancak yine kendisinin bildirdiğine göre, şeyhi onda olan bir şeyi görememiş, başka kimsenin de göremediği bu farkı, sadece Hüdavendigârı Mevlâna anlayabilmiştir. Zaten şeyhi O'nu daha fazla olgunlaştırmanın kendi gücünü aştığını anladığı zaman seyahate çıkmasına izin verir. O da diyar diyar gezip sohbetine dayanabilecek bir dost, bir mürşit arar. Fakat aradığını bir türlü bulamaz, hiç kimse O'nu tatmin edemez. Konuştuğu kişileri imtihan eder, istediği cevabı alamayınca oradan ayrılır. Kendisini olgunlaştıracak bir şeyh aradığını söyler; ama bütün şeyhleri kendine mürit yapıp arayışına devam eder.

Memleketi olan Tebriz'de kendisine manevî kemalinden dolayı "Kâmil-i Tebrizî", durmadan gezdiği, yolları tayy ettiği için "Şemseddin-î Perende" (uçan Şemseddin) derler.

Bir gün yolu Bağdat şehrine düşer. Orada meşhur sofilerden Şeyh Evhadüddin Kirmanî'yi bulup neyle meşgul olduğunu sorar. "Ayı leğendeki suda görüyorum" diye cevap verir Kirmanî.

Şems Hazretleri bu cevap üzerine:

> *"Boynunda çıban yoksa neden başını kaldırıp da onu gökte görmüyorsun? Kendini tedavi ettirmek için bir* ***hekim*** *bulmaya bak. Böylece, neye bakarsan gerçekten bakılmaya değer olanı onda görürsün" der.*

Kirmanî Hazretleri, Şems'in ellerine sarılıp müridi olmak istediğini söyler. Şems'in cevabı Hızır Aleyhisselam'la Musa Aleyhisselam'ın yolculukları sırasında Hızır Aleyhisselam'ın verdiği cevaba benzer, oldukça kesin ve nettir: "**Sen benim arkadaşlığıma dayanamazsın!**" ; Ama Evhadüddin, ısrarlıdır. Nihayet, Şems, Bağdat pazarının tam ortasında birlikte şarap içmek şartıyla kabul edeceğini söyler. Evhadüddin "**Bunu yapamam**" deyince, "**O zaman benim için şarap bulup getirir misin?**" sorusunu yöneltir. Onu da yapamayacağını bildiren Kirmanî'ye "**Ben içerken bana arkadaşlık eder misin?**" diye sorar. "**Edemem**" yanıtı üzerine artık Şems Hazretleri, "**Erlerin huzurundan ırak ol!**"diye bağırır. "Bana arkadaş olamazsın. Bütün müritlerini ve dünyanın bütün namus ve şerefini bir kadeh şaraba satmalısın. Bu aşk meydanı erlerin ve bilenlerin işidir; ve şunu da iyi bil ki ben mürit değil, şeyh arıyorum. Hem de rastgele bir şeyh değil, hakikâti arayan olgun bir şeyh!.."

Kirmanî, teslimiyet ve kabiliyet imtihanını bu nedenle geçememiş, O'nun asıl maksadını idrak edememişti. Bunun üzerine Tebrizî, arayışları sırasında bir rüya görür. Rüyasında kendisine bir velînin arkadaş edileceği bildirilir. Üst üste iki gece rüya tekrarlanır ve O velînin Rum ülkesinde olduğu haberi verilir. O'nu aramak için yollara düşmek ister, fakat daha zamanının gelmediği, "işlerin vakitlerine tabi ve rehinli olduğu bildirilir."

Şems ilâhi tecellilerle mest olduğu, tam mânâsıyla istiğraka daldığı, müşahedenin güzelliğine beşer kuvvetiyle tahammül gösteremediği zamanlarda "gizli velîlerinden birini bana göster" diyerek niyaz eder ve sabırsızlanır. Üzerindeki o yoğun halleri dağıtmak için başka işlerle oyalanmaya çalışır. Para almadan inşaat işlerinde bile çalışır.

Nihayet bir gün;

"Madem ki ısrar ve arzu ediyorsun; o halde şükrane olarak ne vereceksin?" diye bir ilham gelir.

O da "başımı!.." cevabını verir.

Bu cevaba karşılık olarak,

Bütün kâinatta Mevlâna-yı Rûmi Hazretleri'nden başka, senin şerefli arkadaşın yoktur." haberi gelir. Artık Rum ülkesine gitmek, o sevgili ile görüşmek ve yolunda başını feda etmek üzere yola çıkacaktır.

Uzun bir yolculuğun ardından Şemseddin Muhammed, 1244 yılının Ekim ayında Konya'ya gelir. Kaldığı han odasının anahtarını boynuna zamanın tüccarları gibi asıp çarşıda dolaşmaya başlar aşk ve ilmin tüccarı olduğuna işaret ederek. İkindiye doğru, ana caddede, katıra binmiş, talebeleri etrafında dört dönen bir müderris görünür. Şems aradığı dostun o olduğunu anlar. Önüne geçerek katırın dizginlerini tutar ve keskin bakışlarıyla: "**Sen Belhli Baha Veled'in oğlu Mevlâna Celaleddin misin?**" diye sorar. Mevlâna "**evet**" diye cevap verir. Şems:

"**Ey müslümanların imamı! Bir müşkülüm var. Hz. Muhammed mi büyük, Bayezid-î Bistami mi?**"

Sorunun heybetinden kendinden geçen Mevlâna, kendini toplayınca;

"Bu nasıl sual böyle? Tabi ki, Allah'ın elçisi Hz. Muhammed bütün yaratıkların en büyüğüdür."

O zaman Şems:

"O halde neden Peygamber bu kadar büyüklüğü ile 'Ya Rabbi seni tenzih ederim, biz seni lâyık olduğun vechile bilemedik' buyururken,

Bayezid, 'Ben kendimi tenzih ederim! Benim şânım çok yücedir. Zira cesedimin her zerresinde Allah'tan başka varlık yok!..' demekte?"

Mevlâna:

"Hz. Muhammed, müthiş bir manevî susuzluk hastalığına tutulmuştu, 'biz senin göğsünü açmadık mı?' şerhiyle kalbi genişledi. Bunun için de susuzluktan dem vurdu. O Her gün sayısız makamlar geçiyor, her makamı geçtikçe evvelki bilgi ve makamına istiğfar ediyor, daha çok yakınlık istiyordu. Bayezid ise, bir yudum suyla susuzluğu dindi ve suya kandığından dem vurdu. Vardığı ilk makamın sarhoşluğuna kapılarak kendinden geçti ve o makamda kalarak bu sözü söyledi."

Şems-i Tebrizî, bu cevap karşısında "Allah" diyerek yere yuvarlanır. Mevlâna, hemen atından inip yanındaki adamların da yardımıyla O'nu yerden kaldırıp medresesine götürür. Artık bu medresede iki âşık, hiç dışarı çıkmadan, yanlarına kimsenin girmesine izin verilmeden aylarca sürecek sohbetlere dalacaktır. Mevlâna bunca zaman kitapların, sayfaların arasında aradığı ve Şeyhi Seyyid Burhaneddin'in yıllarca önceden müjdelediği sevgilisine, gönül dostuna kavuşmuş, o andan itibaren de bütün yaşamı değişmiştir. Şems, önce O'nu çok değer verdiği zatların, hatta babasının bile eserlerini okumaktan men eder, değer verdiği bütün kitaplarını birer birer havuza atar. Daha sonra hiç kimseyle konuşmasına izin vermez. Medresedeki derslerini, vaazlarını terk etmek zorunda kalır.

Şimdi sıra imtihanlardadır. Bir gün Şems-i Tebrizî, Mevlâna'yı denemek maksadıyla güzel bir sevgili ister O'ndan. O'da, güzellikte eşi bulunmayan hanımını getirir tereddüt etmeden. Şems, "Bu benim can kız kardeşimdir. Bu olmaz. Bana hizmet edecek bir erkek çocuğu bul" der. Mevlâna, oğlu Sultan Veled'i O'na kul olsun diye getirir. Şems, "bu kalbimi bağlayan oğlumdur. Şimdi şarap olsaydı, su yerine onu içerdim. Ben onsuz yapamam" deyince, Mevlana hemen gidip Yahudi mahallesinden bir testi şarap getirir. Şems, O'ndaki bu teslimiyet ve itaatten hayretlere düşüp aklı başından gider; çünkü o anda anlar ki, yıllarca aradığı mürşid-i kâmil kişi O'dur.

Bunun üzerine Şems: "**Başlangıcı olmayan başlangıcın ve sonu olmayan sonun hakkı için diyorum ki, dünyanın başından sonuna kadar senin gibi gönül yutan bir Muhammed yürekli bu âleme ne gelmiş ne de gelecektir.**" dedi. Ben Mevlâna'nın hilminin derecesini anlamak için bu imtihanları yaptım. O'nun iç âlemi o kadar geniş ki, rivayet ve hikâye çerçevesine sığmaz." der. Kendisine hürmetle, sevgiyle yaklaşan diğer insanlara da çeşitli imtihanlar uygulamış, örneğin kendisinden para isteyince bütün parasını, malını mülkünü ayaklarına seren Hüsameddin Çelebi'ye velî erin gıpta ettiği bir makamı müjdelemiştir. O servetin içinden de sadece bir dirhem alır. Geri kalanını Hüsameddin'e bağışlar.

Mevlâna ve Şems-i Tebrizî'ye gönül verenler bu haldeyken, sohbetlerden ve bu sofradaki zenginlikten mahrum kalanlar Şems'ten kendilerine bir gönül hoşluğu gelmediğini öne sürüp kıskançlık içinde fitne tohumlarını atmaktadırlar. Dedikodularla atılan düşmanlık tohumları iyice olgunlaştığında Şems, bir gece aniden Konya'yı terk ederek kayıplara karışır. On altı ay boyunca hiçbir haber alınamaz. Bu ayrılık süresince Mevlâna tekrar eski haline gelmek, halka ve derslerine dönmek şöyle dursun, kimseyle görüşmez konuşmaz, medresesini büsbütün bırakır, keder içinde yalnızlığa çekilir. Hastalanır. Artık neredeyse can verecekken, Şam'dan gelen mektupla canlanır. Şems ikinci kez Konya'ya gelir. Birkaç ay süren sohbetler, görüşmeler neticesinde yine fitneler düşmanlıklar baş gösterir. Bunun üzerine Şems, tekrar kayıplara karışır.

Mevlâna için yine ayrılık başlamıştır, coşkun bir aşk ve cezbe halinde aylarca gözyaşı döker gazeller söyler, her gelenden O'nu sorar, yalan haber getirenlere bile üstünde ne varsa verir, doğru haberi verene canını teslim edeceğini söyleyerek. Bu arada fesat ve dedikodu çıkaranların çoğu, bu yolla Mevlâna'yı kendilerini döndüremeyeceklerini anlar, bazıları da Şems'in kıymetini fark ederek pişmanlık içinde özür dilerler. Birkaç ay sonra Şems-i Tebrizî'nin Şam'da olduğu haberi gelince Mevlâna halini anlatan mektuplar gönderir, yalvarır, dualar eder. Nihayet üçüncü mektuba aylar süren bekleyişten sonra karşılık gelir. Şems de aynı coşkunlukla O'na cevap gönderir. Mektubu alan Mevlâna, hemen oğlu Sultan Veledi çağırıp eline dördüncü mektubu vererek şunları söyler:

"Birkaç arkadaşınla Mevlâna Şems'i aramaya git. Giderken şu kadar gümüş ve altın parayı da beraberinde götür. Bu paraları Şam'da O Tebriz Sultanının ayakkabısı içine dök ve O'nun mübarek ayakkabısını Rum tarafına çevir. Benim selâmımı ilet ve âşıklara yaraşır secdemi O'na arz et. Şam'a ulaştığın vakit, Cebel-i Salihiye'de meşhur bir han vardır, doğru oraya git. Orada Mevlâna Şemseddin'in güzel bir frenk çocuğuyla satranç oynadığını görürsün. Sonunda oyunu Şems kazanırsa, frengin malını alır. Frenk çocuğu kazanırsa, Şems'e bir tokat vurur. Sen O'nun vurduğunu görünce hata edip kızmayasın. Çünkü o çocuk kutuplardandır. Fakat o kendini iyi tanımıyor. Şems'in sohbetinin bereketi ve inayeti ile halinin olgunlaşması lâzımdır."

Sultan Veled, babasının dediklerini aynen yaparak yanındaki adamlarla birlikte yola çıkar. Şam'a varınca hemen hana gider. Şems, Mevlâna'nın söylediği gibi bir frenk çocuğuyla satranç oynamaktadır. Sultan Veled, babasının mektubunu, armağanlarını Şems'e teslim ettikten sonra, bütün dostların yaptıklarından pişman olduklarını kendisini saygı ve hasretle Konya'da beklediklerini anlatır. Yalvarıp türlü niyaz ve ricalarla O'nu dönmeye ikna eder. Birlikte yola çıkarlar. Şems'i kendi atına bindiren Sultan Veled, aşk ve neşe içinde Konya'ya kadar yayan olarak gelir. Şems onun gösterdiği bu saygı ve bağlılıktan çok hoşnut kalır, O'na övgü dolu sözler söyler. Uzun bir yolculuktan sonra, Konya'ya yakın Zencirli Hanı'na geldiklerinde babasına müjdelemek için şehre bir derviş gönderir. Mevlâna bu müjdeyi duyunca üstünde ne varsa çıkarıp dervişe verir. Konya halkına haber salıp emirlerden, bilginlerden, fakirlerden ve ahilerden O'nu karşılamak isteyenlerin toplanmasını ister. Kendisi de ata binerek bütün Konya ileri gelenleri ve ahalisiyle birlikte Şems'i şehre getirir.

Bu defa da altı ay boyunca medresedeki bir hücrede baş başa kalırlar. Yanlarına kuyumcu Selâhaddin ve Sultan Veled'den başkası girememektedir. Mevlâna'nın Şems'e bağlılığı bu son gelişte daha da artmıştır. Öylesine kaynaşmışlardır ki, artık ayrılık mümkün görünmemektedir. Şems, himmet ve teveccühleriyle Mevlâna'yı daha da olgunlaştırmış aşk ateşiyle pişirip Hakk'a vuslatı sağlamıştır. Daha önce Şems'e muhalefet edenler de gelip birer birer özür dilerler. O'nun rahat edebilmesi ve hizmetinin görülmesi için evde evlâtlık olarak yetiştirilmiş Kimya adındaki genç ve güzel kız Şems'e nikâh edilir.

Ama bu sefer de müritler arasında kıskançlık başgösterir. Mevlâna'nın diğer oğlu Alâeddin Çelebi bile edebi aşan birkaç davranışıyla kıskançlığını dile getirir. Bu arada Şems'i sevmeyenler de her fırsatta muhalefete, hakaret, iftira ve düşmanlık dolu hareketlere yönelirler. Şems ile Mevlâna, sohbet ve irşadın son merhalelerini, en güzel dönemlerini yaşarken onlar da dışarda kaynamaya, taşkınlık etmeye başlarlar. Artık Mevlâna, istenen mertebeye gelmiş Şems'in irşad vazifesi tamamlanmış, daha önce kendisine bildirilen hüküm gereğince başını feda etme zamanı gelmiştir.

Hanımı Kimya Hatun da rahatsızlanıp vefat etmiştir. Bu haberin şehre yayılmasından sonra O'nu ne pahasına olursa olsun uzaklaştırmak ve Mevlâna'yı elinden kurtarmak(!) isteyenler bir plân kurup bu iş için yedi kişi seçerler. 1247 yılının Aralık ayında, aralarında Mevlana'nın oğlu Alâeddin Çelebi'nin de olduğu rivayet edilen bu yedi kişi medresenin avlusunda pusuya yatar. Bir derviş kapıdan seslenerek Şems Hazretlerini dışarı çağırır. Şems derhal yerinden kalkıp çıkarken Mevlâna'ya: "Görüyor musun beni dönüşü olmayan bir davetle dışarıya çağırıyorlar!" diyerek vedalaşıp çıkar.

Sonra bir "Allah" feryadı yankılanır gecede. Kapı açıldığında ise, ortalıkta kimseler yoktur. Sadece birkaç damla kan lekesi görülür yerde. Başka da bir iz bulunamaz. Bu son ayrılıktır. Mevlâna yine aylarca süren bekleyişe, diyar diyar gezip aramaya başlar. Ama O'nu maddeten olmasa da manen kendinde bulduğunu şu dizelerle dile getirir:

"Beden bakımından O'ndan uzağız amma;

Cansız bedensiz ikimiz de bir nuruz;

İster O'nu gör, ister beni.

Ey arayan kişi! Ben O'yum, O'da ben."

Leyla: Şems ismi güneşten alınmış. İslâm güneşi gibi yani. Aralarında bir bağlantı var mı? Allah aşkının güneşi gibi!

Halil: Evet var tabi. Bazı insanların isimleri Onlar'ın kaderleri olur sanki. Şems, güneş demektir. Mevlâna'nın güneşi, gönüllerin güneşidir O. İsmi kaderine yansımış bir güneş. Güneşi kimse söndüremez, saklayamaz, ne kadar kuytu köşelerde de olsa kabri, ne kadar gölgede kalsa da yaşamı. O bir ışık. Perdeyi araladığınızda içeri giren ve tüm yüreğinizi aydınlatan... İsmi kaderi oldu O'nun. Şu an belki bunları yazarken bir sürü hata yapıyorum. Eleştirecek arkadaşlar olacaktır; "*Keşke şunu demeseydin pek uygun değil*" filan gibi, ama çekinmiyorum bunlardan. Çünkü birini anlatırken, kelimeler tükenirse, siz tüm perdeleri kaldırır, tüm camları açar ve O'nu çağırırsınız. Sizde yansıması nasılsa öyle anlatırsınız. Umarsınız ki, anlattığınız kimseler de kendilerinden bir şeyler katar ve Şems çoğalarak akar tüm gönüllere. İşte, tevhid pınarının billur çeşmesi Şems'ten işte birkaç dize:

"Bu tevhitten murad ancak, cemalî zata ermektir.

Görünen kendi zatıdır, Sanma değil ki gayrıdır.

Şems-i Tebriz bunu bilir, Ahad kalmaz fena bulur.

Bu âlem küllî mahvolur, hem bâki Allah kalır."

Halil: Halil tam bu dizenin sonuna gelmişti ki, gayb perdesi birden açıldı ve gözünün önüne bir hayal âlemi açıldı. Şöyle ki: Kendisine seslenen Şems'di ve Mevlâna'ya verdiği sırların bir kısmını kendisine de vereceğini söyledi. İki günde bir bu kütüphaneye gelip, 40 bölümden oluşan o kitabı okuması halinde ve kendisine soru sormamak, sadece sorulan sorulara verilen cevapları dinlemek şartıyla!..

Sufi: İşte, uzun süre kitabı mütalâa eden Halil sonunda şu uzun yolculuğa çıkmayı kabul etti.

Yolcu (Şems): Ey arkadaş, eğer istersen sen de gel şu yolculuğa beraber çıkalım ve bu 40 sır ile birlikte 40 adet varlığın hakikatiyle birlikte şu kâinatın sırlarını ve yaratılış amacını keşfedelim. İşte, bu uzun hikâyedeki yolculukta asıl anlatılmak istenen hakikatin parlak bir sırrını keşfetmek istersen, benimle beraber şu yolculuğa çık ve nefsimle beraber şu gelecek olan iç içe geçmiş halkalar halindeki silsile-i mahlûkata ait bazı varlıkların zikirlerini dinle, müşahedatlarını seyret..

Hz. Mevlana'nın güneşi: Şems-i Tebrizi

BİRİNCİ İSTASYON

Birinci yolculuk

Kehkeşan (Samanyolu) isimli bir
Galaksinin Kâinatı müşahedatıdır.

1. Sır: Şu Kâinat, **Bir** nakta-misal **Be** harfinin açılmasıyla, **Bismillâh** deyip **Aşk**'la başlar. Ol Aşk dahi, **Eş**'e işaret eder ki, o eş bir **yâr-ı bâki**dir. Öyleyse, sen de öyle **bir** yâr-ı bâki iste ki, şol **iş**'leri dahi hep **aşk**, ol aşkları dahi hep **aş** olsun. Öyle ki, o aş **ol** emriyle pişsin, seni doyursun.

Ney: Bir karanlık gecede, birbiri içerisinde yalnızlık ve gurbetler içerisindeyken bir karanlık kuyudan gökyüzünün nuranî yüzüne baktım. Şöyle bir parlak sayfa göründü ki, o sayfanın birkaç sırrını açacağım. Eğer, hüşyar isen, sen de nefsimle beraber içerisine gir, ney-misal seslenişimi dinle:

Yolcu: Baktım ki! O gökyüzü sayfasında bizi ve güneş sistemimizi de içerisine alan büyük bir halka-i Kübra vardır. Kehkeşan (Samanyolu) olarak tesmiye edilen bu nuranî yıldızlar topluluğu da kendi lisan-ı haliyle yaratıcısını zikretmekte ve tesbih taneleri gibi sıraya dizilmiş olan içindeki yıldızlarla beraber hakikati müşahede etmektedir. Peki, neden gürültülü olan bu müşahedatlarını duyamayız, çok uzakta oldukları için veya aradaki büyük mesafelerden dolayı mı?

Ney: Evet, İşte bak! O nuranî zincire bağlı öyle kopmaz iplikler ve bağlar hükmündeki görünmeyen direkler sayesinde o büyük cisimleri birbirine bağlıyor ki, her birisi onca büyük kütlesine rağmen ne yerinden düşüyor ve ne de uzaya fırlayıp gidiyor. Kendisi için belirlenen bir yörüngede, bir mevlevî gibi zikrederek muntazaman dönüp duruyor. Eğer o mevlevî-misal zikirleri ve tesbihleri duymak istiyorsan, sen de o yıldızlar ve galaksi kadar büyü ve o mertebeye gel ki, şu ilâhi zikirleri duyup işitesin.

Yolcu: İşte yine bak! O vazifedar memurlar "**Halakassemavati ve-l Arz**" (**Gökleri ve yeri yaratan**

elbette sensin, sen!) zikrini daima dönerek okuyup duruyorlar. Öyle değil mi? Üstelik devam etmekte olan varlıkları ve yakıtları ağır bir gaz kütlesinden başkası değil. Milyarlarca yıldır ne yörüngelerinde şaşırıyorlar ve ne de sönmek tükenmek nedir bilmiyorlar; oysa ki, onlardan birisinin yakıtını temin etmek için milyarlarca ton gazyağı ve kömür olsa yine yetmeyecek ve bir saat bile yanmasına devam edemeyecekti. Hem gel bak! Şu halka-i zikir halinde tesbih eden şu büyük gökcismi olan samanyolu, öyle bir şekilde sanatla kıvrılmış ki, içindeki milyarlarca yıldızdan hiçbirisi diğerinin ışığını engellemez. Birbirine çarpmaz, bir karışıklık çıkarmaz. Muntazam bir halka-i mevlevî gibi daima efradlarıyla birlikte zikrine devam eder. Öyle değil mi arkadaş?

Ney: Evet, hem bak! Mevlevî gibi kendisi döndüğü halde dağılmaz, parçalanıp gitmez. Üstelik içindeki yıldızlar da onunla birlikte dönerler. Her birisi, hem kendi etrafında ve hem de çok ince hesaplarla belirlenmiş bir kütleçekim merkezi etrafında daima zikrederek döner. İşte bak! Onun şu semaya açılan uzun kollarına, nasıl da "**Lebbeyk**" diyerek Hâlik'ini zikrediyor, daima salât ve selâm getiriyor, esma-i ilâhiyeyi talim ediyor. Öyle ki, her bir kolunun uzunluğu trilyonlarca kilometre uzunluktadır.

Ney: Hem yine bak! Merkezinde nasıl da bir kaynar kazan sürekli kaynıyor, ölmüş yıldızları daima yutup temizliyor, gökyüzündeki kirleri barındırmıyor ve **ism-i Kudüs**'ün bir cilvesini gösteriyor. Hem, bu müthiş azametine ve büyüklüğüne rağmen, etrafında tek bir çöp bile bırakmıyor. Oysa malûmdur ki, ufak bir hane bile birkaç gün temizlenmezse kir pas içerisinde kalır. Demek ki, bu büyük hanelerin de vazifeli temizlik memurları ve işçileri var ki, o nuranî semayı daima temiz tutuyorlar ve kirletmek isteyen şeytanları dahi semavî taşlarla defediyorlar. Öyle ki, o taşlardan birisi dünyaya çarpsa tüm canlı hayatını yok edecekti. Bununla birlikte, buna müsaade edilmez. Demek ki, Hakim-i zülcelâl onları bu şekilde idame ettirmektedir ve O'nun memurudurlar ki, daima ondan korkup titreyerek zikirlerine devam ederler. Hem yine bak! O halka-i zikrin fertlerinden birisi olan bir yıldız, güneş ve seyyareleri milyarlarca canlıya hayat nurunu sağlayan bir yerin makamı ve merkezi haline gelir. Fakat öyle olduğu halde, vazifesinden bir an bile geri durmaz. O da diğerleri gibi zikrine devam eder. Hem gel bak, şu kehkeşanda acaip faaliyetler yürütülüyor, onları inceleyeceğiz.

Ney: İşte bak! Helezon gibi kıvrılmış olan o yekpare yapı, bir kütleçekim merkezi etrafında dönüyor ve ayrıca çok büyük bir mesafe kateden başka bir yörüngeye de, kâinatın genişlemesiyle beraber helezon-misal yaklaşmaya devam ediyor. Demek ki, cezbe sahibi bir sultan güç tarafından aktar-ı semavattan çıkması engelleniyor, bir arada tutuluyor. Hem o cazibe kuvvetleri dahi, o kanunları o gökcisimlerine takan nihayetsiz bir kudretin varlığına şehadet ediyorlar. Hem bak! O kanunlar öyle bir hal almışlar ki, en küçük atom ve moleküllerde olan nizam ve intizam büyükleri olan onlarda da bulunuyor ve tek **bir** elden sudur ettiğini, tek **bir** elden yapılıp meydana çıktıklarını gösteriyor; çünkü, faraza her ikisine de farklı kuvvetler etki etseydi, aralarındaki ihtilâflardan dolayı dağılıp gideceklerdi. Demek ki, tek **bir** elden yönetiliyorlar. Hem bak! Koskoca yıldızlarıyla o Kehkeşan, ufak bir oyuncak gemi gibi kolaylıkla feza denizinde yol alıyor. Ne yörüngesini şaşırıyor ve ne de rotasını değiştiriyor. Demek ki, tüm kâinatı ve harita programını bilen maharetli bir kaptan tarafından yönetiliyor ki, tüm o gemilerin plân ve rotaları da onun tarafından biliniyor. Yoksa tüm bu rotaların yörüngesini bilmeyen birisi şu nihayetsiz kâinat denizindeki hadsiz gemileri nasıl idare edebilirdi. Aksi halde, faraza her bir gemiye **bin** tane "**Kaptan Kirk**" veya **bir** tane "**Kaptan Nemo**" kadar deha ve maharet yüklemek gerekirdi. Hâlbuki sayıca bunca çokluğa rağmen o feza denizinde ve gemilerde hiçbir kaza, hata veya karışıklık meydana gelmez. Her birisi kendisi için belirlenen yörünge ve rota etrafında harika bir tarzda deveran ettirilir. Şimdi, Eski Yunan filozofları veya çağımızın modern astronomları gelsinler de şu gökyüzünde yüzen devasa gemilerin idaresini, tek başlarına nasıl hareket ettiklerini, boşlukta hiçbir direk olmadan nasıl asılı tutulduklarını açıklasınlar. Elbette, ilim ve fen bunu açıklamakta aciz kalacak, kozmoloji ve astrofiziğin günümüzde geldiği bunca ilerlemiş noktasına rağmen, o sayfadaki yaratıcının mühür ve imzasını okumakta nihayetsiz güçlükler çekecektir..

İkinci Yolculuk

◊ ◊ ◊ ◊

O Kehkeşan (Samanyolu) içerisinde bir yıldız olan güneşin kâinatı müşahedatıdır.

2. Sır: OL ŞEMS dahi Kadir-i zülcelâli efradlarıyla birlikte zikrettiği gibi tüm varlık âlemi de zat-ı zülcelali mevlevî dervişleri gibi daim dönerek zikreder.

Ney: Ey arkadaş! Şimdi gel, semavattaki o hadsiz yıldızlardan birisi olan, bizim güneşimize ait olan bir hakikati beyan edeceğim. Evet, o şems dünyadan 300 kat bir büyüklüğe sahip olmasına rağmen, devasa bir lâmba gibi bak nasıl da göğe asılmış ve hiç durmadan yandığı halde yakıtı olan madde hiç tükenmek bilmiyor, daimî bir soba gibi etrafındaki seyyarelerini ısıtıyor, onlara hayat nurunu gönderiyor. Öyle değil mi arkadaş?

Yolcu: Evet, Hem bak! O hadsiz büyüklükteki semavat denizinde efradı olan seyyareleriyle birlikte öyle geniş bir muntazam yörüngede dolaşıyor ki, ne yörüngesinden fırlıyor ve ne de kafasını bir başka seyyareye çarpıyor. Elbette onları hiçbir direk olmadan semada durduran ve görünmeyen ipler misalî birbirine bağlıymış gibi birbiri etrafında döndüren kudretin her şeyi yapar bir güce ve sınırsız bir ilme sahip olması lâzım gelir.

Yolcu: Hem yine bak! O güneş hadsiz şeffaf cisimlerde ve akıp giden kabarcıklarda kendisini yekpare olarak gösterdiği gibi, yaratıcısı olan Zat-ı Zülcelalin de **tek** olduğuna şahitlik ediyor, O'nun kudretini ve azametini kendi büyüklüğü nispetinde kör olanlara dahi gösteriyor. Üstelik hem bak! Yanıp tükenmek bilmeyen maddesi ise, sıkıştırılmış ağır bir basit helyum gazıdır ki, o nükleer yakıt santrali, çekirdeğinde ihtiva ettiği bu maddeyi nice aşamalardan geçirerek etrafına neşrediyor, filtre edip süzerek aynen bir nükleer yakıt reaktörü gibi 5 milyar yıldır hiç durmadan, tek bir hata bile yapmaksızın muntazaman çalıştırılıyor. İçerisindeki milyonlarca santigratlık ısıyı öyle bir şekilde sıkı sıkıya hapsediyor ve azar azar dışarıya veriyor ki, içindeki bu yüksek hararete rağmen dış kabuğu 5–6 bin dereceyi geçmiyor ki, efradından birisi olan hayat-ı dünyeviyenin bekası sağlansın, üzerindeki canlı mahlûkat yanıp kavrulmasın.

Yolcu: Hem yine bak! Şu güneşin tabi olduğu kanunlar hükmündeki kütleçekim yasaları o derece hassas ayarlanmış ki, aynı kanunlarla hem ay, hem güneş, hem arz ve hem de semavatta direksiz tutulan diğer yıldız ve galaksiler o aynı kanunlar manzumesiyle birer mevlevî şems gibi dönüp duruyorlar, daima Hâlikini zikrediyorlar. Evet, sen elbette anladın ki, tüm bunlar kendi kendine olan tesadüfî işler değildir. Nasıl ki, mahir bir sobacı harika bir sobayı tenekeden, basit bir malzemeden inşa etti ve büyük bir hanenin ısınmasını ve hayat bulmasını temin etti; işte aynen bunun gibi sen de anladın ki, şu semavi sobayı basit maddelerle daima yandırarak bizim hizmetimize amâde eden kudretin, tüm kâinatı da idare eden kudret olması ve her bir şeyin **tek bir** elden idare edildiğini isbat etmesi lazım gelir. Öyle değil mi?

Ney: Evet, Hem sen! Eğer şu güneşin hakikatini ve esrarını kozmoğrafya ve felsefenin niçin çözemediğini soracak olursan sana derim ki: Sen de o güneş kadar büyü ve onun kadar azim bir cesamet teşkil et ki, o zaman onun mertebesini ve vazife-i ubudiyetini ancak anlayabilirsin;

çünkü şemsi anlamak için **şems**; zühreyi anlamak için zühre ve zerreyi anlamak için zerre olmak lâzım gelir.

Ney: Hem o zühre ve zerre! Tek bir kalem-i kudret münasebetiyle yazılarak, öyle bir benzer yapı teşkil ederler ki; her ikisinin de yaratıcısının **bir** olduğuna dalâlet ederler, O'nu ışık parmaklarıyla gösterirler.

Ney: Hem işte yine sen! Zerreden zühreye, arzdan şemse çıkıp Hâlik-i Zülcelâl'e bir yol bulmak istersen, O'nu tanıttıran ayetler pek çoktur. Misal olarak, o semada bir lâmba gibi takılmış olan şems-misal şu yıldızlara bak ki, o yıldızlardan bazısı şemsten belki bin kat daha büyüktür. Hem yine, bu büyüklüklerine rağmen onlar da vazifelerinden bir an bile geri durmazlar, tıpkı bir semavî mevlevî-misal aynı kevni kanunlar manzumesiyle, kolaylıkla esir denizi içerisinde oyuncak gemi-misal akıp giderler. Kendileri için takdir edilmiş olan makarr-ı ilâhiyeye doğru yol alırlar, berzah âlemlerine kuş-misal uçup giderler.

Yolcu: Hem bak! Modern kozmoğrafya olan kozmoloji ve astronomi ilimleri dahi bunu isbat ediyor ki, semadaki o gemilerden her birisinin bizden ve birbirinden 500 km hızla uzaklaştığını ve ölmüş ruhlar-misal, yaşlandıkça ahiret âlemlerine doğru gittiklerini: "**Evet, kâinatı ve içerisindekileri genişleten, biribirinden uzaklaştıran biziz, biz!**" ayetiyle ilân ve isbat ediyor.

Yolcu: Hem yine bak! Gökyüzündeki hadsiz noktalardan bir nokta gibi duran şu şems, bütün azametine rağmen o nihayetsiz kudret karşısında nasıl da boyun eğdirilmiş, O'nun emrine itaat ediyor. İşte, şu hadsiz hikmet-i ilâhiyeden anla ki, onun yanında bir nokta kadar büyüklüğü ve hükmü bulunmayan şu biçare insan, nasıl O'na karşı büyüklük taslayabilir, O'nun kanunlarına karşı itaatsizlikle karşı gelir. İşte şu sırdan anla ki, hikmet-i ilâhiyeyi ve yaratıcıyı inkâr eden kafirin hükmü, tüm kâinattaki tüm o kudret eliyle yazılmış olan noktaları, harfleri ve kelimeleri inkâr etmek anlamına geldiğinden hadsiz bir cezaya çarptırılır ve şems-misal fırınlara atılarak hadsiz bir Cehennem azabını hak eder.

Ney: İşte bak! Şu misalin geniş bir dairede hükmeden bir sırrını anlamak istersen, Kur'an-ı hakime bak, ona başvur ki, pek çok yerinde şu azab-ı ilâhîyeye işaret eden pek çok gaybi tehditlerle karşılaşacaksın ve geçmiş zamanın çark-misal çevrilen sayfalarında birer kitap-misal okunan azab-ı ilâhiyeye duçar olmuş pek çok kavimle karşılaşacaksın. İşte şu şems, şu gizli sırdan haber verdiği gibi, perde altında kapalı duran şu cehennemden de haber verir ve manen der ki: "**Ey kanun tanımayan münkir! Eğer bana boyun eğdiren ve beni semaya bir lâmba gibi takan şu Zat-ı Zülcelali tanımazsan, seni benim gibi Cehennem-misal harıl harıl yanan fırınlara atacak, nihayetsiz bir azaba duçar edecek!**" diye o inkârcı insi ve cini şiddetli bir şekilde uyarır ve hararetiyle o Cehennem-misal kızgın ateş fırınlarının bir suretini hayat-ı dünyeviyede dahi göstererek ihtar eder ve gizli gizli cehennem-i kübra'dan haber verdiği gibi; zaman zaman üzerinde gerçekleşen patlamalarla onun küçük bir sureti olan cehennem-i Suğra'dan dahi haber verir, büyüğünün küçük bir suretini gösterir ve "**Tekadu temeyyezu minel Gayz**" (**Neredeyse cehennem öfkeden çatlayacak bir hale gelir!**) ayetiyle, harıl harıl ateş gibi kaynayan kızgın yüzünde daima okunur..

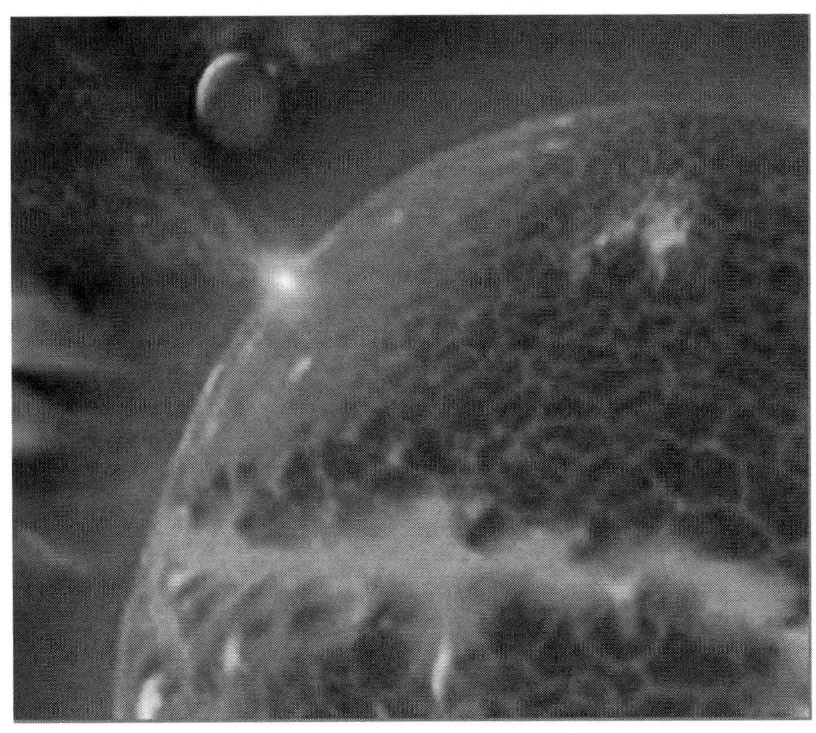

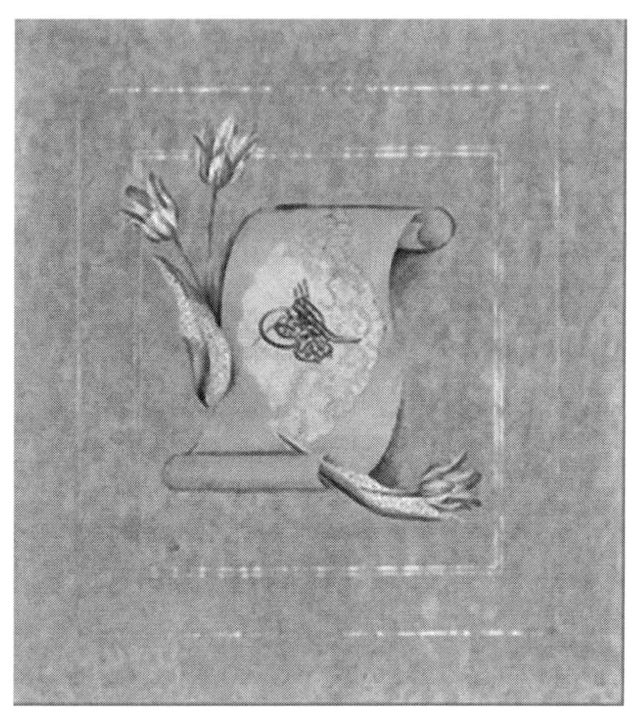

Üçüncü Yolculuk

◊ ◊ ◊ ◊

O güneşin seyyareleri içerisinde hayat bulan bir ferdi olan dünya gezegeninin kâinatı müşahedatıdır.

3. **SIR**: Sen dünyayı ufak bir gökcismi sanırsın, halbuki o tüm âlemi yutmuştur, âlemde ne varsa onda neşvünema bulmuş, hayat bulup dirilmiştir. Öyleyse sen de aşksız kalma ki; hayat bulup dirilesin.

Ney: Arkadaş! şimdi gel bak, o güneşe ait seyyareler içerisinde hayat bulan birisine doğru rotamızı çevireceğiz ve içerisindeki mahlûkları ve nice sanatları, nakışları inceleyeceğiz ki, bunların pek çoğu maharetli bir sanatçıya işaret ettiği gibi; şu menzilin inşa edilmesi dahi mühim bir sebebe bakar.

Ney: İşte bak! Diğerlerine göre ufacık bir seyyare olan o gezegende binbir marifet-i ilâhiye âdeta bir kumaşın sık dokunan iplikleri gibi iç içe geçmiş bir vaziyet almış. Öyle ki; cisminin bu küçüklüğüne rağmen şu küçük gezegende harikulâde işler dönüyor. İşte şimdi gel, onları inceleyelim ve Sani-i Hakim'e işaret eden bir yol bulalım.

Ney: İşte yine bak! Şu seyyare, küçüklüğüyle beraber ahirete giden bir trenin lokomotifi hükmündedir. Hem bak, o lokomotifin arkasına öyle çeşit çeşit ürünleri içeren yüklü vagonlar takılmış ki, her bir vagonun içerisinde 300 bin çeşit enva-i nebatat ve hayvanat iki durak arasındaki bir mevsimde süratle değiştirilir. Yerlerine başkaları gelir, eskiyenleri aşağıya atılır.

Ney: Hem yine bak! Bitki ve hayvan nevilerinin her birisi farklı farklı türlerde olduğu halde, sanki hepsi tek bir fert gibi kolaylıkla yaratılır ve vagonların her bir bölmesine ustalıkla yerleştirilir. Vagonların ambarları, rafları ve tezgâhları dolu doludur. Sanki bu küçücük gezegen, haddinden fazla bir yükü kaldırıyor, hadsiz vagonlarla taşıyor ve çeşit çeşit, cıvıl cıvıl canlı mahlûklara yer ve mesken oluyor.

Ney: İşte yine bak! O mahlûkatın kimisi iki ayağı, kimisi de dört ayağı üzerinde yürür, kimisi ise yerde sürünür ve bir kısmı da havada uçar. Her bir mahlûkata ayrı ayrı sanatlı antikalar hükmündeki cihazlar takılmış. Öyle değil mi arkadaş?

Yolcu: Evet, Hem bak! Kimisi kuru bir toprak üzerinde yeşerir, yemyeşil bir ağaç olup, türlü türlü şekerli konserveler hükmündeki meyveler verir. Ziyaretçilerinin ve yolcularının ellerine uzatır.

Yolcu: Hem yine bak! Kimisi sandık sandık paketler halinde hububat ve daneler yetiştirir. İçerisindeki maden yuvalarından ve yeraltı kaynaklarından fışkırtılan maddelerle yolcularının ısınmasını ve araç-gereç yapmalarını sağlar. Semasından indirdiği temiz ve pak bir su ile üzerindeki nebatatını bir bahçe gibi sular ve güneşten gelen ışık hüzmelerini yedi tabakalı filtreleriyle süzerek sakinlerini aydınlatır ve zararlı ışınlardan korur.

Yolcu: Hem yine bak! Üzerindeki toprak örtüsüyle karada yaşayan tüm canlıları örten bir yorgan serer ve o yorganın içerisindeki atılmış pamuk gibi nesneleriyle sakinlerine yastık ve nevresim yapacak bir örtüyü basit bir bitki veya kozasında iplik gibi ağlarını ören basit bir böceğin eliyle verir, şefkatli bir ana gibi mensucatını sekenelerine dokutturur.

Yolcu: Hem yine bak! Şu arz, o semavat ehli içerisinde bunca küçüklüğüne rağmen mühim bir işte dahi çalıştırılıyor ki, kâinatı ve yaratıcıyı müdakkik gözleriyle müşahede eden, akıl yürüten ve düşünebilen ziruh varlıklara da ev sahipliği yapıyor. İşte o ziruh varlıklardan kimisi olan insan ve cin nevi, sayıca az olmakla birlikte şu mahlûkat taifelerinin hepsine birden halife olmuştur. Üstelik **hayat-ı dünyevîyenin** bitmesiyle başlayacak olan yeni bir hayatın, **hayat-ı uhrevîyenin** açılmasına ve **ahiretin** gelmesine sebep olacak işlerde çalıştırılıyorlar. Öyle ki, o arz üstünde küçük bir nefer olan o ins ve cin nevi, bir cihette tüm kâinata sultan olur ve içlerinden gelen **resuller**, **nebîler** ve **evliyalar** ile Hâlik-i Zülcelâl'i tüm kâinata tam olarak tanıttırır.

Ney: İşte bak! O insan nevi içerisinde en parlak birisi olan bir zatın ki –O zat **Muhammed A.S.**'dır– ufak bir işaretiyle o arzın semavî bir neferi ve uydusu hükmündeki bir gökcismi olan **ay** o **aşk-ı hakikî** ile iki parçaya ayrılır, yıldızlar dahi O'nu tanır ki, O'nun şu kâinata gelmesiyle arz ve içindekilerin yaratılış sırrı "**Sen olmasaydın Ey Resulüm, eflaki yaratmazdım, yaratmaz!**" hakikatinin sırrınca kemal bulur, manasına kavuşur. Hem şu zat, öyle bir zamanda ve öyle bir tarzda hakikat-i ilâhiyeyi beyan ve isbat ediyor ki, tüm kâinat O'nu tanır gibi bir şekil verilmiş, sanki O'nun gelişi için hazırlanmış, mücevheratını takıp bir gelin-misal süslenmiş ve şu noktaya istinaden sanki arz kâinatın merkezi ve ma'kesi hükmüne gelmiş.

Ney: İşte yine bak! O vaziferdar zatın o lokomotifin başına geçmesiyle tüm vagonlar nasıl da ahiret menzillerine sevkediliyorlar. İşte her bir mahlûk, sırr-ı imtihanın ve şu kâinata getirilme sebebinin manasını onun sayesinde çözerek nasıl da oraya sevkedilmek için yola koyulmuş bir yolcu hükmüne geldi, aradığı esas hakikate ve manasına doğru yol almaya başladı.

Ney: İşte yine bak! Her yeni gelen kafileler ve taifeler dahi O'nu tanıyor ki, o zatın şu menzilde duruyor ve hakikat-i ilâhiyeyi beyan edip ilân ediyor olması, tüm ahiret menzillerinin ve duraklarının kurulması için yeterli bir sebeptir.

Ney: İşte yine bak! Şu küçük dünya gezegeni küçüklüğüyle beraber şu noktada öyle bir ehemmiyet kazandı ki, sanki kâinatın kendisi kadar bir cesamet teşkil etti. İşte, şu sırdan anladın ki, o arz ve sekeneleri dahi sıradan varlıklar olmayıp dâr-ı bekanın ve ahiretin kurulması için konulmuş mühim bir istasyon hükmündedir ve vagonlarındaki yolcularını mütemadiyen sürekli o menzillere boşaltarak âdeta her bir baharda o haşrin ve yeniden dirilişin bir suretini göstermekte ve açıkça ilân etmektedir..

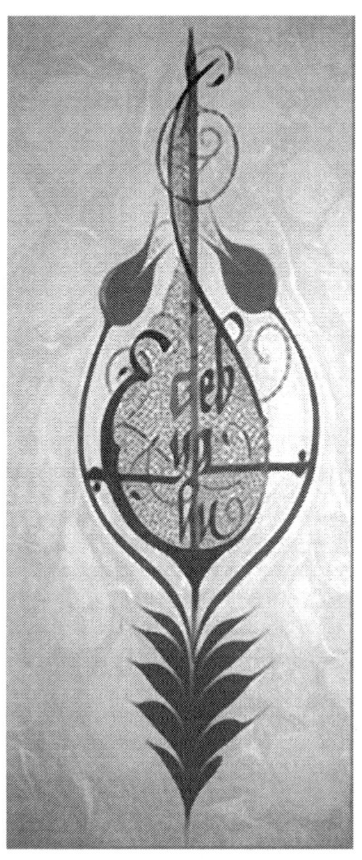

Dördüncü Yolculuk

◊ ◊ ◊ ◊

O Dünya gezegeni içerisinde hayat bulan ve ahirete doğru yolculuk yapan kafileler içerisinde nev-i beşer taifesi olan insanın kâinatı müşahedatını anlatan ve şu yolculuğun sırrını keşfeden üç suale verilen üç cevap ile üç hikâyedir.

4. SIR: Öyleyse, bil ki âlemde ne varsa Sen'de de bir sureti vardır.

Ney: Ey arkadaş! Şimdi gel daha yüksek bir merdivenle hilkat-i kâinatın daha yüksek bir mertebesinde bulunan bir nev'i olan insan gözüyle şu kâinatı müşahede edip, hakikati talim edeceğiz, ta ki ebet yolculuğumuzun sırrına erebilelim ve şu üç dehşetli suale bir cevap bulabilelim: **"Nereden geldik? Niçin geldik?** ve **Nereye gidiyoruz?"**

BİRİNCİ SUAL:

Yolcu: NEREDEN GELDİK?

Ney: İşte bak! O nev-i insan içerisindeki büyük peygamberlerden birisi olan **İbrahim Aleyhisselam**'a ki, bir gün kendi kendisine şu mühim suali sorar ve mana âleminden bir cevap umarak bir gün Mekke'nin bulunduğu yerden geçen bir yolculuğu sırasında bir ağacın altına uzanarak uykuya dalar ve şu sual etrafında bir daire çizerek kâinatı müşahede eder. Şöyle ki: O uyku esnasında, gökten bir ses ile birlikte bir merdiven indirilerek şöyle nida olunur: "**Ey İbrahim! Seni ve soyunu işte şu gökyüzünde gördüğün yıldızlar kadar öyle çoğaltacağım ve şu arşa uzanan merdivenin basamakları misali öyle yükselteceğim ve bereketli kılacağım ki, içlerinden pek çok büyük peygamber çıkacak ve nev-i beşere daima devam edip giden şu ahiret yolculuğu sırasında kılavuzluk edip, yön**

gösterecek! Hem senin bulunduğun şu mevkide öyle bir Beyt inşa edeceğim ki, tüm mahlûkatın secdegâhı ve zikirlerinin merkezi ve ma'kesi olacak, o (Kâbe-misal) beytimi tavaf eden her varlık arşa uzanan bir mesafeyi bir anda katedecek ve ona yönelen tüm kalbleri sanki arşı tavaf ediyor gibi arzın kalbi hükmündeki (mevlevî-misal) tavaflarıyla, kendime yönelteceğim!" diye seslenilir. İşte, şu rüyada görünen İbrahim Aleyhisselam'ın arşa uzanan merdiveni misali, insan dahi şu muamma-i hilkatin son halkası ve arşa uzanan netice-i uhreviyyenin basamakları hükmündedir.

Ney: İşte yine bak! İbrahim Aleyhisselam'den sonra gelen pek çok peygamber, *Yakub, İshak, Davud, Yusuf, Musa, Davud, İlyas, Zekeriya, Yahya, İsa* ve o zincirin son halkası ve o merdivenin son basamağı olan *Muhammed Aleyhisselam* gibi, nev-i beşerin arşa uzanan yıldızları ve o merdivenin basamakları hükmünde olup, hepsi de hilkat-i kâinatın tılsımını keşfetmiş olan müdakkik gözlemciler ve nurlu birer şahitlerdir.

İKİNCİ SUAL:

Yolcu: NİÇİN GELDİK?

Ney: İşte bak! Şu insan, şu nebiler misali her bir tarafa baksa hilkat-i kâinatın bir numunesini kendi üzerinde görebilir ve yaratılış amacı ile niçin şu kâinata getirildiğini çözebilir, o nuranî hakikatlerle keşfedebilir. Meselâ bir dağa veya bir denize baksa o dağ ve denizin yüzünde "**Bana bak! Aradığın yaratıcıyı ve hilkat-i kâinatın sırrını**

benimle bulabilirsin ve sana yön gösterebilirim, kılavuzluk edebilirim." yazısını okuyacaktır.

Ney: Hem bak! Yine meselâ, gökyüzünün nurlu parlak yüzündeki bir sayfasını açsa, yıldızların nuranî kalemleriyle yazılmış olan şu semavi hatlara ve yazılara baksa yine "**Bana bak! İstediğin ve aramış olduğun hilkat-i kâinatın sırrını benim vasıtamla bulabilirsin, sana yol gösterebilirim.**" diyerek o ıssız bucaksız çöl misali kâinat denizi ve gökler âlemi içerisindeki kutup yıldızı-misal rota gösteren işaretçileriyle, hilkat-i kâinatın muammasını o insana kendi lisan-ı haliyle bildirir ve yaratıcısını işaret eder.

Hem bak! Yine o insan, bu şekilde devam ederek her varlığa başvurdukça aynı cevabı alır ve nihayetinde kendi nevinin parlak yıldızları olan peygamberlere, evliya ve asfiyalara başvurur. İşte, onların tümünün üstadı olan bir zat ise –**o zat, Muhammed A.S.'dır**– elinde tutmuş olduğu hilkat-i kâinatın sırrını keşfeden parlak bir rota ve harita hükmündeki **Kur'an-ı Hakim**'i, o hakikatin nurlu parlak bürhanları olarak herkese bildirir ve okutturur.

Ney: Hem yine bak! Diğer sayıları milyonları bulan, sahih rivayetleri bildiren bir kısım **evliyaullah** ve **Asfiya** dahi şu hakikate imza basarak o zatı tasdik eder.

Ney: Hem yine bak! **Nuh Aleyhiselam**'a ki, oğlu Kenanı çağırdı, imana davet etti ve dedi ki: "**Oğlum, gel Allah'a iman et ve şu gemiye bin. Çünkü bu gün Allah'tan ve O'nun emriyle inşa edilmiş olan şu kurtuluş gemisine**

binmekten başka kurtuluş çaresi yoktur." Fakat ne çare, oğlu iman etmedi ve işte, Nuh Aleyhisselam bir peygamber olduğu halde denizde boğulan birisi olarak sadece oğlunun ölümünü seyretmek zorunda kaldı, O'nu kurtarmak için bir şey yapamadı. Tufan her yanı sarmış ve sular yükselmiş olduğunda oğlu Kenan'ı gemiye binmesi için çağırdı, fakat o iman edenlerden olmadı ve suda boğulanlardan oldu. İşte şu hakikatten anla ki, dünya denizindeki günah ve isyan delhizlerinde boğulan inançsız kişi, her türlü ota ve ağaca da sarılır fakat o kök kurumuş ve zayıf yosun tutmuş iplikler misali çürümeye yüz tutmuş olduğundan ona yapışan her kişi her an kopmaya ve azgın sulara kapılmaya mahkûmdur. Demek ki, şu ibretli hakikatten anladın ki, yegâne kurtarıcı Allah'tan başkası değildir. İşte, sırr-ı imtihanın gemisiyle şu dünya hayatının azgın denizlerinde yolculuğa çıkan beşer tayfasının misali de aynen buna benzer, her an tehlikeye maruzdur. İşte bak, bir peygamberin oğlu olduğu halde bak ki, Kenan iman etmedi ve akrabalık da O'na fayda etmedi ve hakikat-i halde iman etmemiş olduğu için O'da suda boğulanlardan oldu. İşte, bak şu hakikatin nurlu yüzüne ki, yaratılış sırrını kavrayamayan her nefis şu karanlık dünya denizinde can çekişir, Şeytan'a ruhunu teslim eder ki, Şeytan her an o can kuşunu kapmak için bekleyen bir kedi gibidir. İşte sen, daima nefsini kusurlu gör ve sakın kibrine, gururuna kapılıp büyüklük ve soy üstünlüğü taslama ki, günah ve isyan denizinin azgın suları seni de yutmasın. Öyle değil mi arkadaş?

Yolcu: Evet, Hem yine bak! Yine o enbiyadan olan **Eyyub Aleyhisselam**'a ki, o peygamber-i zişan vücuduna isabet eden belâ ve musibetler ile yara ve berelerden kurtulmak için nefsiyle öyle bir tarzda mücadele eder ki, "**Ya Rabbi! Bu vermiş olduğun sıkıntılar vücuduma ve dilime dokunduğu gibi; ibadet ve taatıma da engel oluyor!**" diyerek yaptığı harika münacat-ı ilâhiye ile tüm mahlûkatın ve melâikenin sevgisini ve muhabbetini kazanır.

Yolcu: Hem yine bak! **İsa Aleyhisselam**'a ki, çölde Şeytan tarafından sırr-ı imtihan konusunda denendiğinde, "**İnsanın ma'budunu imtihan etmeye hakkı yoktur. Ancak yaratıcısı kulu imtihan eder; Hem insan yalnız ekmek ve suyla yaşamaz, Allah'ın ağzından çıkan her türlü sözle de yaşar, hayat ve bekâ bulur, imanı sayesinde kurtulur. Yalnızca rabbin olan Allah'a tapacaksın, canlı veya cansız putlara değil! Çekil git, Şeytan!**" diyerek verdiği üç harika cevapla iblisi susturur ve hikmet-i ilâhiyeyi beyan ederek tüm mahlûkatın ve melâikenin sevgi ve muhabbetini kazanır.

Yolcu: Hem yine bak! İsrailoğullarına gönderilen ulü-l azm peygamberlerden olan **Musa Aleyhisselam**'a ki, gerçekleştirdiği mu'cizeleriyle tüm kâinatın insanı tanıdığına ve tabi olduğuna kuvvetli bir işaret olarak, o peygamber-i zişanın asasını denize vurmasıyla bak nasıl da sular, "**Öyleyse, vur asanla denize!**" emr-i ilâhisiyle şak edip ikiye ayrılıyor ve inanmayanların üzerine nasıl da belâ ve musibet yağıyor, "**Öyle ki, inkârcıların**

ağızlarından çıkan ağır sözlerinden, arz ve arş hiddetinden neredeyse parçalanacak ve düşecek hale gelir!" emr-i ilâhisiyle inkârcılara karşı hiddetinden parçalanmak noktasına geliyor.

ÜÇÜNCÜ SUAL:

Yolcu: NEREYE GİDİYORUZ?

Ney: Hem yine bak! O silsile-i enbiyanın hatemi ve son halkası olan **Muhammed Aleyhisselam**'a ki, kuvvetini yaratıcısına istinat ettiği takdirde eline almış olduğu bir avuç kum tanesiyle koca bir orduyu kum gibi savuruyor, mağlûp edip, yere seriyor. Parmağıyla akıttığı bir çeşmeden, kevser gibi ab-ı hayat fışkırtıyor, ağaçları ve hayvanları dile getirip, kendisini tasdik ettiriyor ve hakeza bu neviden binbir çeşit mucize-i ahmediye ile hilkat-i kâinatın ve sonsuzluğa doğru akıp giden beşer yolculuğunun muammasını keşfedip, "**Elestu birabbikum?**" (**Ben sizin rabbiniz değil miyim?**) sualiyle başlayan ve ahirette son bulacak olan sonsuzluk yolculuğunda, beşere kılavuzluk edip, o en dehşetli sual olan "**Nereye gidiyoruz?**" sorusuna en en kuvvetli bir sesle en doğru bir cevabı vererek; "**Kalu Bela**" (**Evet, muhakkak ki öylesin, sen bizim rabbimizsin, bizi sen yarattın, yokluk ademinden vücut sahasına çıkardın, bizi tekrar diriltecek ve ahireti elbette getireceksin, Cennet ve Cehennemi halkedeceksin. Sana ve ahiret gününe iman ettik.**) diyerek yol gösteriyor. Tüm melâikenin ve mahlûkatın sevgisini ve muhabbetini kazandığı gibi, yaratıcısının dahi muhabbetine mazhar oluyor.

Yolcu: İşte bak! Tüm bu misaller gibi, nev-i insanın parlak yıldızları hükmünde olan sayısız kısas-ı enbiya dahi, şu davanın altına parmak basıyor ve kâinatın şecere-i hilkat sebebinin ve dalının en müntehasında bulunan son meyvesinin insanın varlığı olduğunu tüm kâinata ilân ve isbat ediyor. İşte bu üç kuvvetli cevaptan başka cevaplar da arıyorsan numune olarak nev-i beşerin yolcuğunu anlatan ve "ben kimim, nereden geldim, nereye gidiyorum, akıbetim ne olacak?" tarzındaki soruların cevabını almak istersen, şimdi gelecek olan şu üç basit hikâyeyi nefsimle beraber dinle, müşahedatını deyret:

BİRİNCİ HİKÂYE: KÂİNAT SARAYI

Yapılan **en küçük** bir **iyiliğin** veya **en küçük** bir **kötülüğün** dahi karşılığını bulacağını ve **"Kim, zerre ağırlığınca bir iyilik yaparsa, onu görecek ve kim, zerre ağırlığınca bir kötülük yaparsa o da onu görecek."** ayetinin bir sırrını fehmetmek istersen şu temsilî hikâyeyi dinle:

"Bir zaman genç bir adam babaannesi ile birlikte bir virane, duvarları dökülmüş tek gözlü bir odada kalıyordu. Bu arada hem okula gidip hem de evdeki işleri yaparak hayatını sürdürürken babaannesinin bakımını yapıp, hizmetinde de bulunuyordu. Bu böyle yıllarca devam etti. Felçli olduğu için yerinden yardımı olmadan kalkamaz ve hep yardımına gereksinim duyardı. Bu yüzden mecbur olmadıkça evin etrafından fazla uzaklaşamazdı. Olur ki bir ihtiyacı olur diye giderken anahtarı komşulardan birine verip öyle giderdi. O'na felç hastalığı geleli yirmi seneyi geçmişti ve çocukluğundan beri O'nun yanındaydı. Yani kendini bildi bileli kadın felçliydi. En ufak bir ihtiyacı olduğunda O getirir, abdest almak istediğinde lâzımlığını getirirdi. Fazla hareket edemediği için sürekli oturur ya da yatardı. İşi olmadığı zamanlarda yandaki kanepeye uzanır biraz dinlenirdi. Hayat günlük olağan akışıyla devam eder ve zaman çabucak geçerdi. Oturdukları bu virane oda ise yıllardır tamirat görmemiş ve her tarafı dökülmeye başlamış, rutubet kaplamaya başlamıştı. Kanepeye uzandığı zamanlarda duvarları seyreder, bahçedeki ağaçların arasından gelen ılık rüzgârın evin köşesindeki örümcek ağını dalgalandırmasını ve ağa yakalanan sineklerin vızıldayarak oradan oraya uçuşunu ve örümceklere yem oluşlarını hayretle gözetlerdi. Saat geç olmuştu ve akşam olmak üzereydi. Her zamanki gibi sofraya oturmuş akşam yemeğini yerken bir yandan da akşam haberlerini dinliyordu.

Bu arada da, babaannesiyle o virane odada oturmuş sohbet ediyorlardı. Akşam yemeğini yemiş ve bir süre sohbet ettikten sonra, babaannesinin abdest alması için içine su doldurduğu lâzımlığını getirmeye gitmişti. Abdestini aldıktan sonra O'na dua etmeye başlamıştı: '*Allah razı olsun oğlum.*' diye mırıldanıyordu. '*Mekânın cennet olsun inşallah.*' dedikten sonra genç adam da içinden: '*Yahu bu ufacık hizmetimin ne önemi olabilir ki, yaşlılık işte ne dediğini bilmiyor herhalde.*' deyip suyu lâvaboya götürüp boşalttı. Hava henüz kararmaya başlamıştı ve biraz hava almak için bahçeye yönelmişti ve biraz dolaşıp tekrar döndü. Babaanne ise, tekerlekli sandalyesinin üzerinde uyuyakalmıştı. Bu arada adam odanın dökülmekte olan duvarlarına ve tavanına bakarken biraz uykusu geliverdi. Biraz uyumak için kanepenin üzerine uzanmıştı ki bir rüya görmeye başladı:

Babaannesini evde yalnız bırakıp dışarıya bahçeye çıkmıştı, etrafı dolaşıyordu ve birden '*oğul... Oğul...*' diye bir ses duymaya başladı. Bu, babaannesinin sesiydi. Abdest almak istemiş, lâzımlığı getirmesi için O'nu çağırıyordu. Fakat ev biraz uzakta olduğu için koşarak gideyim derken ayağı takılıp düştü. Lâzımlıktaki su yere dökülüyordu. Bu arada gözünün önüne bir hayal perdesi açıldı şöyle ki: babaannesinin abdest almak için kullandığı lâzımlıktaki su öyle bir taşmıştı ki her tarafı sel götürüyordu. Bu sel evin dışına taşmış, ta yamaçtan aşağı akıyordu. Bu arada tam yamaca gelen sel akıntısı birden soğuyarak kar ve daha sonra da buza dönüşüyordu. Ve acayip bir şekilde bu buz tabakaları dev dikdörtgen kalıplar halini alıp yamacın eteğinde toplanmaya başladı. Buz kalıpları o kadar parlak ve düzgün kesilmişti ki gözleri kamaştırıyordu. Bu arada bu olayı evin dışından gören bir komşu bağırmaya başladı: '*Hey! Hey! Dikkat edin, yukarıdan buz kütleleri düşüyor.*' diyen adam bu durumu görünce korkup oradan hızla kaçmaya başladı. Bu arada bu kristal buz kalıpları yamaçtan alınıp evin yanında dev bir saray inşa edilmeye başlanmıştı. Bunu görünce adam gözlerine inanamadı. O kadar muazzam ve aydınlıktı ki görenlerin aklını başından alıyordu. Yamaçta oluşan her bir kristal taş işlenmek ve inşaata konulmak için buraya getiriliyordu. Bu acayip inşaat böylece yıllarca devam etti. Devasa büyüklüğe ulaşan saray benzeri ve bir eşdeğeri bulunmayan bu binalardan iki tane inşa edildi. Fakat birisi bir saray diğeri ise bir hapishane şekline dönüştürüldü. Bu arada dışarıdaki dağlık arazide dolaşıp ağaçların arasından etrafı seyreden adam bütün bu olup bitenleri hayalen seyrediyordu. Daha sonra gidip bir bakayım neler oluyor diye virane odaya doğru yöneldi ki bir ses daha duydu. '*Oğul... Oğul...*' diye babaannesi onu çağırıyordu. Odanın kapısını açtığında bir de ne görsün. Her taraf elmas, pırlanta, yakut ve değerli taşlardan yapılma bir saraya inkılâb etmiş. Küçük virane oda ise ortada yoktu. Oysa yarım saat önce buradan çıkıp bahçeye gelmişti. Şimdi ne olmuştu böyle, bütün bunlara bir anlam veremiyordu. Babaannesi tekerlekli sandalyesinde oturmuş ona belli bir açı yapacak şekilde yan vaziyette duruyordu. Fakat bir de ne görsün. O da sandalyesiyle beraber kristalleşmiş ve ona manasız gözlerle bakıyordu. Fakat hiç konuşmuyor, eliyle yerdeki lâzımlığa işaret ediyordu. Arkasını dönüp lazımlığı ona vermek istediği bir hengâmda bir de ne görsün: Aman Allahım! Babaannesi yok olmuştu. Nereye gidebilirdi, arkasını döner dönmez ortadan kaybolmuştu. Sanki garip bir biçimde ışınlanıp gitmişti. Seslendi ama hiç cevap veren olmadı. Bir süre lâzımlık elinde bekledikten sonra sarayın duvarlarını ve getirilen kristal külçeleri inceliyordu. Sonra kapının yanındaki duvara son bir taş daha eklendi ve inşaat bitti.

Daha sonra '*Hey! Hey! Haydi, kalk*' diye bir ses geldi kulağına. Birisi kolunu çekiyordu. Birden karşısında heybetli bir adam göründü. Korkudan kan ter içinde kaldığında ne olduğunu sordu. Burada neler oluyordu böyle. Yapılan bu acayip işler de neyin nesiydi. Derken heybetli adam ona hesap gününün geldiğini ve sorguya çekileceğini söyledi. Daha sonra uyandı. Evet, gördüğü şeylerin hepsi bir rüyaymış. Uyandığında hâlâ şoktaydı ve rüyanın etkisini bir süre daha atamadı üzerinden. Sonra eve doğru yöneldi. Kırık, mavi boyalı bahçe kapısına doğru..."

İşte benimle beraber bu hikâyeyi dinleyen ey arkadaş!

- Şu virane **ev** ve yıkık duvarlı **oda** ve **lâzımlık**; bu **dünya** meydanıdır ve şu geçici hayatın **meşgaleleri**, **aletleri** ve **kazançları**dır. Şu **hafriyatını**, bütün **enkazını** ileride **ahiret** menzillerine boşaltacak ve harap edilecektir.

- Şu görülen **işler** ve acayip faaliyetler ise dünya hayatının üzerimize takıp yüklettiği sorumluluklar ve **vazifeler** olup **faydalı** işlerle uğraşıldığı zaman **iyi** netice verecek, **zararlı** olanlarla uğraşıldığı zaman **kötü** netice verecek ve azap çekilecek. Her işe, her harekete göre ya **sevap** ya da **günah** yazılıp boynuna takıp ahirette bir **hesap**, bir **program** dahilinde yükletilecek.

- Şu **bahçe** ve **heybetli adam** ise; **kabir** ve **sorgu melekleridir.**

- Amma şu âli menzillerdeki **kasırlar** ve **saraylar** ile **yakıcı** veyahut **dondurucu hapihaneler** ise; biri **cennet** diğeri **cehennem** olup, her ikisinin de hammaddesi olan buz kütleleri ve kristallerin menbaı ise hayat-ı dünyeviye'de en çok bulunan **su** olup, işlenen **hayır** ve hasenata veya **günaha** göre bu sudan hem âli bir kasır ve saray hem de dondurucu ve azap verici bir hapishane ve zindan da yapılabiliyor. Maksat kullanıma bağlıdır. İhtiyattaki ihtiyar serbesttir. Hem herkes kendi binasını kendisi inşa eder. İyi amel işleyenlere iyi muamele edilip âli kasırlara yerleştirilecek, cennete alınacak; kötü amel işleyenlere kötü muamele edilip hapishanelere yerleştirilecek, cehenneme atılacak.

İşte bir derece şu hikâyeyi fehmettin ise yapılan en ufak bir işin dahi karşılığını bulacağını ve her harekette bir hikmet olduğunu ve devasa büyüklükteki bir saray hükmünde olan şu koca kâinattaki hiçbir işin boş ve abes olmadığını elbette anladın. Öyleyse aklını başına al ve menfî hareket etme ki, o sultanın kanununu kırıp cezaya çarptırılmayasın; müspet ve kanunu dairesinde hareket et ki, yaptıklarının karşılığında mükâfat göresin.

Vesselâm...

İKİNCİ HİKAYE: İMAN KALESİ

Gerçek kurtuluş yolunun **islâm** ve **iman** kalesi olan **şeriat-ı Muhammediye** olduğunu ve;

"Allah katında din, İslâm'dır."

Ayetinin bir sırrını anlamak istersen şu temsilî hikâyeyi dinle:

Bir zaman bir köy meydanında bir pazar yeri ve şenlik düzenlenir. Hem herkes ve köy ahalisi davet edilir. Kimisi çeşitli meyve sebzeler getirir, hem yer hem satar; kimisi çeşitli meşrubat vesair içecekleri içer, kimisi et getirip piknik yapar ve çayırlarda dolaşır. Kimisi kumaş ve elbise satar ve ticaret yapar. Bazıları sadece eğlenmek için gelir, bazıları ise iyi bir ticaret yapıp kâr ederek oradan gitmeyi hedeflemektedir. Köy meydanı geniş ve çok güzel düzenlendiği için herkeste bir nevi sarhoşluk hasıl olup kendini bu eğlenceye kaptırmıştır. Her şey böyle iyi hoş giderken bir zaman oraya bir adam gelir. Amacı ise, hem ticaret yapmak hem de iyi bir kâr elde ederek köyden gitmektir. Bu arada da köy meydanında araba yarışları (ralli) yapılmaktadır. Süratli arabalara sahip olan köyün zenginleri hünerlerini göstermek için her sene bu yarışlara katılmaktadır. Fakat her sene ufak tefek kazalar olup tehlike oluşmakta fakat küçük olduğu için önemsenmemektedir. Yine bu sene yarışlar yapılmaya başlanır ve herkes zevk-ü sefa içinde yarışmaları izlemeye koyulur. Fakat bu köyün ahalisi biraz ahlâkça geri kalmış olup, günaha girilecek şeyleri önemsememekte, çeşitli putlara tapmakta, her türlü gasp, hırsızlık, adam öldürme, fuhuş ve kız çocuklarını dahi diri diri gömme gibi her türlü hayâsızlığı da bu eğlenceler sırasında yapmaktadır. Köye yeni gelen adam alışverişini bitirip ticaretini yaptıktan sonra köy ahalisi ile beraber yarışları izlemeye koyuldu. Bu arada da günah işlemekte olan köy ahalisine de diyordu:

"Putlara tapmayın, günah işlemeyin! Buraya getiriliş amacınız güzel bir ticaret yapıp kâr etmek ve ihtiyaçlarınızı temindir. Yarışları izlemektir. Bakın ileride yaptıklarınızdan hesaba çekileceksiniz, sorumlu tutulacaksınız. Günaha girmeyin! "

diye uyarılarda bulunuyordu. Fakat kimse ona aldırış etmiyor ve, *"Hadi oradan sen de; deli herif şu güzel keyfimizi kim ve hangi kuvvet bozabilir! Hem ortada hesap mesap görünmüyor. Bize karışma! "*

diye ona kulak asmıyor ve dinlemiyordu. Fakat adam onlara *"Hesaba çekilme çok ileride olacak, görünmemesi ve hesap meydanının ortada olmaması mevcudiyetine zarar vermez."* diye telkinde bulunuyordu. Bir zaman böyle tartışmalar devam etti. Bu arada dışarıda bir toz bulutu havayı kapladı ve yarışların sonuna gelindiği bir hengâmda arabalar birden kontrolden çıkmaya başladı. Bu sırada o garip şahıs, köy meydanında durup ahaliye seslenmeye başladı:

"Ey köy ahalisi, yakında bu arabalar iyice kontrolden çıkıp köyünüze ve hanelerinizin duvarlarına çarpmaya başlayacaklar. Hanelerinizle birlikte sizi de yakıp yok edecekler. Çok geç olmadan beni dinleyin. Şu yakında benim bildiğim, sizin ise bilmediğiniz güvenli bir site var. Hem çok güzel bir site, orada güvende olacaksınız. Şimdi

ben oraya gidiyorum, siz de gelin."

diye onlara seslendi. Bir grup insan bu uyarıya inanıp onunla birlikte gittiler. Fakat büyük bir çoğunluk inanmayıp böyle bir şeyin akıldan uzak ve saçma olduğunu, geçmiş yıllarda böyle azim bir kaza olmadığı için onu dinlemeyip eğlenmelerine devam ettiler. Bu arada adam ve ona inananların yarış pistinin kenarına doğru çekildiği bir hengâmda arabalardan biri hızla köydeki bir haneye çarpıp yok etti. Hanenin sahibi feryad edip ağlamaya başladı. Bu arada çarpmanın etkisiyle bir de yangın çıkmıştı. Daha sonra bu yangın, bütün haneler ahşaptan olduğu için kolayca diğerlerine de sıçradı.

Arabalar büyük bir hızla savrulup köyü yerle bir ediyor, yükselen alevler insanları bir hamlede yutuveriyordu. Bağrışmalar, çağrışmalar fayda etmiyordu. Bu arada sırtı tutuşmuş bir halde koşmaya çalışan bir adam: "*Ey mübarek zat, senin dediğin doğruymuş. Sana inandım, bana yardım et!* " diye bağırıyordu uzaktaki adama. O ise O'na:

"*Daha önce seni ve halkını uyarmıştım, bu tehlikeyi haber vermiştim. Şimdi çok geç artık; bir şey yapamam (tek çıkış yolu olan şu güvenli sitenin giriş kapısını göstererek) sana bahsettiğim yegâne çıkış kapısı; kurtuluş yolu bu idi."*

diyerek gözden kayboldu.

İşte şu temsilî anekdotu dinleyen arkadaş;

- Şu **köy ahalisi** ve **köy meydanı**: **dünya hayatı** ile gözle görülebilen ve geçici olan şu **kâinat ve dünya**dır.

- Şu yapılan **araba yarışları**, **müsabakalar** ile yapılan **ticaret** ve **alışveriler** ise: **sırr-ı teklif** ve **ilâhi imtihan** ile sorumlu tutulan **şu insanlar** ile muhatab oldukları imtihan olunan şeyler (**sevap, günah, iyilik, kötülük, ibadet**) gibi Ahiret hayatını etkileyecek esas malzemelerdir. Herkes buradan ne kazanırsa ileride karşısına o çıkacaktır.

- Şu **acayip adam** ve **davetçi** ise: **Muhammed (S.A.V.) Aleyhisselam**'dır.

- O'nun davet ettiği şu **güvenli site** ise: **iman** ve **İslâm** kalesi olan **şeriat-ı Muhammediye**'dir. Kim oraya girerse yangından kurtulur.

- O'nun geleceğini **haber verdiği** ve **uyardığı** şu arabaların çarpışıp **köyü helâk etmesi** ise: **yıldızların** ve diğer **seyyarelerin** arzımıza çarparak, **kıyameti** ve **ahiret** hayatının başlangıcı olan **HAŞR**'i getirmesidir. Elbette her sene bir numunesi görüldüğüne göre ilerki bir zamanda kendisinin de gelmesi muhal ve akla uzak değildir.

Vesselâm...

ÜÇÜNCÜ HİKAYE: DÜNYA MİSAFİRHANESİ

Şu **dünya hayatının** bir **imtihan** olduğunu ve bu **imtihanın gerçek mahiyetinin** ancak **ölüm anında** açıklığa kavuşacağını ve ölüm anındaki **yegâne kurtuluş** çaresinin **iman** olduğunu ve;

"Hanginizin daha iyi iş yapacağını sınamak için, ölümü ve hayatı yaratan Allah'tır."

Ayetinin bir sırrı ile **Daniel Peygamber**'in şu temsilî sözlerini anlamak istersen şu temsilî hikâyeyi dinle:

"Ağaçların meyvesini toplayacaklar,

Olgun meyveyi ayıracaklar,

Ham meyveyi atacaklar,

Dallarını kırıp taşlayacaklar,

Gövdesini kesip baltalayacaklar,

Kızgın fırında yakacaklar."

Bir zaman büyük bir sitede güvenlik görevlisi olarak çalışan bir adam vardı. Hem dindar ve mütedeyyin, hem de kanun ve nizamlara çok dikkat eden salih bir adamdı. Büyük bir şehrin içerisinde bulunan büyük bir sitenin birinci kapısında güvenlik görevlisi olarak vazifelendirilmişti. Siteye, site yöneticisinin izni olmadan ve kanunu dairesinin dışında kimseyi sokmaz ve kendisine verilen kurallara sıkı sıkıya riâyet ederdi. Sitenin ikinci kapısında ise O'nun yakın bir arkadaşı görevliydi. Fakat O'nun bu arkadaşı, hem serseri ve serkeş hem de ahlâkça bozuk ve zalim bir adamdı. Site yöneticisinin uyguladığı kanunlara ve kendisine verdiği uyarılara ve kurallara pek riâyet etmezdi. Sitenin yöneticisine sürekli karşı gelir, her türlü kötü ahlâka sahip insanı, hiç soruşturmadan içeri alırdı. Akıllı ve salih arkadaşı ise O'nu, sürekli ikaz eder ve bu şekilde kanunlara itaat etmemeye devam ederse site yöneticisi tarafından ya cezaya çarptırılacağına ya da kovulacağına dair uyarırdı. Arada bir de salih arkadaşını kendi bölgesine çağırıp, asayişi kontrol etmesi ve yardım etmesi için davet ederdi. Fakat çoğunlukla kendi heva ve hevesine göre eğlenmek için O'nu yanına çağırırdı, bu arada da asayişi ihmal ederdi. Böyle uzunca bir zaman, iki arkadaşın tartışmaları ve site içerisindeki görevleri devam etti.

Günlerden bir gün, sitenin ikinci kapısının önündeki duvara, güvenlik tabelâsı ihmal edilerek konulmadığı için, büyük bir yolcu otobüsü çarptı. Olayın hemen sonrasında otobüs ve içindekiler paramparça oldu. Yolcular kan revan içinde kalmıştı. Yolculardan sağ kalanlardan bazıları "yardım edin!" diye bağırıyorlardı. Fakat serseri ve kanun tanımayan güvenlik görevlisi, yaptığı ihmalin farkında olduğu için "ben bu olaya karışmayacağım, belki karışırsam beni suçlu gösterirler, hem site yöneticisi bu olayı duyarsa beni sorumlu tutacak. Ölürse ölsünler, bana ne!" deyip yaralılara yardım etmedi ve koşarak birinci kapıya, salih ve intizamlı arkadaşının yanına, O'nu çağırmaya gitti. Fakat tam caddeden karşı tarafa geçeceği bir sırada bir kamyon çarptı ve feci bir şekilde can verdi. Bu arada koşarak olay yerine gelen salih ve mütedeyyin olanı, arkadaşının ve otobüsteki yolculardan iki tanesinin ağır yaralı ve can çekişmekte olduğunu gördü. Feryad ederek ağlıyor ve bağırıyordu. Bu ağlaması herkes tarafından işitiliyordu ve üzüntüye boğuyordu; fakat arkadaşının cesedine dikkatlice baktığında kalbine yakın bir yerde küçük kırmızı bir nokta dikkatini çekmişti ve ilk etapta buna bir anlam verememişti.

Bunun üzerine bir ambulans çağırıp bu iki yolcuyla beraber arkadaşını da alıp hastaneye yetiştirdi; fakat yolda giderken arkadaşı vefat etti. Doktorların ağır yaralı hastalara son müdahalelerini yaptığı bir sırada, hastaların kalbinin üzerine yakın bir bölgede oluşan ve vücudun diğer bölgelerine de sirayet etmeye başlayan nokta gibi bir iz, adamın sürekli dikkatini çekiyordu. Kalbi temiz ve salih bir kişi olduğu için, diğer insanların göremediği bazı şeyleri görebiliyordu. Fakat yine de emin olmak için, orada bulunan hemşire ve doktorlara kendi gördüğü izleri görüp görmediklerini sordu; fakat Onlar da böyle bir iz, görmediklerini söylediler. Bu izler öyle bir hale gelmişti ki, hastaların birinin kalbi üzerinde oluşan iz, kırmızı bir nokta gibi bir şekil almıştı ve bu nokta, damarlar vasıtasıyla vücudun diğer bölgelerine de yayılıyordu. Sanki bir nevî küçük kırmızı solucanlar veya yılanlar gittikçe çoğalarak hastayı sarmaya başlamıştı. Bu olayı gördüğü zaman ürperti duyan iyi kalpli görevli, diğer hastada da böyle bir durumun olup olmadığını kontrol etmek ve emin olmak için onun kalbinin üzerine de dikkatli bir şekilde baktı; fakat diğer hastanın kalbinin üzerindeki iz, yeşil bir renk almıştı ve vücudun diğer bölgelerine de yayılmaya başlamıştı. Salih ve iyi kalpli görevli, tüm bunları düşünürken ve bir anlam vermeye çalışırken, hastaların durumu gittikçe daha da ağırlaştı ve bir süre sonra ikisi de vefat etti. Daha sonra salih ve mütedeyyin görevli, hastanenin beyaz ve aydınlık koridorlarında çıkış kapısına doğru yavaş adımlarla ilerledi ve birden gözden kayboldu. İşte şu temsilî hikâyeyi dinleyen arkadaş;

- Şu **şehir**, içinde bulunduğumuz şu **kâinat** ve **dünya**'dır; **site yöneticisi**, **Allah** (**C.C.**)'tır; Büyük **site** ise bir **insan**'dır.
- Şu **salih** ve **iyi kalpli adam**, kanun ve nizamlara uyan kalbinde **iman** bulunan **mümin** bir kişinin **nefsi**dir. Fakat şu **zalim** ve **kötü niyetli**, kanun tanımayan **arkadaşı** ise, kalbinde **inanç** bulunmayan **kâfir** bir kişinin **nefsi**dir.
- Şu **yolcular**la dolu **otobüs**ün, sitenin duvarına çarparak helâk olması ise, **insan**ın başına gelecek olan ve bir nevî **küçük kıyamet** olan **ölüm**dür. Fakat şu **site**nin başına gelen olayın, büyük çaplı bir benzeri olan **büyük kıyamet**in küçük bir sureti ve işaretidir.
- Şu **site**nin **birinci kapısı**, **cennet**e giden bir **yol** olan **İslâm** ve **Şeriat-ı Muhammediye**; **ikinci kapısı** ise, **cehennem**e giden bir **yol** olan **nefsin istekleri** ve **Şeytan'ın vesveseleri**dir.
- Şu **site**de uygulanan **kurallar** ve **kanunlar**, **Allah**'ın bütün **peygamberler**e göndermiş olduğu **şeriatlar** ve **hak dinler**dir.
- Şu **ambulans**, **hastane** ve içerisindeki **doktorlar** ile **hemşireler**, sırasıyla **ölüm**, **kabir** ve **sorgu melekleri**dir.
- Şu **ölüm** halindeki **hastalar**dan kalbinin üzerinde **kırmızı** nokta oluşanı ve vücuduna yayılanı **cehennemlik** bir kişi olup, o **kırmızı noktalar** ve **yılanlar** işlediği **günahlar**dır; fakat kalbinin üzerinde **yeşil** nokta oluşanı ve vücuduna yayılanı **cennetlik** bir kişi olup, o **yeşil noktalar** ve **çizgiler** işlediği **sevaplar**dır.
- Şu hikâyenin başındaki **Danyal Peygamber**'in sözünü

ettiği, **olgun meyveler veren ağaç**, **mümin** kişiye ve o **yeşil noktalar** hükmündeki **olgun meyveler**; yeni sürgün vermeye başlayan yapraklara ve dallara benzeyen **salih amellere**, **iyilik** ve **sevaplara** karşılık olarak **cennet** hayatını müjdeleyen ve **ahiret** hayatında **tuğba ağacı** gibi **iyi** tohumlar verecek olan **iman** ve **ibadetlere** işarettir; fakat hikâyenin başındaki şu **meyve vermeyen ağaç**, **kâfir** kişiye ve o **kırmızı noktalar** hükmündeki **ham meyveler**; yeni sürgün vermeyen kurumuş yaprak ve dallara benzeyen **bozuk amellere**, **kötülük** ve **günahlara** karşılık olarak **cehennem** hayatını haber veren ve **ahiret** hayatında **zakkum ağacı** gibi **kötü** tohumlar verecek olan **inkâr** ve **isyanlar** ile **Şeytan**'ın vesveseleriyle telkin ettiği ve **başlangıçta** bir **nokta** gibi olduğu halde, **ölüm** anında **tüm** kalbi kaplayan **küçük** veya **büyük günahlar**a işarettir.

İşte şu üçüncü hikâyeyi bir derece fehmettiysen, tıpkı iyi de kötü de meyve verebilen ağaçlar gibi, günahlara yol açan her bir amelinin karşılığında, kalbinde kırmızı bir nokta bıraktığını ve tövbe edilmezse o kırmızı yılanların, kalbi ısıra ısıra yayılacağını ve en sonunda zakkum ağacının çekirdeğini ve **cehennem**'in küçük bir suretini oluşturacağını; sevaplara neden olan her bir amelinin karşılığında ise, kalbinde yeşil bir nokta bıraktığını ve devam edilmesi halinde o yeşil tohumların, tuğba ağacının çekirdeğini ve **cennet**'in küçük bir suretini oluşturacağını ve onun bir işareti olduğunu elbette anladın.. Vesselâm...

II. İSTASYON

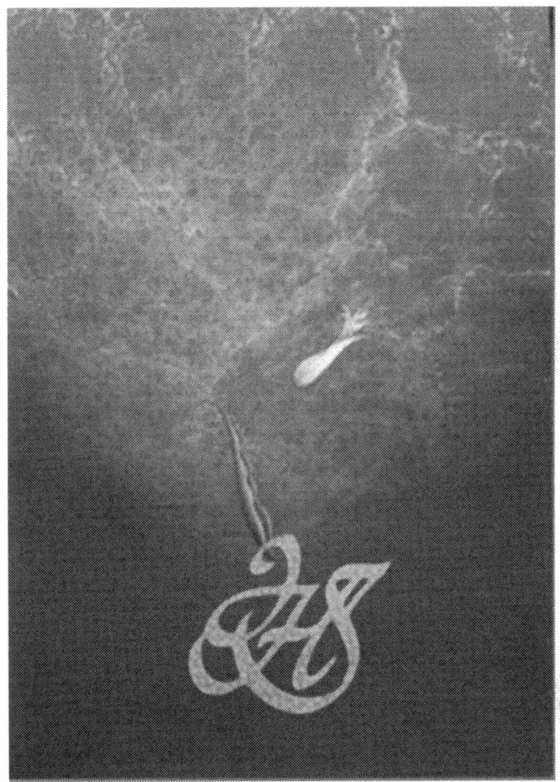

Beşinci Yolculuk

◇ ◇ ◇ ◇

O Dünya gezegeni içerisinde hayat bulan Cemadat taifesinden bir taşın insan haline gelmesini anlatan bir hikâye ile kâinatı müşahedatıdır.

5. SIR: Cömertlik ve yardım etmede akarsu gibi ol.

Bir zaman, iri bir taş parçası bir dağ başında duruyordu. Zaman zaman üzerine kartallar konuyor, altında yuvalanıyor ve yumurtalarını bırakıyorlardı. Daha sonra o yumurtadan çıkan yavru kartallar büyüyerek dağın başından süzülerek uçup gidiyordu. Vaktiyle, gel zaman git zaman bu taş parçası, etrafında yeşeren bu bitkilere ve canlanan hayvanlara baktıkça onlara imrendi ve şöyle dedi: "**Keşke bir taş olacağıma bir yavru kartal veya hiç olmazsa küçük bir ot olup yeryüzünde bitseydim. Hiç değilse canlı bir hayatım olur, kâh gökyüzünde uçarak, kâh tepelere konarak yeryüzünü doyasıya seyrederdim!**" Gel zaman git zaman taşın bu feryat ve figanları rahmet-i ilâhiyeye erişti ve hakikati aramak için bir kuş olup kuş misali uçmak isteyen bu taşa şöyle vahiy olundu: "**Ey taş! Senin duaların ve niyazın işitildi. Üstün bir canlı varlık olacaksın!**" İşte, bu emirden sonra taş, bağlı bulunduğu dağdan kopup aşağıya doğru yuvarlanmaya başladı.

İşte şimdi, gel bak ki, yuvarlanan bu taş ile beraber yolculuğumuza devam edip biz de onun hikâyesine tanık olacağız. Şöyle ki: Taş yuvarlandıkça süratleniyor ve süratlendikçe parçalarına ayrılıyordu. Derken, taşın parçaları dağın eteğindeki nehrin içerisine düşüp nehirle birlikte sürüklenmeye başladılar. Fakat, sürüklenen parçaların birçoğu nehrin dibine takılıp sabit olarak kalırken, içlerinden bir parçası nehirle birlikte yoluna devam etmeye başladı.

İşte, şimdi gel gör ki, Biz de şu yoluna devam eden parçanın peşine takılacağız, görelim ki bu seyahat bizi nereye götürecek? Taş parçası nehirle birlikte sürüklendikçe sürüklendi ve uzunca bir yol katettikten sonra, nehrin denize boşaldığı bir yerde büyükçe bir balık tarafından Yunus Alehhisselam-misal yutuldu. Balığın midesine giden taş parçası, balığın midesine takılıp kaldı ve balıkla birlikte uzak denizlere doğru yol almaya başladı. Taş parçası, kendi hakikat-i halinden ve akibetinden bîhaber olarak balıkla birlikte nice seneler denizlerde dolaştıktan sonra balık, bir gün fakir bir balıkçı tarafından yakalandı. Balığı evine götüren balıkçı, karnını yardığında taşı fark etti ve çıkararak bahçesine doğru fırlatıp attı. Bu kez de, fakir balıkçının bahçesinde Yusuf Aleyhisselam-misal nice uzun yıllar bekleyen taş parçası, zaman geçtikçe güneşin kavurması ve rüzgârın esmesiyle zamanla aşınmaya ve parçalanarak toprak olmaya başladı. Uzun yıllardan sonra, bir gün taş tamamen unufak olup toprağa karışınca, üzerindeki hurma ağacındaki hurmalardan birisinin çekirdeği bu toprağa düştü ve zamanla olgunlaşarak büyükçe bir hurma ağacı oldu. Öyle ki, bahçenin kenarından geçen her yolcu, bu ağacın görkemine ve dallarının çokluğuna bakar oldu. Böylece yine, nice uzun yıllar geçmiş oldu.

İşte gel gör ki, nice zaman sonra, denizdeki o balığı yakalayan balıkçının birkaç kuşak sonrasındaki neslinden olan torunlarından birisi olan genç bir kadın, bir gün bu hurma ağacının altına gelip oturdu ve akşam olana kadar ağacın hurmalarından toplayıp yedi. Genç hanım, birkaç hafta boyunca başka bir yiyecek yemeksizin Hz. Meryem-misal devamlı bu hurma ağacından besleniyordu. Derken bir gün, bu genç hanım eşinden hamile kaldı ve doğan erkek çocuğuna İbranice "**Kaya**" anlamına gelen "**Keyfa**" adını verdi. Gel zaman git zaman çocuk büyüyüp serpildi ve yetişkin bir insan oldu. Keyfa, büyüyüp yetişkin bir insan olunca Hz. İsa-misal temiz, dürüst ve ahlâklı bir insan olup, zaman zaman dağlara çıkıp inziva halinde yaratıcısını zikreder, ibadet eder, zaman zaman da teknesiyle uzak denizlere açılır ve büyükbabası gibi balık avlamakla uğraşırdı. Keyfa, bir gün denizde avlanmak için teknesiyle açıldı. Denizde seyrederken büyük bir balığa rastgeldi ki, balığı tam yakalayacağı sırada ağını tekneye çekiyordu ki, aniden çıkan fırtınanın etkisiyle rüzgâr tekneyi savurdu ve balık elinden kurtulup denizde yol almaya başladı. Fakat Keyfa, balığı yakalamakta kararlıydı ve balığın gittiği yöne doğru teknesiyle takip etmeye başladı.

İşte gel gör ki, tam o nehirle denizin birleştiği deltaya geldiğinde balığı gözden kaybetti. Bunun üzerine, içinden bir his nehir boyunca devam etmesini ihtar ediyordu ki, o gün akşam olana kadar nehir boyunca ilerledi. Ta ki, o taşın kopmuş olduğu dağın eteğine gelene kadar nehir boyunca ilerledi. İşte tam bu sırada, o taşın kopmuş olduğu dağın eteğine gelmişti ki, gaybdan şöyle bir ses nida olundu: "**Ey Keyfa kardeş! Maden-i hilkatinin nereden geldiğini görmek istiyorsan, şu dağın**

tepesine çık!" Keyfa, bu ses üzerine hemen irkildi. Çünkü, ses nehrin dibindeki bir taş parçasından geliyordu. Bunun üzerine, ertesi gün tekrar aynı yere, o dağın eteğine geldi ve yavaş yavaş "**Bismillâh**" deyip dağın tepesine doğru çıkmaya başladı. Bu arada, dağın tepesini mesken tutan Hüdhüd-misal o kartal yavrularının torunları da dağın etrafında süzülüyordu. Derken, Keyfa tam tepeye tırmandı ki, ne görsün? Tepedeki bir parçası kopmuş olan bir taş parçası şöyle bağırıyordu: "Ey Keyfa kardeş! Senin hilkatinin menşeî olan maddeler benim şu kopmuş olan bir parçamdan meydana geldi." dedi ve daha sonra şöyle devam etti: "Sen bir zamanlar bir taş parçası halinde benim üzerimde duruyordun. Vatka ki, rüzgâr esti, güneş kavurdu ve o parça benim vücudumdan koparak nehre yuvarlandı. Daha sonra, ol parça dahi parçalarına ayrılarak "ol" emr-i ilâhisiyle denize ulaştı ve rahmet-i ilâhiyenin denizlerinde yıllarca yol alarak bir balık senin menşeîn olan o taş parçasını yuttu. Daha sonra sen, nice yıllar Rezzak-ı ilâhiyenin derin denizlerinde karanlık bir kuyuda nice yıllar tekrar yol aldın. Daha sonra, senin dedelerinden birisi o balığı tuttu ki, içinden çıkan taş parçasını savurup kudret-i ilâhiyenin geniş bahçesindeki dar bir köşesine fırlatıp attı. Vakta ki, işte o taş parçası benim bir parçamdı ve orada hikmet-i ilâhiyenin bağrında parçalanıp toprak olduktan ve o toprağa düşen bir çekirdekten meyve veren bir hurma ağacı olduktan sonra, senin annen o hurmalardan yedi ve işte şimdi sen rahimlerde tekrar bir başka "ol" emr-i ilâhisiyle ölü, cansız iken diriltildin, hayat buldun ve işte şimdi sen bir insan oldun. Çünkü, ben bir zamanlar Cenab-ı Hakk'a dua etmiş ve "keşke burada duran bir taş yerine bir canlı mahlûk olsaydım" diye yakarmıştım ve işte şimdi sen, nice aşamalardan, hayat yolculuklarından geçtikten sonra benim bir parçamdan meydana geldin ve bu hakikati bana yıllar sonra isbat edip, duamın kabul olduğunu gösterdin. Ben de "elhamdülillâh dedim" **deyip**, "hayatın manasını, ne kadar kıymettar olduğunu tam bildim." diyerek sözlerini tamamladı.

İşte gel gör ki, ertesi gün, Keyfa köye döndüğünde gözyaşlarını tutamadı, tüm bu olan biteni annesine ve köyün ahalisine anlattığında herkes hayretler içerisinde kaldı ve Onlar da duygulandılar. Öyle ki, Keyfa bu olaydan sonra daha salih bir kul olarak Allah'a samimiyetle yöneldi, sürekli ibadet eder oldu ve şöyle dua etti: "**Ey rabbim! Beni bir taş yerine, insan olarak yarattığın için sana hamdolsun!**"

İşte gel gör ki ey arkadaş! Şu basit hikâyeden anladın ki, senin istidadın nihayetsiz iken, birçok varlık arasından seçildin ve bir taş veya bir ot olmak yerine en güzel bir surette yaratılmış olan bir **insan** olarak vücut sahasına çıkartıldın. Öyleyse, insana yaraşır bir şekilde Cenab-ı Hak'a yönel, ibadet ve taatte bulun ki, yakıtı "**O konuşan ve dile gelen taşlar ile insanlar olan cehennem azabına**" duçar olmayasın. Hem şu nihayetsiz sayıdaki mahlûklara bak ki, sen onların **halifesi** hükmünde yaratıldın ve öyle vücut buldun, tekamül ettin, kemale erdin. Oysa ki, Cenab-ı Hak seni istese bir taş veya bir ot olarak da yaratabilirdi. Demek ki, nihayetsiz bir kudret ve rahmet, senin üzerinde işlettirilmektedir ve "**ahsen-i takvim**" suretinde senin cesedinin hammaddesi olan libasını ona göre değiştirmekte, şekil vermekte ve kıymetlendirmektedir. Halbuki sen, O'nun kanunlarına itaatsizlikle şu misali verilen cemadat taifesinden olan bir taş parçasından daha aşağıya düşerek yuvarlanırsın, "**ESFEL-İ SAFİLİN**"e sükut edebilirsin. Öyleyse, Cenab-ı Hakkı hakkıyla tanı ve sana yaraşır bir şekilde ibadet et ki, seni bir insan olarak vücut sahasına çıkarması ve sana tüm bu hadsiz nimetleri vermesi, ömrün boyunca alnını secdeden kaldırmaman için yeterli bir sebeptir..

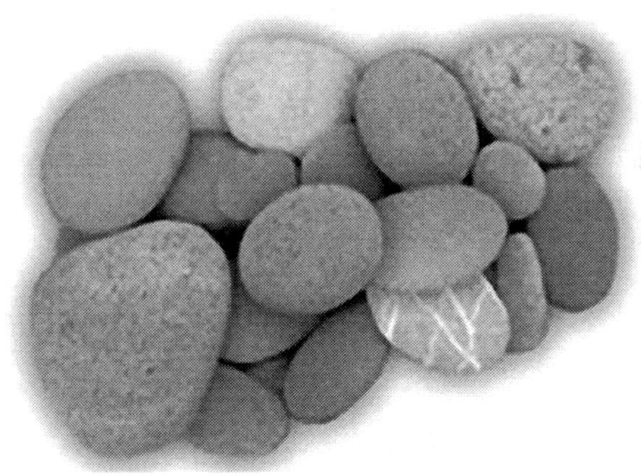

Altıncı Yolculuk

◊ ◊ ◊ ◊

O Dünya gezegeni içerisinde hayat bulan nebatat taifesinden bir kısım çiçekli ve taneli bitkilerle, kar taneleri ve yağmur damlaları ile dört mevsim içerisinde hayat bulan tabiat libasının kâinatı müşahedatıdır.

6. SIR: Şefkat ve merhamette güneş gibi ol.

Ney: İşte Şimdi gel, bak! O tabiat libası altındaki nice çiçekli bitkileri, nebatatı ve kış uykusunun sona ermesiyle o örtünün altından uyanan, canlanan mahlûkatı dinleyeceğiz ki, kendilerine takılan garip hilkat nişanlarını, ilânnameleri ve yüksek sanat eserleriyle Sani-i Zülcelâl'i nasıl da açıkça ilân edip bildiriyorlar ve her bir müdakkik ziruh gözlemciye aynelyakin tanıttırıyorlar.

Yolcu: Evet, İşte bak! O tabiat semerelerinden birkaçı olan mısır, üzüm, nar gibi taneli bitkilerle, yaz mevsiminde kuru bir dalın ucuna harika bir tarzda sanatla takılmış olan kavun, karpuz, çilek gibi yerde yetişen çekirdekli meyvelere bak ki, her bir tanesi o şekerli konserve kutularının ve tahıl ambarlarının içerisine nasıl özen ve sanatla yerleştirilmiş.

Ney: Hem bak! O hububatın tüm çekirdekleri ve taneleri öyle bir tarzda dizilmişler ki, her birisi o bitkinin bir hayat programını teşkil ettiği gibi, toprağa düşüp yeniden dirilmesiyle yeni bir baharın müjdecisi ve kapalı bir kutu hükmündeki sandukası hükmüne geçer. Hadsiz sayıda içerisindeki çekirdeklerde yazılan ilânnameler ve neşv-ü nema programlarıyla Sani-i Zülcelâl'in yaratma sanatını bilmüşahede sergiler, açıkça O'nun gösterip varlığına işaret eder ve tüm o hadsiz programların hadsiz hafızalarda aynı tarzda yazılması ve dercedilmesiyle hepsinin yaratıcısının tek **bir** ilâh olması gerektiğini ilân ve isbat eder.

Yolcu: İşte şimdi gel, bak! Tabiatın, Sani-i Zülcelâl eliyle bizlere kolaylıkla verdiği şu mısır, üzüm ve narın bir tanesini şimdi 10 kuruşa almak yerine belki 100 liraya da alamayacaktık. İşte bunun gibi, her bir tohumlu nebatat ve taneli hububat ve çekirdekli meyve, kendi sanatıyla tabiatın kudretli bir el tarafından inşa edildiğine delil olduğu gibi; toprağa düşen tohumlarındaki, tanelerindeki ve çekirdeklerindeki yeniden diriliş programlarıyla ikinci dirilişin, yani **haşrin** ve **kıyametin** habercisi ve işaretçisi hükmündedir. Elbette, her bir baharda bir numunesi göründüğüne ve bu hadsiz nebatat çekirdeklerinin bir yeniden diriliş programıyla def'aten, süratle ve kolaylıkla tek bir bahar ve mevsim içerisinde icat edilmeleri, yeniden dirilip hayat bulmaları; tüm nev-i insanın dahi kendi çekirdeği hükmündeki bir parçasından yeniden diriltilip, aynen bir taneli veya tohumlu bitki gibi toprağın bağrından yeniden diriltilip, hayat bulup fışkırtılarak, yeniden diriltilecek olmasına harika bir işarettir.

Ney: İşte bak! Gelmiş geçmiş tüm bahar ve bu baharlar içerisindeki o çekirdek misalî tabiat eserleri şu meseleyi zaten gayet kuvvetli bürhanlarla isbat etmektedir. Öyleyse, hiç mümkün müdür ki, koskoca insan nevî yeniden diriltilmesin ve tüm çedirdek misalî hadsiz istidatları kaybolup, yok olup gitsin? Elbette, mümkün değil. Hem işte bak! Şu gökyüzünden indirilen yağmur damlası ve kar tanelerine ki, nasıl bir acaiyip sanata sahiptirler. Öyle ki, o kar taneleri hadsiz taneciklere sahipken, hepsinin şekilleri ve büyüklükleri farklı farklıdır.

Âdeta tüm kar taneleri adedince ayrı ayrı birer altıgen sanat eseri hükmündeki görenleri hayran bırakan tablolar veya yüksek bir belâgatla yazılmış olan edebî mektuplar, Sani-i Zülcelâl'in yaratma sanatını ilân eden mektuplar misalî gökten hadsiz ilânnameler şeklinde indirilmektedir.

Yolcu: Hem işte yine bak! Şu kristal yapıdaki kar tanesinin içerisine ki, altı kolu olan altı köşeli bir yıldız şeklinde olmasına rağmen, her bir kolu da ayrı ayrı pencereler halinde sanki gayb âlemlerine ve hakikate açılan pencereler misalî altışar yöne kollarını açarak "**Lebbeyk!**" der, Hâlikini zikrederek yere düşer. Hem bak, o pencereler dahi tekrar altışar yöne kollarını açarak hakikati ve marifet-i ilâhiyeyi 66 lisanla bilmüşahede gösteriyorlar, Sani-i Zülcelâl'in kudret eliyle dokunmuş olan yüksek birer sanat eserleri, tabloları olduklarını sıraya dizilerek bembeyaz bir örtüye bürünmüş bir kış mevsimi içerisinde harika bir tarzda gösteriyorlar. Öyle ki, o yüksek sanat eserlerinin, hepsi farklı farklı şekil ve desende olmasına rağmen, hammaddesi olan malzemesi basit bir su buharı ile soğuk havadan başkası değil. Öyleyken, o kristâller üzerine çarpan güneş ışığını, güneşin bir akarsuyun tüm kabarcıklarında kendisini yekpare olarak göstermesi gibi, üzerine çarpan ışığı milyonlarca kez kırarak rengarenk tabloları ve sanat eserlerini yansıtır ki, bu da bize tüm bunları tasarlayan ilâhi bir kudretin var olması gerektiğini ve tüm o yansımaların **tek** bir güneşi göstermesi gibi **bir** olması gerektiğini açıkça gösterir. Eğer öyle olmasa idi, tüm bu garip şekiller tesadüfen karmakarışık oluşturulmuş tabiat eserleri olsa idi, tüm bu ahenk ve hepsinde ortak olarak göze çarpan bu güzel rengârenk geometrik yapılar, desenler, eserler ortaya çıkmaz; bunun yerine, karmakarışık şekiller, tesadüfî işler olarak görünürdü. Halbuki, gözümüzün önünde bilmüşahede görüyoruz ki, şimdiye kadar gözlemlenen hiçbir kar tanesi ne altıgen kristal yapıdan farklı bir tarzdadır ve ne de iki kar kristali tıpatıp birbirinin aynısı değildir, hepsinin şekli, tasarımı farklı farklıdır. Âdeta aynı kalıp içerisinde hadsiz makinelerde işlenerek **tek** bir elden meydana çıkıp, elimize düşmektedir. Demek ki, tüm bu tabiat antikaları tek **bir** elden sudur etmişlerdir ve ezelî bir ilim sahibi tarafından büyük bir ilim ve hikmet eli işletilerek, sanki binlerce yıl öncesinden plânı, programı hazırlanıp gayb âleminde sureti teşkil edildikten sonra birden harika bir tarzda yapılarak meydana çıkmaktadırlar. İşte şu hikmet-i ilâhiyeden anla ki, **tek** bir yağmur damlası veya kar tanesini vücuda getiren kudretin, **tüm** kâinatı da idare ediyor, yaratıyor olması lâzım gelir. Hem, şu hakikatin parlak bir sonucu olarak, aynen bunun gibi tüm mevcudatın da o zat-ı zülcelalin yüksek sanatıyla çok önceden **LEVH-İ MAHFUZ**'da kayıtlı kader programları çerçevesinde tasarlanıyor ve def'aten, tek **bir** seferde hadsiz bir ilim ve hikmet işletilerek, vücut ve şekil verilerek **bir** anda hayat meydanına çıkarılıyor olmaları lazım gelir.

Ney: Hem işte yine bak! Şu sonbahar mevsiminde gökyüzünden inen yağmurun habercisi ve bir müjdecisi olan yıldırım ve gök gürültüsüne ki, nasıl da yağmurun habercisi olur ve o yağmur arzı bir bahçe gibi nasıl da, küçük bir fıskiyenin ufak bir bahçeyi sulaması gibi, sular. Nebatatın imdadına yetişir ve "**Lebbeyk!**" diyen tohumlu bitkilerin susuzluğunu gidererek toprağı canlandırır, hayat verir. Öyle ki, o yağmur damlaları tek bir su kütlesi olan tek bir buluttan indikleri halde, ne birbirine çarparlar ve ne de onca yükseklikten düşmelerine rağmen yere düştüklerinde bitkilere bir zarar verirler, hepsi hafif bir süratle inerler. Sanki her birine birer paraşüt takılmış gibi kolaylıkla ve yavaşça indiriliyorlar. Oysa ki, o mesafeden bırakılan aynı büyüklükte bir taşın, yere kurşun gibi çakılması veya darmadağın olması lâzım gelirdi. Halbuki, tek bir yağmur damlası bile düşerken kimseye zarar vermez ve hafif bir şekilde yeryüzüne indiriliyor. Demek ki, o bulut ve yağmur, her birisi vazifedar bir memur hükmündeki bir melek vasıtasıyla, bir Sani-i Zülcelâl'in emriyle sevk ediliyorlar ve arza rahmet yağdırıyorlar.

Yolcu: Hem işte yine bak, gör ki! Şu gök gürültüsü ve şimşek dahi vazifedar birer memurdur ki, birtakım vazifedar meleklerin elindeki fenerlerle aydınlatılır hemen akabinde borularla çalınarak, o **Berk** ve **Ra'd** ile tüm yeryüzü ahalisine yağmurun habercisi olarak duyurulur ve gösterilir. İşte şu yağmur, rahmet-i ilâhiyenin semasından uzanan ve toprağın bağrındaki Rezzak-ı ilâhiyenin sinesinden çıkan nebatatın ve eşcarın elleriyle "**Lebbeyk!**" diyerek istimdat eden duacılara bir cevap olarak gönderilir ki, tüm hayattar nebatat ve hayvanat indirilen o su ile hayat bulup, diriltilir.

Ney: İşte ey arkadaş gel, yine gör ki! Şu varlık âlemindeki her bir varlık, kâinat kitabının sayfalarına yazılmış ve ciltler halinde dercedilmiş birer küçük küçük kitapçıklar misalî, Hâlik-i Zülcelâl'e pek çok cihetlerle işaret edip işaret parmaklarıyla gösterdiği gibi; her bir varlık da kendi üzerinde bir terzi-misal vücut bulan şu maharetli nakışlara ve renkli elbiselere sahip binbir türlü, çeşit çeşit dokunmuş libaslarıyla Sani-i Zülcelâl'in varlığına, **bir** olduğuna ve şumüllü olarak **tüm** kâinatı ihata edip kabzasında tuttuğuna, tüm bu nakışlı ve sanatlı varlıklar adedince şehadet parmaklarıyla şehadet ederler.

Yolcu: Hem işte gel, kim olursan ol yine gel, gör ki! Şu vücut libası giydirilen şu birbirinden değişik ve alabildiğine karmaşık ve anlaşılması bir o kadar güç organik yapıya sahip olan; fakat bununla birlikte elinde bulunan hammaddesi basit ve az bir madde olan tüm bu varlıkların mükemmel ve ahenkli bir düzen içerisinde, hiçbir karışıklık ve zorluk çıkmadan birbiri içerisinde kolaylıkla yaratılıp vücut sahasına çıkartılmaları elbette ki, her şeye gücü yeten kudretli bir yaratıcının harika sanat eserleri olduğunu bilmüşahede gösterir..

Yedinci Yolculuk

◊ ◊ ◊ ◊

O Dünya gezegeni içerisinde hayat bulan hayvanat taifesinden bir arının kâinatı müşahedatıdır.

7. SIR: Başkalarının kusurunu örtmede gece gibi ol.

Ney: Ey arkadaŞ! şimdi gel yaratılışın daha incelmiş detaylarına ineceğiz. Ta ki, başladığımız ebed yolculuğumuzun sırrına erebilelim ve daha önce kendi kendimize sorduğumuz şu üç dehşetli suale kâinattaki diğer zihayat canlı varlıklardan başka cevaplar alabilelim. Eğer, hatırlamak istersen işte o surular şunlardı: **Nereden geldik? Niçin geldik?** ve **Nereye gidiyoruz?**

Yolcu: İşte bak! Şu kâinatta cereyan eden her bir hikmetli iş Sani'ini gösterdiği gibi, mahlûkatta cereyan eden vazife-i ubudiyyetin ekserisi de o mahlûkatın nev'i adedince Hâlikin'i ve mürebbi-i zişanını bildirir. Hem, her bir hayvanat-ı cinsiyye kendi nev'ine bir suret olduğu gibi, türlü türlü her bir hayvanat nev'ide tüm mahlûkata bir ayine olduğu gibi, tüm mahlûkat da tüm kâinata bir ayine ve suret şeklini alabilir. Öyle değil mi?

Ney: Evet, İşte yine bak! Şu kâinatta cereyan eden şu temsil ve hikmet gereğince, her bir mahlûkatın her bir ferdi faaliyeti ve ubudiyetiyle Sani-i Zülcelâl'in gösterdiği gibi, o mahlûkatta cereyan eden pek çok vazifeler ve ubudiyetler de onların üzerinde tezahür eden ve birer cilvesi gözüken binbir esma-i ilâhîyyeye ve sıfat-ı subutiyyeye birer numune ve suret teşkil ederler.

Yolcu: İşte yine bak! Şu kâinatta cereyan eden şu hikmetli sırdandır ki, her bir mahlûkatın her bir ferdi kâinatın umumunu içerisine hapseden, hülâsasını teşkil eden küçük bir suret, temsilî bir makinecik hükmünde işleyen hikmetli birer sanat eseridir. Hem, nasıl ki her bir çiçek her bir baharda yeniden tohum verip sümbüllenerek kendi nev-i bekâsını remzen göstererek, tüm çiçekli bitkilerde tek bir bahar mevsiminde Sani-i Zülcelâl'in bir parıltısını ve lem'asını gösterdiği gibi; gelip geçmiş olan her bir bahar mevsimi de sonrasında gelecek olan her bir yazı ve her bir yaz da sonbaharı ve sonbahar ise koca bir kış mevsiminin gelmesini ilân ve isbat ettiği gibi; her bir mahlûkat da kendi ölümüyle kendi nev'inin ölümünü ve sonunu ilân ve isbat ettiği gibi, sinekler, karıncalar ve arılar gibi küçük bir nev-i mahlûkatın ölümü de kış mevsiminin gelmesiyle koca bir baharın ölümünü ve her bir mahlûkat nev'inin her bir çiçekli bitki gibi arkasında kısa bir zaman süren bir görüntü ve suret bırakarak kendi kışını getirmesiyle birlikte veda edip, şu kâinattan çekip gitmesi, insanı üzüntüye boğan bir firak, ayrılık ve hüzün tohumlarını kalbine eker. İşte şu durumda görülen firak ve ayrılık ateşinin bir sureti tüm kâinatta da tezahür eder ve nasıl ki, tüm mahlûkatta görülen o kış mevsimi hükmündeki ölümün gelmesiyle birlikte yeryüzü uykuya dalar; aynen öyle de, koca bir kâinatın kendi ölümü, yani büyük kıyametin gelmesiyle de, şu küçük hayvanat taifelerinin veda edip, çekip gitmeleri o büyük hakikati ilân ve isbat eder, hadsiz hayvanat taifelerinin ölüp gitmesiyle O'nun bir suretini gösterir.

Ney: İşte şimdi gel bak! O ölüp giden mahlûkat nevilerinden küçük bir suret olan bir balarısının ömr-ü hayatını fotoğraf çekip kare kare seyredeceğiz, ta ki şu büyük hakikate bir yol bulabilelim ve kâinatın ölümünü isbat eden ibretli bir ders alabilelim. Sonra, o resmin her bir karesini fotoğraf veya video-misal kayıt cihazlarıyla daha detaylı olarak inceleyip, gözden kaçan ve hiç dikkate almadığımız cihetleriyle tekrar seyredeceğiz, ta ki yaratılışın ince detaylarına da vakıf olabilelim.

Yolcu: İşte bak! Şu küçücük balarısı, hayatiyetine bir larva olarak dişi arının yumurtlamasıyla başlar. Sonra büyüyüp yetişkin bir arı olunca, yuvasından çıkarak bahar mevsimi içerisindeki her çiçekli bitkiye konup tüm kâinatı seyredip, müşahede eder, âdeta şu bahar bahçesi gibi tüm kâinat da benim mekânımdır der. Serbestçe gezer, birer fotoğraf çeker, kayıt alır, vazifesini yerine getirip, kısa bir zaman sonra da veda edip çekip gider. Fakat şu arı, gelip geçmiş tüm nev'inin adedince yaptığı acayip faaliyetlerle ardında bir iz ve hikmetli bir ders bırakıyor ki, şu tablodan ders alanlara **kıyameti** ve **haşri**, yeniden dirilişi "**İnne-neşet-ül uhra**" sırıyla her bir müdakkik gözlemciye de ders vererek çekip gider, bir hatıra bırakır.

Ney: İşte yine bak! O arı, bir çiçeğe kondu ve onun özsuyu hükmündeki polenlerini yutup ağzında şekerli bir suyla karıştırarak herkese şifa veren bir macunu üretip, kasa kasa altı köşeli paketçikler halinde ihtiyacı olanların eline verdi. Mühim bir gıdayı temin etmek için dağ bayır, gece gündüz demeden çalıştı. Semerelerini bizlere sunup, kendi üzerine takılan ma'rifet-i ilâhiyeyi gösterdi.

Yolcu: Hem bak! Şu balarısı tek bir çiçekle yetinmiyor, tüm baharı ve yüklü vagonlarla taşınan çekirdeği hükmündeki her bir çiçekli bitkiye de ayrı ayrı uğruyor ve hepsinden ayrı ayrı sondajla zerkettiği tatlı şurubunu ab-ı hayat gibi o baharın şifalı bir sureti ve hülâsası hükmünde kevser havuzu gibi elimize akıtıyor. Yoksa o şurubu kendimiz hazırlamaya kalksak, belki 100 sene uğraşsak yine de elde edemeyecektik. Halbuki, şu küçücük ve iktidarı gayet cüzî olan arı, sanki elinde nihayetsiz bir güç ve ilim varmış gibi tüm baharı kendine musahhar eder ve bir sultan-ı zişanın "**Her çiçekten polenini topla ve bal üret!**" emr-i ilâhisiyle kuvvetini O'na istinad ederek, koca bir baharı ve tüm çiçekli bitkileri kendisine musahhar eder. Demek ki, o arıya hükmeden ve bu emri veren zatın tüm baharı da aynı tarzda ve aynı suhulette kolayca emrine itaat ettirmesi ve muhteviyatını kolayca sevketmesi mümkündür ve gayet kolaydır.

Ney: Hem yine bak! Nasıl ki, bir arıyı inşa edip, O'nun için koca bir baharı da inşa ediyorsa; koca bir nev-i insaniyeyi ve onun için düzenlenmiş olan **kâinatı**, **haşri**, **kıyameti** ve **ahiret hayatı** ile **cennet** ve **cehennemi** de o suhulet ve kolaylıkla inşa edebilir ve edecektir de.

Yolcu: Hem işte yine bak! Her bir arı, kendi ölümüyle gelip geçen kendi nev'inin sayısı adedince yeniden dirilişi, yeni bir baharın geleceğini isbat ettiği gibi; her bir nev-i insanın vefatı da kıyameti ve haşri ilân ve isbat ederek, başta sorduğumuz üçüncü dehşetli sualin bir cevabını tam olarak verir. Hem, her bir küçük arı koca bir baharın gelmesine zemin hazırlayan çiçekli bitkilerin ve hayvanat taifelerinin gelişine işaret ettiği gibi; kâinata gözünü açan insan gibi her şuur sahibi zişuur varlık da, beka-i nev'ine işaret ettiği gibi, yaratılışın esas gayesi ve hedefi olan kıyamet ve haşrin gelişine de işaret eder, vefatıyla onu gösterir. Hem, küçük bir vazife için küçük bir balarısına bu kadar hikmetli ve acayip işleri yaptıran zat, elbette ki ondan çok daha büyük vazifeleri yerine getirmesi için yarattığı ve "**İnsanları ve cinleri ancak bana ibadet etsinler diye yarattım!**" ayet-i celilesine mazhar olan nev-i insaniyeyi elbette daha ehemmiyetli işler için yaratmıştır ve elbette sorgu ve hesaba çekerek ona yaratılışının sırrını ve hikmetini bildirecektir.

Ney: İşte bak! Şu balarısına şu vazifeyi veren zat "**İnsanları ve cinleri ancak bana ibadet etsinler diye yarattım!**" şeklindeki ferman-ı ilâhisiyle onun hakikat-i maneviyesini ve başta kendi kendimize sorduğumuz üç dehşetli sualden ikincisini, şu kâinata geliş nedenini açıkça bildirmekte ve "**Haydi git çalış, yarattığım kâinat kitabını talim et, oku ve beni tanı!**" diyerek balarısı-misal kâinattaki her bir çiçek-misal hikmetli işten ve sanatlı ma'rifetten ders alarak, kendi gaye-i hilkatinin sebebini açıkça bildirir.

Yolcu: İşte yine bak! Baharın yüzünde bulunan her bir çiçekteki özüt hülâsa hükmündeki paket programları ve yeniden diriliş haritaları, şu kâinat yüzündeki her bir gökcismi, yıldız ve galakside de bulunur ve çekirdeklerindeki karadeliklerde yeniden açılmak üzere dercedilir. İşte, ehl-i hikmetin henüz tam anlayamadığı şu gökyüzünün baharı hükmündeki aktar-ı semavatında bulunan şu semavî çiçekler, balarısı hükmündeki nev-i insan için ziyaret edilmeyi ve içeriğindeki ilim ve hikmetin araştırılarak talim edilmesini beklerler ve her bir bahar gibi Sani-i Zülcelâl'in ilân, isbat ve tasdik ederek kozmoğrafya ve astrofizik lisanıyla müdakkik gözlemcilere ders verirler.

Ney: Hem işte yine bak! Bir arı ve çiçek nasıl hikmet ve sanatla yaratıldıysa, aynı hikmet ve sanat ile kolaylıkta yaratılan şu semavî çiçekler de aynı tarzda Sani-i Zülcelâl'in açıkça ilân eder. Astronomi ve fizik ehline der ki: "**Benim hikmetli yüzüme ve polen hükmündeki karadeliklerde dercedilen çekirdeklerime bak. Nasıl ki, koca bir bahar o çekirdeklerden yaratılıyorsa; işte benim çekirdeklerim de haşrin ve kıyametin habercisidir, onu bildirir!**" diyerek ehl-i hikmete hikmetli bir ders verir. İşte sen de, şu semavî çiçeklerin arş-ı semavîsine balarısı-misal çık da, şu hikmetli semavî bahçeden ibretli birer ders al ve Hâlik-i Zülcelâl'ini tanı ve iman et.

Vesselâm...

Sekizinci Yolculuk

◊ ◊ ◊ ◊

O Balarısının gözündeki bir hücrenin
kâinatı müşahedatıdır.

8. SIR: Hiddet ve asabiyette ölü gibi ol.

Ney: ArkadaŞ şimdi gel baK! Daha derine ineceğiz ve o balarısının içerisinde hareket eden, kâinatı seyreden bir gözüne girip, o pencereden bakarak tüm kâinatı, tüm zerre ve molekülleri tanıyormuş gibi bir şekil alan tek bir hücresinin içerisine girip hakikati müşahede edeceğiz. Ta ki, yaratılıştaki hikmet-i ilâhiyenin ve gayenin sırrına erebilelim ve kâinata birer nakış gibi dokunmuş olan çeşit çeşit ilimlerin iplikleriyle, halatlarıyla ulaşabilelim.

Yolcu: İşte şimdi bak! Şu küçücük gözle görülmeyen hücrede acayip faaliyetler yürütülüyor. Hem çeşit çeşit mamuller üreten bir fabrika, hem devamlı yolculuk yapan bir uzay mekiği, hem devamlı yakıt üreten bir enerji santrali, hem bir iaşe ambarı gibi kullanılan bir erzak deposu ve hem de savunma ve haberleşme sığınağı gibi kullanılan bir teşkilât binası gibi pek çok garip işlerde çalıştırılan şu hücrede pek acayip hikmetli işler dönüyor. İşte şimdi, kâinatın küçültülmüş bir sureti gibi olan o küçük kutunun içerisine girip inceleyeceğiz, sırlarını çözmeye çalışacağız.

Yolcu: İşte şimdi bak! O hücreye bir emir geldi ve "**Kapılarını aç, erzak sevkiyatı var!**" denilerek, paket paket gelen protein molekülleri besin üretmek için içeriye alındı.

Yolcu: İşte bak! O küçücük, camid ve cansız maddelerden, atomlardan mühim organik yapılar teşkil edildi. Hem öyle bir tarzda ve şekilde birleştirildi ki, o cansız atom ve moleküller birleştirildiklerinde canlandılar ve aynen bir canlı mahlûk gibi yeni yeni işlerde çalıştırılmaya başlandılar.

Yolcu: İşte yine bak! Bir haberci, bir üretim kodu getirerek "**Haydi, yeni bir hücre üret!**" diyerek hücrenin çekirdeğine emir gönderdi. Bu emirle sıraya dizilen taburmisal molekül orduları "**Haydi arş, vazife başına!**" emriyle hücreyi bölünmeye ve kopyalanmaya hazırlamaya başladılar.

Yolcu: İşte şu sırdan, **genetik** ve **kalıtım** ilimlerinin lisanlarıyla hakim-i zülcelalin kudretini anla!

Ney: Hem işte bak! Bir kısım hücre içerisindeki hücreden daha karmaşık işler yürüten odalarda, hücre organelleri denilen yapılar gerekli yapı malzemelerini tam istenilen oranda ve şekilde üretmeye başladılar. Öyle bir tarzda ki, sanki tüm odaların ve her bir moleküllerin şuuru varmış gibi, yapılacak işten haberleri varmış gibi, ona göre bir şekil ve vaziyet aldılar. Üstelik tek bir hata yapmaksızın, her biri azamî bir dikkat ve itina ile çalıştırılıyorlar.

Ney: İşte şu sırdan, **askerlik** ve **strateji** ilimlerinin lisanlarıyla hakim-i zülcelalin kudretini anla!

Yolcu: İşte bak! O küçücük odalardan paket paket sıraya dizilmiş hammaddeler, ürünler ve acayip işlerde çalıştırılacak olan moleküller, kapıların açılmasıyla birlikte dışarı çıktılar. Öyle ki, her bir parça özenle yerine monte olmak için sırasını bekler, çekirdekten gelen "**Dur, ilerle, hareket et, yavaşla, hızlan!**" komutlarını beklerler.

Yolcu: İşte şu sırdan, **hidrodinamik** ve **mekanik** ilimlerinin lisanlarıyla hakim-i zülcelalin kudretini anla!

Ney: İşte yine bak! O odalardan birisindeki enerji santralinde (*Mitokondri*), sanki birer yakıt fabrikası gibi paket paket piller, bataryalar hükmündeki *ATP* molekülleri sentezleniyor. Üstelik tek birinin yapılması için transistörlü elektronik bir televizyon tüpü kuvvetlendiricisi misalî veya elektrik santrallerindeki trafo-misal, parça parça devrelerin birleşmesi misal, farklı farklı işlevleri olan birimler birleştirildi ve tek bir amaca hizmet etmek için herhangi bir karışıklık çıkmadan, patlama veya kısa devre olmadan ortaklaşa olarak muntazaman çalıştırıldı. Hem bak, hiçbir canlılığı olmayan elektron ve protonlara acayib bir iş yaptırılıyor ki, her birisi su moleküllerinden oluşan karanlık bir denizin içerisinde sürüler halinde sevkedilerek, santralin enerji üretecek elektrik akımını üretiyorlar. Üstelik bu akım, öyle bir tarzda hassas ayarlanıyor ki, milyonda bir artsa veya azalsa tüm hücreyi parçalayacak, yakacak bir kritik enerji sınırını teşkil eder. Her bir devre, itina ile sabit bir değere ayarlanmış.

Ney: İşte şu sırdan, **elektrik** ve **elektronik** ilimlerinin lisanlarıyla hakim-i zülcelalin kudretini anla!

Yolcu: Hem bak! Hücrenin otomatik kontrol paneli hükmündeki bir başka odasında, sevkiyatın her aşaması özenle takip ediliyor. İçeri giren ve dışarı çıkan her bir madde, atom veya molekül dikkatle sayılarak istatistik ilmince kayıt ediliyor, zabıt altında tutuluyor. Hafızalarda çekirdek-misal kaydediliyor.

Yolcu: İşte şu sırdan, **İstatistik** ve **Otomatik kontrol** ilimlerinin lisanlarıyla hakim-i zülcelalin kudretini anla!

Ney: Hem yine bak! O küçücük odalardan birinde, o hücrenin hayat programı ve vazifesi öyle bir şekilde programlanıyor ki, sadece dört harfli kelimelerle teşkil edilen kitap-misal **DNA**'daki kayıtlı genetik bilgiler koca bir yığın teşkil ediyor, bir kütüphane hükmünde saklanıyor ve çekirdek-misal defterlerde yeniden açılmak üzere kaydediliyor.

Ney: İşte şu sırdan, **bilgisayar** ve **programlama** ilimlerinin lisanlarıyla hakim-i zülcelalin kudretini anla!

Yolcu: Hem sonra bak! O hücre bir emir daha aldı ki, sanki tüm kâinatı tanıyormuş gibi istediği maddeleri toplamaya başladı ve aynen bir erzak deposu gibi paket paket odalarında bu malzemeleri depolamaya başladı.

Yolcu: İşte bak, o erzakların paketlenmesi ve sevkiyatı için ayrı birer tabur-misal ordular çalıştırılıyor ki, o orduların o küçücük hacim içerisinde bulunmaları ve harika bir tarzda çalıştırılmaları Sani-i Zülcelâl'in hikmetli işlerinden birisidir. Hem bak, paketlenen ve depolanan ürünler hiç karıştırılmıyor. İhtiyaca göre hangisinden ne miktar gerekiyorsa o oranda içeriye alınıyor ve sevkediliyor. Bir miktar çok veya noksan olsa, o madde hasiyetini kaybedecek ve belki bir gıda yerine bir zehir olacaktı. Fakat bu kadar karışıklığa ve zahmete rağmen, tüm bu acayip işler kolaylıkla ve süratle hiç yanılmadan gerçekleştiriliyor.

Yolcu: İşte şu sırdan, **ecza** (ilâçbilim) ve **iaşe** (gıdabilim) ilimlerinin lisanlarıyla hakim-i zülcelalin kudretini anla.

Ney: İşte bak! Şu acayip faaliyetlerden elbette anladın ki, tüm bunlar bir Sani-i Zülcelâl'in ve tüm kâinatın ve içerisindeki her şeyin vazifesini sonsuz ilim ve kudretiyle bilen mucizevi bir yaratıcının faaliyetleri ve o küçük hücrede gerçekleştirdiği yüksek sanatıdır. İşte, tüm bu işlemler ve yürütülen faaliyetler elbette tesadüfî işler değildir ve onun hadsiz ilmini ve sanatını gösterir, varlığına ve **bir** olmasına kuvvetle işaret eder. Hem, tüm bu faaliyetlerden zerre kadar haberi olmayan o balarısının da yaratıcısı olduğuna işaret ettiği gibi; o hücrenin kendi ilmiyle ihata etmesine mahal olmayan tüm kâinatı ve içerisindeki tüm hücrelerin ve zerrelerin de yaratıcısı olduğuna yine kuvvetle işaret eder. Hem yine, tek bir hücreyi yaratmaya ve ona tüm bu acayip işleri yaptırmaya muktedir olabilecek yegâne kudretin de kendisine ait olduğuna ve başkasının yapamayacağına yine kuvvetle işaret eder.

Ney: Hem yine bak! O tabur-misal ordular yaklaşan bir düşmana karşı savunma haline geçtiler, borular çalındı ve asker hücreler ve moleküller toplandı, savaşacak gerekli malzemeler hazırlanmaya başlandı. İşte bak, yandaki komşu hücrelere bir mesajcı gönderiliyor ki, en gelişmiş telgraf, telefon ve haberleşme sistemleri onun yanında aciz kalır. Saniyenin milyarda biri gibi bir hızda hemen cevap geldi ve yine bu kadar kısa bir sürede savunma orduları teşkil edildi. Dünyanın en seri ve müteşekkil ordusu onların yanında aciz kalır.

Yolcu: İşte bak! O savunma hücreleri saldırıya geçtiler. Düşmanı olan virüs veya bakterileri paramparça ediyorlar, kendi kuvvetinden bin kat üstün orduları tek bir hücre müdafa edip savunuyor. Üstelik, elindeki erzak ve cephane de sınırlı. Sanki dünyanın en zayıf ve güçsüz ordusu koca bir orduyu mağlup ediyor.

Ney: İşte bak! Kendisine verilen emr-i ilâhi ile o koca orduları darmadağın etti, kendinden kat kat üstün düşmanını "**haydi, vur asanla taşa!**" emri gibi taarruz ederek, Sani-i Zülcelâl'in kuvvetini istinat edip, o kuvvetle onu dağıttı.

Yolcu: İşte şimdi bak! Şu acayip memurlara ki, "**bitişin!**" veya "**ayrılın!**" emirleriyle yeni bir vazifede çalıştırılmaya başlandılar. Kader programına göre işlettirilen **dağıtıcı**, **toplayıcı**, **birleştirici** ve **ayrıştırıcı** tüm o kuvvetler birleşmeye başlayarak yeni bir vazife başına geçen o memurların kuvve-i istinadına tabi oldular.

Ney: İşte bak! O kuvvetle hücre içerisinde yeni moleküller dağıtılıyor, toplanıyor, birleştiriliyor ve yeniden kullanılmak üzere ayrıştırılıyor, parçalarına ayrılıyor. Öyle ki, her bir işlem ayrı bir organik faaliyeti ve metabolizmayı kontrol eden bir memur hükmündedir.

Yolcu: İşte bak! O kuvvetle meselâ aminoasitlerin özel bir karışımı olan panzehir hükmündeki bir madde özenle birleştirildi, sanatla kıvrıldı, molekül orduları üzerinde atom askerleri yerlerini aldı. Öyle ki, o hayattar macundan bir kısmı, protein denilen gıda maddelerinin yapıtaşlarını, piyade ordularını teşkil etti; bir kısmı, enzim denilen yarış atlarını ve sürat motorlarını, tankları hazırladı; yine bir kısmı da, hormon denilen müfettiş subaylarını ve kontrol memurlarını temin etti.

Ney: Hem yine bak! Şu orduların kimisi tekrar tekrar parçalanıp, bölük ve taburlara ayrıldıktan sonra tek bir sayha ve boru emriyle tekrar birleştirilerek, yeni yeni işlerde tekrar tekrar çalıştırılmaya başlandılar. Üstelik yorulmak, dinlenmek nedir bilmeyen şu faaliyet günde milyarlarca kez tekrarlanır ve hiçbir hata meydana gelmeden tamamlanır.

Yolcu: Hem yine bak! O üretilen vazifedar memurlardan, subaylardan bir kısmı kader programını yöneten DNA'nın yazı işleri müdürlüğünde yazıcı olarak çalıştırılıyor.

Ney: Hem yine bak! Diğer bir kısmı gıda erzak ve istihkâm depo müdürlüklerinde görev aldı. Diğer bir kısmı ise, haberleşme ve santral müdürlüğüne terfi ettirildi.

Yolcu: Hem yine bak! Yine bir kısmı, enerji bakanlığına; bir kısmı, bayındırlık ve iskân bakanlığına; bir kısmı da, ithalat ve ihracat müdürlüğüne getirildi.

Ney: Hem yine bak! Şu memurların elinde bulunan kararnamelere ki, bir kısmı önemli bir kısım organik faaliyetleri gerçekleştiren steroid veya hormonlara dönüştürüldü ki, o karanamelerde yazılan emirlerle tüm vücudu kontrol eden, hayati vazifeleri kontrol eden kontrol ve müfettiş uzmanları haline geldiler.

Yolcu: Hem yine bak! Diğer bir kısım hayattar macunları teşkil eden protein ve enzimler, vücudun yapıtaşlarını inşa eden inşaat mühendisi ve mimarlar ile organik reaksiyonları kontrol eden kimya mühendisleri şeklinde çalıştırılıyorlar. Öyle ki, faraza tüm o protein ve enzimler kuvvetlerini Sani-i Zülcelâl istinat etmeseler, o hücrenin istinat ve kemer taşları hükmünde olan o atom ve moleküllere bin tane **Mimar Sinan** kadar deha ve akıl yüklemek gerekecekti.

Ney: Hem yine bak! Yine diğer bir kısım molekül ordularından teşkil edilen organik macunlardan karbonhidratlar, yağlar ve şekerler, hücre içinde konserve hükmünde hazırlanarak gıda mühendisi-misal paket paket lüzumlu yerlere muhafaza edilmek üzere sevkedildi ve şu paketler daha sonra yeni yeni değişik organik faaliyetlerde çalıştırılacaklar. İşte bak, bunların bir kısmı erzak ve iaşe ambarıdır ki, vücudun ihtiyaç duyduğu besinleri temin eder. Yine bir kısmı, vücudu savunan orduların silâh ve mühimmatını teşkil eder.

Yolcu: Hem yine bak! Diğer bir kısmı, hücre zarında gümrük muhafaza memuru olarak çalıştırılıyor. Hem bak, herkes vazifesini bilerek şekil ve vaziyet alır ki, yabancı hiçbir maddenin gümrükteki kapılardan geçişine izin verilmez, ihtiyaç duyulanları ise, kontrol memurlarının nezaretinde içeriye alınır.

Ney: Hem yine bak! Tüm bu acayip işler nihayetsiz bir ilim ve şuur ile işlettiriliyor ki, zerre kadar aklı ve şuuru bulunan tüm bu faaliyetlerin kendi kendine yürümediğini anlayacaktır.

Yolcu: Hem işte bak! Her bir hücrenin tüm bunları yapabilmesi ve bilebilmesi için **Napolyon** kadar askerî bir güce ve zekâya sahip olması gerekir ki, milimetrenin milyonda biri gibi bir hacimde tüm bu acayip faaliyetleri yürüten zatın, elbette nihayetsiz bir ilme ve kudrete sahip olan Sani-i Zülcelâl'den başkası olması düşünülemez.

Yolcu: Haklı mıyım arkadaş?

Ney: Evet, bin kere belki yüzbin kere haklısın arkadaş..

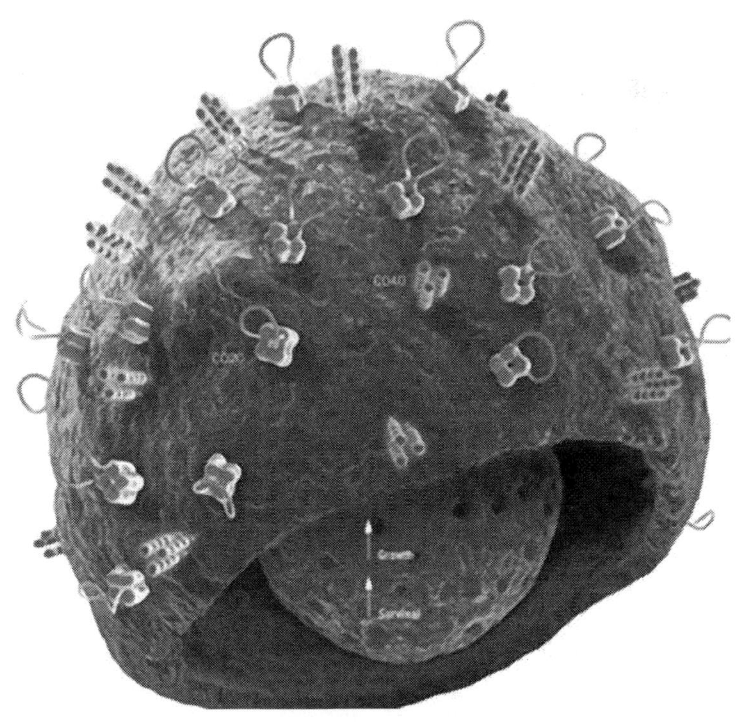

III. İSTASYON

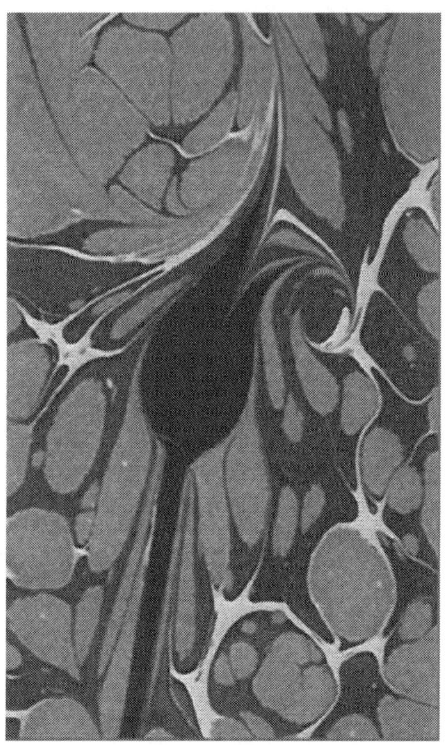

Dokuzuncu Yolculuk

◊ ◊ ◊ ◊

O Hücrenin içerisinde santral odası hükmündeki bir organelin (mitokondri) kâinatı müşahedatıdır.

9. SIR: Tevazu ve alçakgönüllülükte toprak gibi ol.

Ney: İşte Şimdi, gel bak! O küçücük hücrenin içerisindeki küçük bir odası hükmünde olan tek bir organelinin içerisine gireceğiz. İşte bak, orada ne müthiş insanı hayrette bırakacak olan hayat levazımatları ve faaliyetleri yürütülüyor.

Yolcu: İşte bak! İçeri girdik ki, şu küçücük oda sanki hayattar, cıvıl cıvıl varlıklarla dolu olan bir fabrika veya şehir hükmündedir.

Ney: İşte bak! Şimdi orada bulunan vazifedar memurlardan birisi bir emir aldı ve tam techizatlı bir orduyu tek bir emirle sevkediyor. O molekül orduları yapılacak işe göre sıraya dizildiler ve "**haydi arş!**" emriyle çalışmaya başladılar.

Yolcu: İşte bak! Bu büyük inşaatta çalışan her bir âmir ve usta, her işçiyi nezaret altında tutarak, her bir taşın getirilmesi ve özenle yerine yerleştirilmesi sırasında kontrol ediyor ki, yanlışlık yapılmasın ve organelin duvarları muntazam bir şekilde inşa edilebilsin.

Ney: İşte bak! O cansız moleküller o canlı yapıyı inşa ettiler ve şimdi içeriye enerji üretecek olan maddeleri taşıyan başka bir molekül ordusu sevkedildi.

Yolcu: İşte bak! O ordunun çalıştırıldığı istihkam bölüğü o duvarın yanında sıraya dizildiler. **Sitokrom C**, **koenzim Q**, **kompleks I**, **II** ve **III** hepsi yerlerini aldılar ve hep beraber çalışmaya başlayarak bu enerji santralinde elektrik enerjisi üretmeye başladılar. Protonlar ve elektronlar öyle bir şekilde sevkediliyor ki, âdeta dünyanın en büyük ve hassas elektronik fabrikaları ile hidroelektrik santralleri bu üretimi gerçekleştirmekte aciz kalır. Matriks denizinin içerisinde yüzen o yüklü gemiler, bak nasıl da kendisinden kat kat ağır yükleri kaldırıyorlar, taşıyorlar.

Ney: İşte bak! O enerji paketlerinden, saniyenin milyarda biri kadar kısa bir sürede **38** adet üretildi ve kullanılmak üzere dışarıya sevkedildi. Dünyadaki insan yapımı hangi makine veya robot sistemi bu kusursuz tasarımı gerçekleştirebilir.

Yolcu: Hem bak! Üretilen mamullerin hepsi aynı tarzda ve büyüklüktedir, birisi diğerinden farklı değildir. Hem, bütün hücrelerdeki üretilen diğer ürünler de farklı değil, sanki yekpare olarak tek bir merkezde üretilmiş gibi sevk olunuyorlar.

Ney: Hem bak! O paketleri üreten enerji santralleri ve elektrik motorları hiç eskimiyor, yıpranmıyor ve fevkalade bir kolaylık ve hızda çalıştırılarak tekrar tekrar kullanılıyor. Eğer, büyük bir fabrika böyle muntazam bir işlemi gerçekleştirecek bir tesis kursaydı, ancak çok büyük masraflarla, alet-edevat ve içerisinde çalışan binlerce işçi ile onun tek bir parçasını yapabilirdi.

Yolcu: Hem bak! Üretilen paketlere ki, hepsinin ne şekli değişiyor ve ne de bozulup yıpranıyor. Sanki sonsuz bir kudret, nihayetsiz bir ilmiyle onları bakiymiş gibi **HAYY** ve **Kayyum** isimleriyle canlı ve ayakta tutuyor, yeniliyor. **Vahit** ve **Samet** isimleriyle hayatiyetlerini tek bir elden devam ettiriyor. Başkalarına muhtaç etmiyor, onlara meydan bırakmıyor. **Semi** ve **Basir** isimleriyle ihtiyaçlarını işitip görüyor, anında gönderiyor. **Hâlik** ismiyle yaratıyor, vücut sahasına çıkarıyor ve **Musavvir** ismiyle şekil ve düzene koyuyor. Hem, öyle bir tarzda düzenliyor ki, âdeta koca bir orduyu idare eder gibi kolaylıkla ve süratle sevkediyor.

Ney: Elbette sen! Anladın ki, böyle hadsiz cansız molekülleri pil ve bataryalar hükmünde, hücrenin enerji santrallerinde kullanılmak üzere istihkâm eden bir kudretin; tüm kâinatı da kabzası altında tutuyor olması ve ona o kadar kolay gelmesi gayet mümkündür. İşte, o bataryalar ise, vücudun her tarafında kullanılan enerji pilleri olup, o moleküllerin açılıp parçalanmasıyla açığa çıkan o enerji paketçikleri, sanki ambalajlanmış hazır gıda paketleri gibi, vücudun ihtiyacı olan hücrelerine anında koşturulur ve "**Lebbeyk!**" diyen organizmaların imdadına yetiştirilerek, onlara canlılık ve hayat verir. Yoksa, kâinatın içerisinde bulunan tüm canlı organizmalarda cereyan eden şu silsile-i hallakiyet bir an bozulsa veya iptal edilse, tüm vücutlar paramparça olup dağılacak, öleceklerdi. İşte, bir akarsuyun yüzeyinde birbiri ardı sıra devam eden kabarcıklar gibi, varlık ve vücut sahasının görünmeyen kısmında akan şu hayat seli, sürekli durmadan akarak ve arkasından gelen silsileleri, partikülleri, atomları ve molekülleri yenileyerek, birleştirerek, dağıtarak veya toplayarak; o hayat nurunun devam etmesini ve hiç kesilmemesini sağlar. Yoksa, tabiatperestlerin iddia ettiği gibi, o sel gibi akan unsurlar bir an için kendi kendine bırakılsa ve kör tesadüflerle tabiatın kendisine havale edilse; şu hikmetli, kolaylıkla inşa edilen ve kusursuz mükemmellikte görünen o canlı binaların tek bir taşının bile ayakta durması söz konusu olamazdı. Çünkü, bunun mümkün olması için o tabiat kuvvetlerinin, tüm o zerre ve moleküllere yapılacak vazifelerini, talimat programlarını bildirecek hadsiz birer gözü, kulağı, eli ve tüm bunları tasarlayacak dahiyane birer aklı olması gerekirdi.

Ney: Eğer, sen bundan kuşku duyuyorsan! İşte bak! "*O küçücük zerre ve moleküller öyle bir tarzda sevkediliyor ki, sanki tüm* kâinatı *görüyor ve hadsiz vazifelerden kendisine uygun olanını seçiyor ve belki ona göre hareket ediyor.*" diye düşünüyorsan; o zerre veya moleküllerde tüm kâinatı görecek sayısız göz ve yapacağı işi bu hadsiz vazifeler arasından seçecek nihayetsiz bir ilim ve kudretin varlığını kabul etmen gerekir ki; zerre kadar aklı ve şuuru bulunan aklı başında bir insanın bu gülünç muhalattan teberi edip, kaçınması lazım gelir.

Ney: İşte bak senin! Sabit ve değişmez zannettiğin şu kör tesadüf ve tabiat kuvvetleri, şu hadsiz zerrelere ve moleküllere tüm bu acayip işleri yaptırabiliyorsa, "**Amenna!**" kabul etmeyebilirsin. Fakat ortadaki mükemmellik ve sanat, gayet maharetli bir sanatçıyı gayet kuvvetli bürhanlarla göstermekte ve varlığına işaret etmektedir.

Ney: Hem bak! Senin gibi felsefede ileri giden sofist filozoflar dahi, bu kadar tesadüfün şu yapıyı meydana getirmesine imkan vermiyorlar ki, sen sadece körü körüne, vicdanın kabul ve tasdik etmediği için şu yola girmişsin ve bu bataklıktan çıkamıyorsun. Oysa ki, daha önce de değindik, tek bir hücrenin yaratılması tüm kâinatın yaratılmasından daha kolay bir iş değildir. Öyleyse, tek bir hücreyi veya onun içindeki küçük küçük hücreler hükmündeki organelleri yaratanın da, tüm kâinatın yaratıcısı olması lazım gelir..

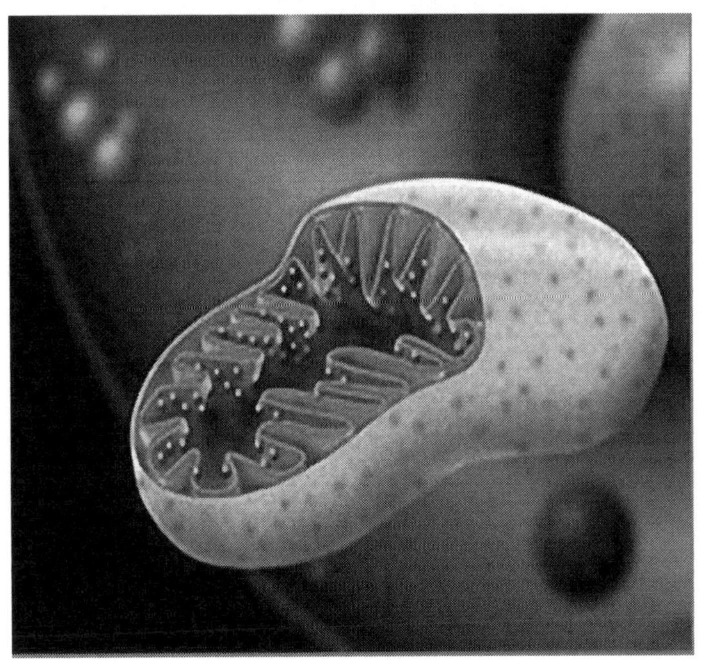

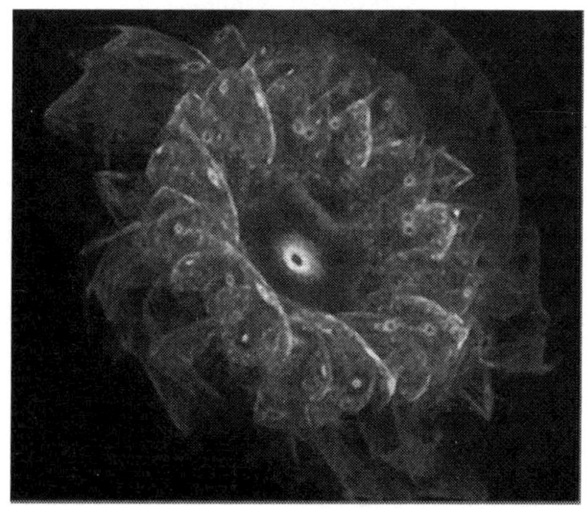

Onuncu Yolculuk

◊ ◊ ◊ ◊

O Organelin içerisindeki bir Molekülün kâinatı müşahedatıdır.

Şu yolculuk, akıldan çok hisse ve kalbe bakar, ona hitabeder.

10. SIR: Hoşgörülülükte deniz gibi ol.

Ney: ArkadaŞ şimdi gel, baK! Daha derine ineceğiz ve bir hücrenin içerisinde teşkil edilen tek bir molekülün bütün hayatiyetini meydana getiren unsurları inceleyeceğiz. **Hansel** ve **Gratel** misali, o hücrelerin ve hiç durmadan akıp giden madde selinin içerisinde ilerleyip, hadsiz derecede ufalarak o molekül yığınlarının içerisine bir ormana girer gibi gireceğiz ve hakikatin nurlu, parlak yüzünü, timsalini keşfedeceğiz.

Yolcu: İşte bak! O molekül orduları hücre içerisinde yer aldıkları gibi; havada, suda ve hakeza boşluk içerisindeki esir denizinde nasıl da yüzüyorlar ve âdeta tüm kâinatı gören birer gözleri ve tüm kâinatı işiten birer kulakları ve tüm mevcudatı bilir gibi ihatalı bir ilmi kuvveti varmış gibi; Sani-i Zülcelâl'e kuvvetini istinad edip, nasıl da sevk olunuyorlar ve kendisine mukavemet eden su ve esir denizlerini nasıl da buharlı bir gemi gibi yarıp geçiyorlar; sanatlı nakışlarını atomlarla dokuyarak, hücrenin ihtiyaçlarını teşkil eden gıda ve erzak maddelerini yığın yığın ordularıyla sıraya dizilip imal ediyorlar. Üstelik, hammaddeleri olan cansız ve şuursuz atomları, o mühim vazifeleri yapmaları sırasında güçlü bir yapının kemer taşları gibi kullanıyorlar ki; her bir yapı özenle imal edilir, her bir taş hükmündeki molekül özenle yerine yerleştirilir ve belirli bir amaç için hücre içerisine gönderilir.

Ney: Hem bak! İmal edilen şu molekül orduları, öyle bir nizam ve intizama tabi olarak istif edilip, hayattar macun ve tiryaklar olan organik maddeleri oluşturuyorlar ki; zerre kadar şuuru ve aklı bulunan birisinin bunları bu şekilde hiç yanlış yapmadan, mükemmel ve mütemadiyen sel gibi akar şekilde sevketmesiyle birlikte, tüm kâinatı da idare eden ve kabzasında tutan güçlü ve hakim bir zat olduğunu anlaması gerekir. Üstelik, tabiat bataklığına saplanan ve tüm bu acayip işleri kör tesadüflerin eline veren sofestailer (Eski Yunanın hikmet ve felsefe âlimleri) dahi bundan utanıyorlar ki, faraza eşek eşek olduğunu bilmese, o bile bu fikri kabul etmekten kaçacaktı.

Yolcu: İşte bak! Bu şekildeki tüm o molekül orduları, bu hadsiz sanat gerektiren acayip işleri kör tesadüflere ve tabiata havale eden mütemerrid –inatçı– inkârcıların yüzüne öyle hadsiz tokatlar vuruyor ki, kemalat-ı ilâhîyeyi kör gözlere dahi gösteriyor, ilân ve isbat ediyor.

Ney: Hem, şu küçücük hacim içerisinde yan yana gelip birleşen molekül ordularına bak ki, o bahsi geçen kör tesadüflerin ellerinin oraya yetişmesinde hadsiz muhalatlar -imkânsız açmazlar- olduğunu gösterdiği gibi, şimdi bunların sebeplerini ele alan Yaratılışa ilişkin felsefî sonuçları altı madde halinde özetleyeceğiz.

Şöyle ki:

Birincisi: Ortada nihayetsiz bir sanat vardır.

İkincisi: Bu sanat, statik olmayıp dinamiktir. Dolayısıyla, sürekli yenilenmekte her an devam etmekte ve değişerek, tekâmül ederek mükemmele doğru gitmektedir.

Üçüncüsü: Yenilenen bu sanat ve hikmetin, tam olarak anlaşılabilmesi için sonsuz bir ilim gerekmektedir, bu ise beş duyuyla sınırlı insan algısının ve kapasitesinin çok üstünde, âdeta imkânsızdır.

Dördüncüsü: Canlı organizmadaki cereyan eden biyokimyasal süreçlerin büyük bir kısmı perdeli ve kapalı olup; yapılan tespitlere ve araştırmalara göre, medeniyet ve teknoloji çok ilerlese bile geçit vermeyecek şekilde yüksek bir ilmi seviyeye sahiptir. Çünkü ortada nihayetsiz bir ilim ve kudret tezahür etmekte ve anlaşılabilmesi için yine nihayetsiz bir ilim ve hikmeti gerektirmektedir.

Beşincisi: Kâinatta deveran eden hikmet-i ilâhîyeye dayalı kevni ve fıtri kanunların en önemli ve şumüllü bir kısmı, canlı varlıklar üzerinde gerçekleşmektedir. Örneğin, hareket etme, toplanma, dağılma, nüfuz etme, savunma gibi ma'rifet-i ilâhîyeye ve mazhar-ı uluhiyete medar olacak pek çok girift işler canlı varlıklar üzerinde yürütülmektedir.

Altıncısı: Kâinatta deveran eden sıfat-ı ilâhîyeye dayanan kevni ve fıtri faaliyetlerin en önemli ve şumüllü bir kısmı, yine canlı varlıkların faaliyetleri üzerinde gerçekleşmektedir. Örneğin; ibadet, zikir, ahlâk, temizlik gibi pek çok sayılamayacak hasletin merkezi ve toplanma noktası yine canlı bir organizma olmalıdır.

Ney: İşte bak! Şu sonuçlardan görüyoruz ki, insanın şimdiki devam eden an be an yaratılışı ve değişmesi, en az ilk insanın yaratılışı kadar ehemmiyetlidir. Çünkü şimdi de her insan, tek hücreden yaratılıyor. Bunu biliyor ve görüyoruz. Bu yaratılış hadisesini her birimiz yaşayarak geldik. Her an da, yaratılışımız yenileniyor ve değişiyor. Ama bunun ne kadarını anlayabiliyoruz. Yaratılışta bir takım sebepleri bilmek ve saymak, onun basitliği ve bilindiği manasına gelmez. Dolayısıyla bilmek, sadece bizim bu konudaki cehaletimizi giderir. Meselâ, alınan bir besinin, kan olması, kemik hücresine dönüşmesi, göze gideceğin göze, saça gidecek atom ve moleküllerin saça gitmesi ve hakeza. Bütün bu hadiseler çok geniş ve külli bir ilim ve iradenin kuvvet ve kudretin eseri olduğunu bize göstermektedir. İşte bu bakımdan insan, bazı felsefecilerin iddia ettiği gibi, birtakım kör kuvvetlerin ve serseri tesadüflerin ve tabiatın eseri olamaz.

Ney: İşte bak! Bu meseleyi daha iyi anlama istersen, bir tavuk yumurtasının hayat macerasına bak. Bu yumurta başlangıçta tek hücreydi. İçerisinde belli oranlarda sodyum, potasyum, karbon ve hidrojen gibi belli elementler vardı. Eğer, şartlar uygun olursa 21 günde bu yumurtadan civciv çıkmaktadır. Fakat her yumurtadan civciv çıkmaz. Kimisi de bozulup, çürüyüp gider. İşte şu misal gibi, her hakikati arayan yolcu da istediğine kavuşamaz. Kimisi Salih bir insan olup, olgunlaşırken; kimisi de bataklığa saplanır, can kabuğu çürür gider.

Ney: İşte bak! Şu 3 haftada, yumurtanın sarısı ve akı, kısa süre içerisinde kanat, tüy, gaga, göz, kulak, ciğer, kalp vs. olmuştur. İş böyle de kalmamış, bu sayılanlar ve daha sayılamayanlar bir vücut şeklini almış ve ona bir de hayat verilmiş ve ayrıca bir de ruhla güzelleştirilmiştir, can mücevheri takılmıştır. İşte bu yaratılış olayı her an gözümüzün önünde cereyan etmektedir. Şimdi bu hadise basit sıradan herkesin yapabileceği bir iş midir? Ya da, bir takım gelişme basamaklarını bilimle izlediğimiz bu hadiseyi, gerçekten anladığımız söylenebilir mi? İşte, senin can kafesine takılan mücevherler hiç şundan daha aşağı, daha değersiz olur mu?

Yolcu: Evet, İşte bak! Bir başka misal: incir çekirdeği. Bu çekirdeğin içinde ağacın bütün plân ve programı mevcuttur. Bu çekirdekten koca bir incir ağacının çıkması, ne kadar muazzam bir hadisedir. İnsanlık tarihi boyunca, varlıkların yaratılışı hakkında çok farklı felsefî görüşler ileriye sürülür. Oysa ki, zaman zaman semavî beyanlar ve peygamberlerin mesajları ile Allah'ın kâinatta mutlak tasarruf sahibi olduğu bildirilmiş olmasına rağmen, bu mesajlar kısa sürede göz ardı edilir. Fakat, bu hususta Yaratıcı'nın takdiri öyle mi? Özellikle Yaratıcı'nın isim ve sıfatlarını anlamada hata yapılmış, ya O'nun çok küçük varlıklarla uğraşmadığı yönünde bir ekol gelişmiş, ya da, Allah'ın belli bir büyüklükten sonraki varlıkları yaratmada zorluk çektiği yönünde batıl bir düşünce hâkim olmuştur.

Ney: İşte bak! Yaratma fiili, Allah'ın öyle bir tasarrufudur ki, bunu anlamak ve ruhun hakikatini bilmek pek kolay değildir. Çünkü, bizim fiilimizle onunki çok farklıdır. Biz topraktan çanak çömlek yapıyoruz. O ise ondan, bütün bitkileri, çiçekleri, yaprakları ve meyveleri halk ediyor.

Öyleyse bil ki, Allah'ın (C.C.) görme, işitme, ilim, kudret, hayat gibi isim ve sıfatları zatındandır. Yani, onun varlığı başkasının değil, kendi varlığının gereğidir. Gör ki, varlığı ile kaim ve daimdir. İsim ve sıfatları zatından ise, bunların zıddı ona bulaşamaz. İşte, Allah'ın yaratma fiilini bir derece anlamak için onun, isim ve sıfatlarına ait şu **dört** hususun bilinmesi gerekir:

1- Allah'ın isim ve sıfatları zatındandır:

Yani, bizatihi onun varlığının gereğidir. Meselâ, kudret sıfatını ele alalım. Allah'ın kudreti zatındandır. Yani, onun varlığının gereğidir. O sıfatın bulunmaması halinde o ilâh olamaz. İnsanın sıfatları ise, zatından değildir. İnsanda sıfatlar zatından olmadığı, sonradan verildiği için, bu sıfatın bulunmaması halinde, yine o varlığını devam ettirir. Meselâ, kudreti olmayan bir kimse, yine insan tarifine dahildir. Görmesi, ya da işitmesi olmayan, yine insan tanımlamasının içindedir. Aklı ve ilmi olmayan da insandır. Halbuki, yaratıcı bir ilâh öyle mi? O'nun bütün sıfatları sonsuz olarak bulunmak kaydıyla ilâh olabilir. Yani, kudreti sonsuz olmayan ilâh olamaz. İlâh'ın görmesi sonsuzluğa uzanmalıdır. Sonsuz işitmesi bulunmayan ilâh değildir. Dolayısıyla, **Sonsuz ilmi olmayan ilâhlık dava edemez**.

2- Allah'ın isim ve sıfatları zatından olunca, ona o sıfatların zıddı giremez:

Eğer, zıtların birbiri içerisine girdiği farz edilse, bu durumda iki zıddın bir anda bulunması lazım gelecekti. Bu ise, mantıken ve aklen mümkün değildir. Meselâ, kudretin zıttı acizliktir. Bir ilâh, aynı anda hem sonsuz güç sahibi ve hem de hiçbir şeye gücü yetmeyen aciz bir varlık olabilir mi? Bir ilâh için, hem sonsuz ilim sahibi olmak ve hem de hiçbir şeyi bilmemek mümkün olabilir mi? Öyleyse demek ki, sıfatlar zatından olunca, o sıfatın zıttı da o zata giremez.

3- Ona sıfatların zıddı girmeyince, orada mertebe, derecelenme olmaz:

Öyleyse, sıfatlarda derecelenme, o sıfatın zıttının varlığı ile mümkündür. Güzellikteki derecelenme, çirkinliğin bulunması sebebiyledir. Acizlik olmayınca o kudrette derecelenme bulunabilir mi? Öyleyse ilimdeki mertebe, cahilliğin mevcudiyetiyledir. Sonsuz bir ilmi bulunan zatın, ilminde artış veya azalma olmaz.

4- İsim ve sıfatlarda derecelenme olmazsa, o isim ve sıfatlara fiillerin tahakkuku bakımından büyük küçük, az çok fark etmez:

Yani, bir atomu nasıl kaldırıyorsa, bütün kâinatı da öyle kaldırır, idare eder. Atomu idare eden kuvvet ile kâinatı idare eden kuvvet arasında fark yoktur. Bir atomu idare etmede ve onun ihtiyacını görmede harcanan kuvvet ne ise, bütün kâinatı idarede de harcanan kudret aynıdır. Yaratma noktasında da öyledir. Allah'a göre, bir atomu yaratmakla bir çiçeği yaratmak, bir insanı yaratmakla bütün insanları yaratmak, bir baharı yaratmakla bütün kâinatı yaratmak arasında fark var mıdır? Elbette yoktur.

Öyleyse, bir atomu yaratmakta harcadığı kudret ne ise, **cennet** ve **cehennem** de dahil, bütün âlemleri yaratmada harcadığı kuvvet de aynı olması lazım gelir.

Yolcu: Peki, "**Allah böyle nihayetsiz bir kudrete sahipse niçin ibadet ediyoruz veya Allah'ın bizim ibadetimize ihtiyacı var mı?**" diye bir soru gelebilir aklımıza. Evet, Allah Zülcelal nihayetsiz kudret sahibidir. **Ehad** ve **Samet**'dir, yani kendi varlığı hiçbir şeye bağlı değildir ve hiçbir şeye muhtaç değildir. **Hayy** ve **Kayyum**'dur, yani bütün varlık âlemi varlığını devam ettirmesi için ona muhtaçtır ve bizzat onun sayesinde ayakta tutulmaktadır. Fakat insan öyle mi? İnsan ve diğer mahlûklar nihayetsiz fakr ve ihtiyaç dairesinde bulundukları için, bizatihi onlar varlıklarını devam ettirmeleri için ona ihtiyaç duyarlar. Fakat, yapılan ibadet ve taatlara gelince, elbette Allah'ın bizim ibadetimize ihtiyacı yoktur, fakat verdiği bu sınırsız nimetlere bir şükür ve hamd olması için, ayrıca her varlığın kendi lisanıyla ihtiyaçlarını ona bildirmesi için, bir nevi ibadete ve onu zikretmeye ihtiyacı oluyor. Meselâ, Allah nasıl ki bir atomun sesini nasıl işitiyorsa, bütün kâinatın sesini de öyle işitir. Bir atomu nasıl görüyorsa, bir sivrisineği veya diğer bütün varlıkları da aynı şekilde görür. Az-çok, büyük-küçük ona göre birdir. Bunu, güneşin faaliyeti ile bir derece anlamak mümkündür. Meselâ, bahar mevsiminde gündüz vakti güneş, yansıdığı alandaki bütün bitkileri aydınlatmaktadır. Burada tek çiçek kalsa, diğer bütün bitkiler ortadan kalksa, güneşin işi kolaylaşmayacaktır. Yani, bütün bitkileri aydınlatmadaki rolü, sarf ettiği gücü ne ise, tek çiçeği aydınlatmada harcadığı gücü de aynıdır. Allah'ın bir mahlûku olan güneş böyle olursa, elbette, kâinatın sahibi olan Cenâb-ı Hak için mahlûkatı yaratma ve idarede büyük küçük az çok hiç fark etmeyecektir. Yani bütün varlıklar, güneş örneğinde verildiği gibi birbirine ayna ve misal olacak, ve böylece Allah'ın varlığının hem isbatı hem de delili hükmüne geçecektir. İnsan kendisine verilen cüz-i ilim, irade kudret ve malikiyetle, Cenab-ı Hakk'ın ilmini, kudretini ve malikiyetini anlayamaz. Sadece "**Ben nasıl ki, bu mülkün sahibiyim. Burada istediğim gibi tasarruf edebiliyorum, öyle de Cenab-ı Hak da bu kâinat mülkünün sahibidir ve onda istediği gibi tasarruf eder**" der. Allah'ın isim ve sıfatlarını bir derece anlar.

Ney: İşte bak! Bütün insanlarda el, yüz ve göz gibi organlar aynı olmakla beraber, her bir ferdin simasındaki farklılık Cenab-ı Hakk'ın ehadiyetini ve birliğini, istediğini istediği gibi yaptığını gösteren bir mührüdür. İnsan da yeryüzü sayfasında bir kelime gibidir. Her harfinde ayrı bir mana, her noktasında ayrı bir sanat ve hikmet gizlidir. Yüz trilyona yakın hücreden örülmüş bu insan sarayında her bir hücre bir nokta gibidir ve bu her bir noktaya binlerce cilt kitaba sığdırılmayacak kadar bilgi yükleyen kâinat sahibi, kendi varlığını ve birliğini böyle bir mühürle göstermek istemektedir. Bütün bilimlerin gayesi ve faaliyeti, bu kâinat kitabını okuyup açıklamaktır. Ayrıca, bütün o sanatlı nakışlardaki basılı mühürleri ve yaratılış gayelerini derceden programları okuyabilmektir. Öyle ki, "**insan**" kelimesini okumaya çalışan ilimler, onun her bir organını ayrı bir bilim sahası olarak ele almaktadır. Dolayısıyla, bu sahada edinilen bilgileri, Allah'ın eseri olarak algılamak, Allah'ı bilmeye vesiledir. İşte iman-ı tahkikiye giden bir yol olan marifetullah ile hakkı ve hakikati bularak, Allah'ın varlığını ve yaratılan kâinatı bir bütün olarak kavramaktır. Bu ilim sahasında bir kimse ne kadar ilerlese, bilgi sahibi olsa, marifetullahta, Allah'ı bilmede o kadar terakki eder. Cenâb-ı Hak, Kayyum isminin tecellisiyle bütün kâinatı her an ayakta tutmakta tasarrufunda bulundurmaktadır. Bir an bile, hiçbir şey onun nazarından hariç değildir. Nasıl ki, koca bir fabrikayı çalıştıran küçük bir şaltere komuta eden elektriğin bir an kesilmesi, o fabrikanın faaliyetini tamamen durdurursa, Sani-i Zülcelâl'in kâinattaki tasarrufu, idaresi, kontrolü bir an çekilse, her şey alt üst olur, kâinat dağılır. Tıpkı insan ruhunun, insanın bütün bedeniyle bir anda alâkadar olduğu gibi, Cenâb-ı Hak da, kâinatta her şeyi bir anda, kendi katındaki tek bir zaman diliminde tüm eşyayı nazarında bulundurmakta, uzak yakın büyük küçük fark etmemekte, bütün sesleri tıpkı insan ruhunun, insanın bütün bedeniyle bir anda alâkadar olduğu gibi, Cenâbı Hak da, kâinatta her şeyi bir anda nazarında bulundurmakta, uzak yakın büyük küçük fark etmemekte, bütün sesleri birden işitmekte, bütün varlıkları bir anda görmekte, bütününü birinin imdadına göndermektedir. Bu gerçek Kur'an'da şöyle ifade edilir:

“Andolsun insanı biz yarattık ve nefsinin kendisine fısıldadıklarını biliriz. Ve biz ona şah damarından daha yakınız.”

(Kaf,16-17)

Yolcu: İşte bunun gibi! Cenâb-ı Hak da bütün varlıkları hem vücuda gelmeden ve hem de vücuttan gittikten sonra bilmektedir. Yani, geçmiş ve gelecek her şey bir anda onun ilmindedir. Nasıl ki elimizde bir ayna olsa, bu aynaya göre sağ tarafımızdaki mesafe geçmiş, sol tarafımızdaki mesafe gelecek farz edilse, o ayna önce yalnız karşısını görür. Yukarıya çıktıkça her iki tarafı da birden içerisinde gösterir. Aynanın içindeki bu görüntüye göre artık geçmiş gelecek sözkonusu olmaz. Çünkü, her iki tarafı da birden görmektedir. İşte İlmi ezeli, hadîsin tâbiriyle, âlem-i Ula'dan âlem-i Alâ'ya, ezelden ebede kadar herşey, olmuş ve olacak, birden tutar, ihata eder bir makam-ı âlâdadır. Cenab-ı Hak için geçmiş ve gelecek söz konusu değildir. Her şey ve bütün âlemler bir anda O'nun nazarındadır.

Ney: İşte bak! Şu saydığımız sebeplerden dolayı, şuursuz atom ve moleküllere şu hadsiz faaliyetleri yüklemek ve onların rastgele, sanki görünmeyen iplerle birbirine tutunmuş ve iplerin rastgele oynatılmasıyla hareket ettiklerini düşünmek gibi, belirli bir işi yapacak olan maddeyi üretmelerini beklemek, hadsiz derecede bir akılsızlıktır. İşte, bunun gibi daha pek çok örnek olduğu gibi, aşağıda vereceğimiz şu şehir ve içerisindeki makinemisal yapılardan oluşan canlı hücre tasviri de bu durumu daha iyi anlamamıza yardımcı olur:

"Örneğin, büyük bir şehre gittiniz. Her tarafta mükemmel bir düzenleme ve tasarımın olduğunu gördünüz. Numune olarak o şehirdeki bir fabrikaya girdiniz. Gördünüz ki, fabrikanın içerisinde birbirinden karmaşık ve birçok fonksiyonu bulunan pek çok makine var. Fakat ortada hiçbir usta ve işçi görünmüyor. Fakat fabrika, mükemmel bir tarzda ürettiği ve paketlediği ürünleri imal edip tüm şehre gerekli miktarlarda dağıtıyor. Her bir üründen gerekli miktarda alınıyor, ne bir fazla ne bir eksik ve ihtiyaca göre kontrollü olarak sarf ediliyor. Üstelik, her seferinde tek bir kez kullanılan ürünler fabrikaya geri getirilip daha farklı ve daha karmaşık bir sanat içeren ürünler meydana getiriliyor. Sanki sanat içerisinde daha girift bir sanat işlettiriliyor. Şimdi siz, numune olarak o fabrikadaki makinelerdeki acayipliği ve tasarıma daha iyi dikkat etmek için bir makineyi açıp içerisini incelediniz. Bir de gördünüz ki, her makinede yüzlerce aksam, kontrol paneli, program, düğme, somun, vida ve civata benzeri kısımlar bulunuyor. Üstelik, o makinenin her bir parçası üretilen ürünlerden daha sanatlı ve mükemmel görünüyor. Şimdi siz şöyle hükmedebilir misiniz ki, tüm o makineleri, fabrikaları ve koca o bütün şehri, üretilen küçücük basit bir ürün idare etsin ve yönlendirsin. İşte, kâinatın yaratılış anındaki durum da aynen böyledir. Elbette hiçbir akıl sahibi insan böyle uzak bir muhali kabul etmeyecek ve içindekilerle beraber tüm şehrin mükemmel bir sanat sahibi mimar, usta ve mühendisler tarafından inşa edildiğini anlayacaktır. Fakat bu arada, şu aklımıza gelebilir: şehri inşa eden tüm o işçiler, ustalar ve mühendisler nerede? Niçin görünmüyorlar? Eğer göremiyorsam ustaya da iman etmem diyebilisiniz; fakat şehir içerisinde cereyan eden tüm bu antika sanat eserlerini inkâr edebilir misiniz? Edemezsiniz! Yapılan sanat ve eser ortada, yani göz önündedir. İşte yukarıdaki benzetmede ele aldığımız, şehir ve fabrika örneği gibi, tıpkı bir şehir hükmündeki tüm evren gibi; onun içerisinde yaratılmış olan her bir canlı varlık da, tıpkı bir makine veya o makineden yüz kat daha sanatlı olan bir parçası hükmündeki tek bir hücresi gibi, belki kâinattan daha sanatlı ve harika tarzda inşa edilen birer şehir hükmündedir ki, içerisinde yukarıda örneğini verdiğimiz tek bir üründen binlerce kat daha karmaşık ve kompleks olan çok daha fazlası, o fabrikalarda üretilir, işlenir, dağıtılır ve toplanır. Fakat bu kompleks aşamaların hiçbirisinde en ufak bir yanlışlık ve kontrol dışı olay gerçekleşmez. Dolayısıyla, elbette ki, böyle muhteşem bir faaliyet kendi kendine ve tesadüfler eseri olması mümkün değildir. Harici bir yaratıcının varlığı, gözle görülmese bile mevcut olması gerektiğini bildirir. Çünkü ortaya konulan sanat ve icraat onun varlığını isbatlamak için yeterli bir delildir ve belki bunun için, yani maharetini ve sanatını dikkatli gözlemcilere, yani insanoğluna göstermek için ve kendi varlığını bildirmek için bu kâinat şehrini düzenlemiş ve içerisinde belki de o şehirden daha sanatlı olan milyarlarca müdakkik gözlemciyi var etmiştir. Hem nasıl ki, küçük bir yaban arısı veya karınca bu kâinatın yaratıcısını gösterdiği gibi, içerisindeki atom ve moleküllerle bir şehir hükmünde veya içerisinde yüzlerce makinenin bulunduğu sanatlı bir biyokimya fabrikası ise; aynen bu şekilde uzaydaki milyarlarca dev galaksiler de, içerisinde barındırdıkları ve çekim kuvveti etkisiyle dağılmamak üzere mükemmel bir şekilde bir arada tutulan yıldız ve gezegenleriyle devasa bir ülke hükmünde veya içerisinde yüzlerce reaktörün bulunduğu nükleer yakıt fabrikasıdır. Hem bu büyüklük farklarına ve aralarındaki büyük uzaklık farklarına rağmen, şu küçücük fabrikalardaki kurallarla devasa büyüklükteki tesislerde hükmeden kanunların aynı olması ve aynı mükemmellikte, kolaylıkta ve nizam altında kusursuzca gizli bir sermayedar tarafından işlettirilmesi; elbette tüm bu kanunları ve kuralları koyan zatın aynı ve tek bir zat olduğuna ve tüm kâinatın tasarrufunu elinde bulundurduğuna, içerisinde bulunan tüm canlı ve cansız varlıklar adedince kuvvetli birer delildir. Hem yine aynı şekilde, bu fabrika şeklindeki canlı ve cansız varlıklar üzerinde hüküm süren inşaat, üretim, dağıtım, tanıma, haberleşme gibi yüzlerce faaliyet ile beslenme, korunma, savunma, bilgi toplama, bilgi kopyalama gibi işlemleri gerçekleştiren şuursuz ve rasgele dağılmış bir halde bulunan atom ve moleküllerle kâinat kitabında teşkil edilen yüzlerce harf, isim, sıfat, zarf, cümle ve paragraf; o zatın o varlıklar üzerindeki tecellisine, onun isim ve sıfatlarına dalalet eder. Hem meselâ, bir hücrenin hayata başlayıp canlı bir organizma olması için gerekli olan atom ve moleküller tüm kâinattan toplanıp, "**kûn**" "**ol**" emr-i ilâhisiyle vücut bulduğunda **Muhyî** ismine mazhar olduğu gibi; yaratılması ve inşası sırasında o hücre, **Bâri** ismine tecelli olur ve o Sâni-i Bâri'sini gösterdiği gibi; teşekkülü sırasında **Musavvir** ismine; gıda için ihtiyaç duyduğu maddeleri dışarından aldığında **Rezzak** ismine; rızık olarak ihtiyaç duyduğu maddeleri taleb ettiğinde **Mürîd** ismine; zararlı maddeleri dışarı atıp kendisini tamir ettiğinde **Dâfi** ve **Şâfi** ism-i celillerine; hayatını devam ettirecek faaliyetlere devam edip vazifesini yerine getirdiğinde **Hay** ve **Kayyum** ism-i celillerinin tecellisine ve hayata veda ettiğinde **Mümît** ism-i celiline mazhar olur. İşte bütün canlı organizmalar bunun gibi, hem kendi hayatiyetiyle, kendi varlığını gösterdiği gibi; yaratıcısını, **Hâlik** ism-i celiliyle kendi üzerinde kendisinden daha fazla gösterir ve müdakkik gözlemcilere tanıttırır.."

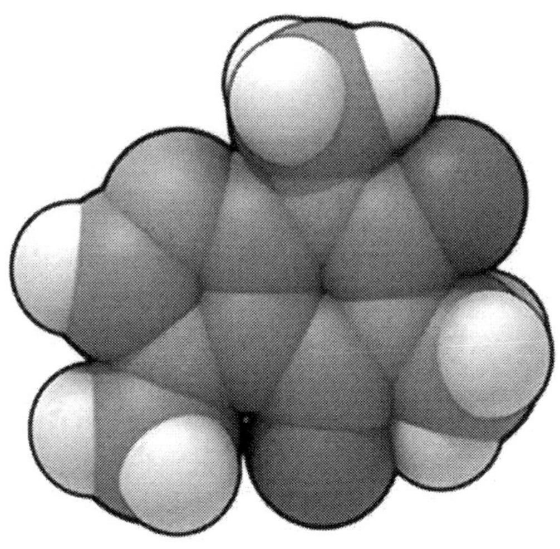

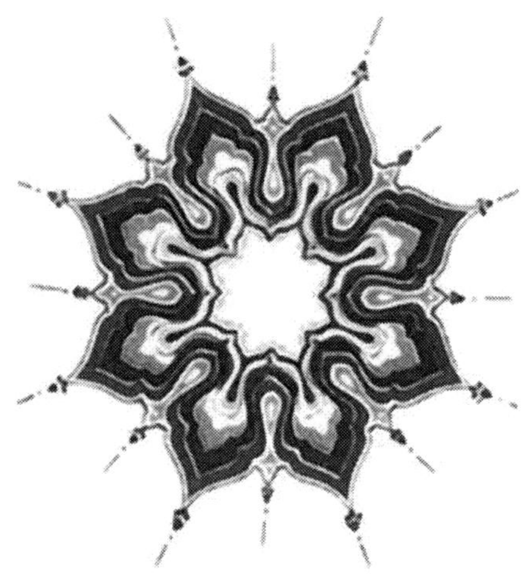

Onbirinci Yolculuk

◊ ◊ ◊ ◊

O Molekülün içerisindeki bir Atomun kâinatı müşahedatıdır.

Şu yolculuk, his ve kalpten çok akla bakar, fen ve hikmete hitabeder.

11. SIR: "Ya olduğun gibi görün, ya da göründüğün gibi ol!"

Ney: İşte Şimdi gel, bak! O hadsiz molekül ordularının bir efradının içerisine girip, tek bir atomun içerisinde cereyan eden harika mucize-i kudreti aynelyakin müşahede edeceğiz. Ta ki, hakikatin nurlu, parlak yüzü görülebilsin.

Ney: İşte bak! O zerre hükmündeki atom, öyle küçük bir hacimde yekpare olarak elektronları, protonları, nötronları, manyetonları ve gravitonları ile **496** partikül halinde öyle bir tarzda koordine olup; mevleví-misal ışık hızında dönüyorlar ki, âdeta gökyüzünde asılı duran birer lâmba misali dönüp duran ve birbirine çarptırılmadan deveran eden hadsiz gökcisimleri, yıldız ve galaksiler misali bir Sani-i Zülcelâl'in ve hikmetli bir sultan-ı hakimin emrinde vazifesini ve ubudiyetini yerine getiriyorlar ve her bir dönmesi sırasında "**La ilâhe illallah**", "**Elhamdulillah**" ve "**Subhanallah**" zikirleriyle hadsiz küçük boyuttaki **sicim** ilmeklerine, iplikçiklere takılmış birer tesbih taneleri gibi vazife-i ubudiyetlerini yerine getirip, çeşitli işlerde çalıştırılıyorlar.

Ney: Hem bak! Şu atom, öyle bir tarzda nokta-misal şu **esir** denizinin içerisine atılan görünmeyen filelere ve o sicimlerden teşkil edilen ağlara öyle bir tarzda yerleştirilmiş ki, o ilmeklerin her bir köşesinde, her bir noktasında o atom ve moleküller birer ordu-misal sıraya dizilmişler, daima Sani-i Zülcelâl'in korkusuyla titreşerek dalgalanırlar ve hakeza o atom ve moleküller pek çok mühim vazifeyi yerine getirmek için kütleçekimini, manyetizmayı, Havayı, Suyu ve içerisinde yüzdüğü Esir maddesini kendisine bir vasıta ve binek aracı yaparak, tüm kâinatı dolaşabilir ve kendisine gelen emr-i ilâhi ile nereye sevkedilecekse bir anda süratle yerini değiştirerek hemcinsleriyle birleşip, toplanabilir.

Yolcu: İşte bak! O toplanma ve dağılma neticesinde tüm madenler, elementler, demir, bakır veya altın gibi kıymetli mücevherler inşa edilir veya ısı, elektrik ve manyetizma gibi nice kuvvetlerin iletiminde, dağıtımında o **124** adet element atomları mütemadiyen vazifedar birer memur gibi çalıştırılırlar.

Ney: Hem bak! Her bir atom, ayrı ayrı büyüklükte ve ağırlıkta teşkil edildiği halde, birbirinden fiziksel olarak tamamen değişik maddeleri meydana getirir. İşte, o maddelerden kimisi demir gibi sert olurken; kimisi de hidrojen veya azot gibi havadan daha hafif maddelerin yapıtaşını oluşturur.

Yolcu: İşte bak! Şu hadsiz tanecikler hükmündeki atomları ve onların yapıtaşları olan küçücük zerreleri, elektronları şu hadsiz genişlikteki kâinat denizinde hiç şaşırmadan, yolunu kaybetmeden yüzdüren Sani-i Zülcelâl'in tüm kâinat da idare ediyor olması ve her şeyi bilen hadsiz bir ilme sahip olması gerekir. Öyleyse, her bir atom o kudrete ve o muhit ilme nokta-misal nurlu, parlak birer delil ve ayinedir..

Onikinci Yolculuk

◊ ◊ ◊ ◊

O Atomun içerisindeki bir Elektronun kâinatı müşahedatıdır.

Şu yolculuk, his ve kalpten çok akla bakar, fen ve hikmete hitabeder.

12. SIR: Şu kâinat hakiki manada ilâhi bir aşk kitabıdır, lâkin okuyabilene.

Ney: Hem işte bak! O atomun etrafında süratle dönen elektronlar, hiçbir zaman birbirine çarpmıyorlar veya çekirdeğin çekim etkisiyle merkeze düşüp, atomun dengesini bozmuyorlar. Merkezkaç kuvveti ve kütleçekim kuvveti, elektronları atomun çekirdeği etrafında öyle bir tarzda mevlevî-misal yörüngede döndürüyor ki, o elektronlar Bulut-misal rahmet-i ilâhîyenin semasında mütemadiyen yol alıyorlar, Belirsiz-misal beka âlemlerine bir uçup bir geri geliyorlar. Öyle değil mi arkadaş?

Yolcu: Evet, Hem bak! Atomdaki şu muazzam mesafelere ve büyüklüklerdeki dengeye ki, elektronların çevresinde döndüğü atomun toplam hacmi çekirdeğin hacmine göre **200** bin kat daha geniştir. Bir futbol sahasının yanında bir toplu iğnenin başı kadardır. Öyleyse, milimetrenin milyarda biri kadar küçük bir mesafede böyle hadsiz hızda dönen partikülleri, çekirdekleri şu atoma kim takmıştır? Şu muazzam ölçüleri, şu küçücük nokta-misal zerrelere kim yerleştirmiştir? Elbette, tüm bu harika işleri yapanın hadsiz bir kudrete ve ilme sahip olan **Hak** bir yaratıcı olması lazım gelir ve elbette ki, o zatın **Allah (C.C.)**'dan başkası olması düşünülemez. Ondan başka bir kudretin tüm bunları idare etmesinin zerre kadar ihtimali yoktur ki, tüm bu acayip harika işleri o görünmeyen zerre-misal atomlara yaptırabilsin..

IV. İSTASYON

Onüçüncü Yolculuk

◊ ◊ ◊ ◊

O Atomun içerisindeki bir protonun kâinatı müşahedatıdır.

Şu yolculuk, his ve kalpten çok akla bakar, fen ve hikmete hitabeder.

13. SIR: Yaratılmıştan geçen, yaratana ulaşır! Âşık olan, Âşıklarla oturur!

Ney: Ey arkadaş şimdi gel bak! O atomun içerisine girip en küçüğe doğru gittiğimiz yolculuğumuza devam ederek, onun çekirdeğinin bulunduğu merkezine ineceğiz ki, o merkezî çekirdekte nice acayip faaliyetler yürütülüyor, birlikte müşahede edeceğiz.

Ney: İşte bak! O atomun çekirdeğinde yer alan bir santral hükmündeki protona ki, o proton atomun toplam hacminin çok küçük bir kısmında dercedildiği halde, toplam kütlesinin **% 96**'sını teşkil eden bir ağırlığa sahiptir. Öyle ki, o proton dahi nihai yekpare bir parçacık olmayıp sonradan anlaşılmıştır ki, onun da içerisinde bulunan yüzlerce alt partikül dercedilmiş, sanatla yörüngelerine yerleştirilmiştir. En üst yörüngeden en dipteki potansiyel kütleçekim kuyusu olan mini karadelik nihai noktasına kadar derece derece yörüngeye tesbih taneleri gibi dizilmiş olan (tamamının sayısı **5. Boyuta** açılan **5** adet tesbih halkası yapar ki, 5×99=**495** yapıp, geriye kalan bir tanesi Allah vahdaniyetine açılan karadelik tekilliğindeki tünel-berzah noktasında yer alan manyetik kütle parçacığıdır ve bu parçacığın toplam ağırlığı tüm kâinattan fazladır, yani sonsuzdur! Öyleyse Allah da sonsuzdur ve şu âlem tamamen o hakikat âleminin bir yansıması, holografik bir suretidir!) bu alt partiküller de mütemadiyen mevlevî-misal yörüngelerde döndürülüyorlar ve âdeta atomun içerisindeki daha küçük atomlar gibi, sanat içinde sanat işlettirilerek Sani-i

Zülcelâl'in kudretini daha mükemmel ve inceleşmiş bir tarzda açıkça beyan ve isbat ediyorlar.

Ney: İşte bak! İlm-i hikmet ehlince hükmedilmiş ki, o hadsiz küçücük partiküller çok süratli hızlarda, neredeyse ışık hızına varacak şekilde döndürüldükleri halde, bazılarının ömürleri bir an-ı seyyale, küçük bir sayha kadar kısadır. Demek ki, o hadsiz partiküller dahi kabir-misal bir çekim merkezi etrafında mütemadiyen gayb âlemine bir gidip bir gelerek hakikat-ı ilâhîyeyi müşahede ediyorlar ve bazen kuvvetli makinalarla resimleri çekilen o partiküller, şu hakikati bizlere de bilmüşahede gösteriyorlar.

Ney: Hem bak! O çekirdeğe yapışık bir vaziyette duran şu protonla nötronu yüksek ve hikmetli bir sanatla çekirdeğin içerisine yerleştiren ve tüm bu acayip faaliyetleri yürüten zatın, o gayb âleminin anahtarını elinde tutması ve bazen şu garip varlıkların eline de uzatması, onun varlığının kuvvetli birer delili değil de, ya nedir?

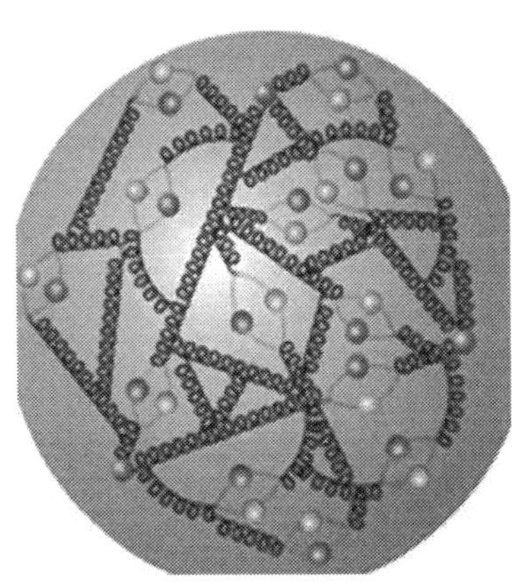

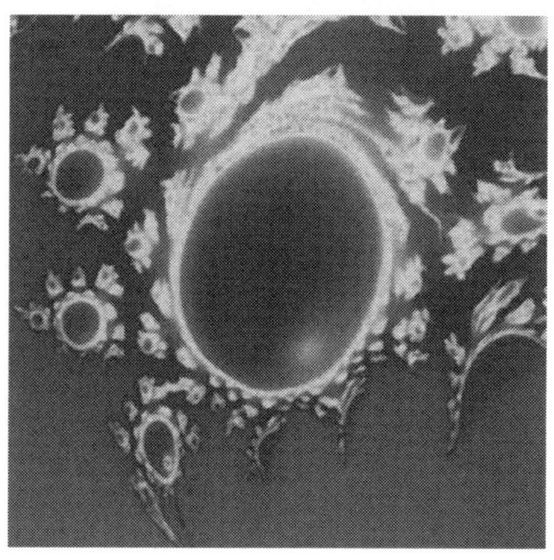

Ondördüncü Yolculuk

◊ ◊ ◊ ◊

O Protonun içerisindeki bir Manyetonun kâinatı müşahedatıdır.

Şu yolculuk, his ve kalpten çok akla bakar, fen ve hikmete hitabeder.

14. SIR: Şu kâinatta en küçük ile en büyük arasında mertebece fark olsa da, manada hepsi birdir.

Ney: Ey arkadaş! İşte, şimdi gel bak ve gör ki, maddenin iç yüzüne ve derin derelerine inildikçe hayretin daha da arttı ve mühim bir hakikat ortaya çıkmaya başladı ki, bu nurlu hakikatin arkasındaki şu parıltılı ve neşeli mikro âlemler; makro dünyayı oluşuran yıldız ve galaksi sisyemlerini teşkil eden kevni kanunlarla; mikro dünyayı oluşturan atom ve moleküllere hükmeden kevnî kanunların aynı kanunlar bütünü ve nizamnamesi olduğunu ilân ve isbat ederek, tüm bu **birlik** ve her şey içerisindeki suhulet –kolaylık- ve benzerlikten hareket ederek; tüm kâinata hükmeden ve her şeyin yaratıcısı olan zatın dahi **bir** olması gerektiğini bilmüşahede gösterip, ilân ve isbat ediyor. Öyleyse, **bir**den **birlik** hasıl olur ve **bir** şeyden her şey ve her şeyden **bir** şey yapılıyorsa, bunları yapanın da **bir** olması lâzım gelir. Hikmet-i ilâhîye öyle iktiza ettiği gibi, mantık kanunları dahi şunu gerektirir.

Ney: Hem bak! Tek **bir** atoma ve onun içerisindeki partiküllere hükmeden kanunlarla tek **bir** galaksiye ve onun içerisindeki yıldız ve gezegenlere hükmeden kevnî kanunların aynı ve **bir** olması, **vahdaniyetin** ve **ehadiyetin** kâinat üzerine vurduğu bir damga ve sikkeden başka bir şey değildir. Öyleyse diyebiliriz ki, **bir**den **bir** hasıl olur ve böylece devam edip gidersek ta **binbir** adet **bir**ler o **bir**i **bir**ler, ilân ve isbat edip tasdik ederler. Öyleyse diyebiliriz ki, şu kâinatta hükmeden kanunlar nizamnamesinin, kâinatın her köşesinde mütemadiyen aynı tarzda işlemesi tek **bir** yaratıcı olduğunu ilân ve isbat eder. Eğer, aksi düşünülseydi, faraza iki adet yaratıcı olsaydı mutlaka bir köşesinde hükmeden kanunlarda bir farklılık olurdu. Halbuki, modern ilm-i hikmetin beyanına göre kâinatın derin derelerine inildikçe ve uzak menzillerine çıkıldıkça müşahede edilmiştir ki, o kanunlar bırakın farklılaşmayı, gittikçe daha da aynılaşmakta ve yekpare **bir** yapı kazanarak **birleşik** bir kuvvete ve kudrete doğru gitmektedir. Demek ki, buradan anlıyoruz ki, tüm o kevnî kanunları kâinatın yaratılış anında bir **KADER** programı çerçevesinde koyan zat-ı ilâhînin **bir** olması, şu kanunların bir gereği olduğu gibi, hem de sonucudur. Öyleyse, diyebiliriz ki, kâinattaki her şey yaratıcının **bir** olduğunu ilân ve isbat eder.

Ney: İşte bak! Bu sebep ve hikmettendir ki, uzayın daha küçük boyutlarına inildikçe veya kâinatın daha uzak ölçekteki köşelerine bakıldıkça veya geçmişteki daha erken dönemlerine bakıldıkça, tüm o ayrıymış gibi duran kevnî kanunlar teker teker birleşmektedir ve bir olan Sani-i Zülcelâl'i daha kuvvetli bir tarzda isbat etmektedir. İşte, bu meseleye bir numune olarak, bir protonun içerisindeki en küçük boyutta ve en yüksek enerji seviyesindeki en temel bir partikül olan ve atomun tekillik noktasına yerleştirilmiş olan bir manyetik monopolün (manyetik kütle, manyeton veya kuantum yumurtası) içerisine girsek, kâinatın daha yumurtadan çıkmamış haldeki bebeklik haline ulaşırız.

Yolcu: İşte bak! Atomun büyük bir kütlesi ile protonun kütlesinin büyük bir kısmını içerisinde hapsedildiğini ve çökmeye yüz tutan partiküllerin dahi burada toplandığını ve bir nevi ahiret âlemine geçiş kapısı gibi, gayb âlemine açılan bir kapı olduğunu bilmüşahede hissederiz ve akıl gözüyle fenn-i hikmetin yardımıyla hakikate ve aynı zamanda **kıyamet**'e açılan bir kapının dahi, şu mikro âlemde bulunduğunu fark ederiz. Öyle değil mi?

Ney: Evet, İşte bak! O kapının ardından, kâinattaki en küçük ölçekte yer alan kapıdan girdiğimizde, tüm kâinatı birden müşahede etmiş olduk ve âdeta yıldızlardaki, galaksilerdeki karadelikler misali gök kapılarına ve ahiret âlemlerine yol bulan bir tünele girmiş olduk. İşte, şu hayret-engiz olaya bak ki, kâinattaki en küçük ölçekteki yapı ile en büyük ölçekteki yapı şimdi birleşmiş oldu ve o zerrenin içerisindeki en alt partikülden girdiğimiz tünelin diğer ucu, tüm kâinata açılan ve belki ondan daha büyük ve ağır bir yük taşıyan, sonsuz kütleli tek bir noktaya ulaşmış olduk. İşte bak! Şu hikmet-i ilâhîyeden anla ki, kâinattaki en küçük ile en büyük, aslında bir çember üzerindeki dairevî iç içe geçmiş halkalar gibi **bir**leşmektedir ve **bir** olan Sani-i Zülcelâl'in hikmetli birer sanat eseri olduğunu harika bir tarzda göstermektedir. İşte şu hikmet-i ilâhîyeden anla ki, kâinattaki en küçük ve en büyük mesafece ve büyüklükçe farklı zannedilse de; mahiyetçe ve sanatça **bir**dir ve yaratıcısının dahi bir olduğunu gösteren en kuvvetli **bir** işarettir..

Onbeşinci Yolculuk

◊ ◊ ◊ ◊

Kâinattaki en küçük fakat en ağır bir partikül olan o manyetonun içerisindeki bir gravitonun kâinatı müşahedatıdır. Şu yolculuk, his ve kalpten çok akla bakar, fen ve hikmete hitabeder.

15. SIR: Nereden geldiğine bir bak. Geldiğin yer hiç mi aklında yok?

Ney: İşte Şimdi gel, bak! Nihayetinde, madde âlemini en büyükten en küçüğüne varana kadar hadsiz mesafelerde katteттik ve yolculuğumuzun birinci durağının sonuna geldik. Gördük ki, maddi âlem şu en küçük parçayla sona eriyor fakat nihayet bulmuyor, bundan sonra âdeta yeni başlarmış gibi, sonsuzluk âlemlerine doğru açılıyor. Hem, şu yolculuğumuzun sonunda anlayabildik ki, o nihayetsiz mesafeyi kateden bunca yolculuktan sonra, kâinattaki en küçük ile en büyük sanatça, hikmetçe ve yaratılıştaki kolaylık bakımından **bir** olup tek **bir** yaratıcı tarafından inşa ve idare edildiğini gösterdiği gibi; o **binbir** adet **bir**ler içerisinde o **bir**e yol bulan **binbir** adet **bir**er yol bulunduğunu da gösterir.

Yolcu: Hem işte bak! Sen istersen şu en küçüğün içerisinde girip, faraza o en küçük kütleçekimini taşıyan en ufak partikül olan gravitonun üzerine binip, kâinatın en uzak köşelerine gittiğin takdirde, en büyük gökcisimleriyle en küçük zerrelerin içerisinde hükmeden ilâhî hikmet kanunlarının aynı olduğunu ve tek **bir** müessirin eseri olduklarını bilmüşahede görebilirsin. Eğer istersen sen de, bu nevi bir hayal âlemine doğru o gravitonun üzerine binip, karadelik-misal derin tünellere doğru açılan manevî bir yolculuğu Hızır Aleyhisselam'la Musa Aleyhisselamın üç gaybî yolculuğu-misal yapabilirsin ve hakikatin nurlu yüzünü keşfedebilirsin. Ben, bundan 10 yıl önce bir hayal âleminde, bu neviden bir yolculuk yapmıştım. İşte, sadece o tek bir yolculuğun sonucu olarak, hikmet-i ilâhîyeyi hadsiz bürhan ve delillerle isbat ve beyan eden geniş bir fizik eserini hazırlamıştım –ki o meseleye ait eser, başlıbaşına çok daha geniş çaplı bir kitabın konusu olacaktır– atom ve zerrelerden, yıldız ve galaksilere kadar kâinatta cereyan eden kevnî kanunları matematik ve fizik lisanlarıyla izah ve isbat ederek vahdaniyeti gösteren "Birleşik Alan Teorisi"dir.

Yolcu: İşte sen de, bu nevi bir yolculuğa çıksan göreceksin ki, şu kâinatta cereyan eden hadsiz kemalattan ve hikmetli sanatlardan bir ders alabilirsen, bu şekilde Sani-i Zülcelâl'in varlığına iman etmeye götüren bir yol olduğunu –ki o yol, İman-ı tahkikinin zahirî kutbudur– keşfedeceksin. Öyleyse, hemen şimdi yola çık ve mevlevî-misal o hakikatın etrafında dönerek helezon-misal yol al ki, sen de şu hadsiz kemalata ve nihayetsiz sanata sahip olan kâinatın Hâlikini keşfedip, tanıyabilesin.

Vesselâm...

Onaltıncı Yolculuk

Bil ki ey nefsim! Senin nefsinde bulunan cevherinin hammaddesi anlatılacak olan şu altı meseledir.

◊

Bundan sonraki yolculuklar, akıl ve hikmetten çok his ve kalbe bakacaktır. Çünkü akıl ve his o hakikatlerin sırrına ermekte yol bulamamıştır. Yolculuğumuzun şu ikinci durağı birincisi gibi olmayıp kendi içimizde devam edecektir.

16. SIR: İçimizde senin aşkın el çırpmada, yüzlerce başka âlemler yaratmada, göklerden de dışarda.

Ney: İşte Şimdi, kâinattaki en büyük cisimle başlayıp, en küçük olanıyla bitirdiğimiz yolculuğumuza farklı bir boyut kazandırarak devam edeceğiz. Fakat bu kez bu yolculuk kendi içerimize, iç dünyamıza, nefsimize ve ruhumuza doğru gerçekleşecektir. İşte bu ikinci yolculuk sırasında, kendi nefsimizde hikmet-i ilâhîyenin nurlu parlak nakışlarını keşfedeceğiz ve kendi yaratılışımızdaki ince detaylardan yola çıkarak, Sani-i Zülcelâl'i tam olarak tanıyıp yolculuğumuzu sonlandıracağız ve en sonunda göreceğiz ki, kendi nefsimizde dahi mevlevî-misal pek çok hikmetli işler döndürülmekte ve mütemadiyen bu doğrultuda daha önce ele aldığımız tüm o varlıklar gibi çalıştırılmaktayız. Öyleyse, diyebiliriz ki kâinatın küçük bir sureti ve numunesi hükmünde olan kendi nefsimizi tanımak suretiyle, Sani-i Zülcelâl'e yol bulan ve **Marifetullah** –yani Allah'ı tanıma ilmi, tüm ilimlerin kaynağı olan hakikat ve tasavvuf ilmi-yoluyla Hakkı ve hakikati tanıyan, isbat eden pek çok yol –yaratılan insan gibi ruh sahibi tüm varlıklar adedince– bulabiliriz. İşte, şimdi yapacağımız bu uzun yolculuk da, bu şekilde kendi içimizde devam ederek bu hakikatleri keşfetmeye yönelik olacaktır. İlk başta, Cismimizin kafesi hükmündeki **Beden**'den başlayacak olan bu yolculuğumuzu; **ruh**, **kalb**, **sır**, **hafi** ve **ahfa** duraklarıyla devam ettirerek; **kabir**, **berzah**, **mizan** ve **terazi** duraklarıyla devam edip, **cennet** ve **cehennem** istasyonlarında sonlandıracağız.

Yolcu: Bil ki ey nefsim! Senin nefsinde bulunan cevherinin hammaddesi şu altı şeydir:

Birincisi: Beden'dir ki, sen o beden kafesinin içerisinde hapsedilmiş olan bir kuş hükmündesin. Senin hayatiyetinin devamı, şu cisim kafesinin kırılmasıyla daima harap olmaya muntazırdır. Öyleyse, nefsinle gurur duyup mağrur olman niye?

Hem bil ki! Senin bedenine daima isabet eden hastalık, belâ ve musibetlerin gelmesiyle o cisminin kırılması daima mümkündür ve ihtimal dahilindedir. Meselâ, ufak bir mikrop senin bedeninin içerisine girse, tüm sıhhatini altüst edebilir ve sabit zannettiğin hayat-ı dünyeviyenin gerçek yüzünü, daima geçici olduğunu ve ölümü sana hatırlatır, onun büyük hakikatini küçük bir surette bildirir, haber verir.

İkincisi: Ruh'dur ki, esas kaynağı ve menşei emr-i ilâhî olan o cevher, seni ayakta tutan esas malzemedir. Yoksa, senin bedeninin o ruh çıktıktan sonra, bir an bile ayakta durması mümkün değildir. Hem, o ruh senin ahiret hayatına gidecek olan tek bineğin ve uçma aracı olan kanatların hükmündedir ki, beden kafesinin kırılmasıyla o kuş serbest kalır ve esas memleketi olan ahiret yurduna göç eder. Hem, insan "**ol!**" emr-i ilâhîsiyle yaratılan o ilk cevherden "**KALÛ BELÂ!**" cevabıyla, "**Evet, yaratıcımız sensin, sen!**" sözüyle yaratılışı ilk başta tasdik eden **özü** ise, yine o cevherdir ki; kaynağı temiz fakat sonradan aktıkça ve kaynağından uzaklaştıkça kirlenen bir akarsuya benzer.

İşte bil ki! Sen de o kaynaktan o kadar uzaksın ve daima kirlenmeye muntazırsın. Fakat özüne dönmek öyle mi? Sen özüne döndüğün takdirde, daima asıl cevherine ve asıl kaynağına yakın sayılırsın, o oranda temizlenmiş sayılırsın. Demek ki, ruh bakî bir hayatın ab-ı hayatı olan çeşmesi ve ahiret bahçesinin fidanlık hükmündeki sümbülü hükmündedir. Hem bak nice enbiyâlar, evliyâlar ve asfiyâların ruhlarına ki, o temiz kaynaktan beslenerek ab-ı hayat bulurlar ve yeni bir ruhta doğmak için bakî sümbüller hükmünde nuranî meyveler verirler. Misal olarak bunlardan birkaç tanesi; **İmam-ı Rabbani**, **Abdulkadir-i Geylanî** ve **Mevlâna Celaleddin-i Rumî** o cevherle ab-ı hayat bulan ruh mevlevîleri ve kalp mütehassıslarıdır. Demek ki, beden ruhla kaimdir, yoksa ruh bedenle kaim değildir. Onunla bağlantısı, yalnızca zayıf bir ip gibidir ki, o nuranî ipin ölümle birlikte kopmasıyla ikisi birbirinden ebedîyen ayrılarak, sonsuz bir hüzünle terk ederek, birisi ebedi âlemlere uçup giderken; diğeri yere düşüp, toprak olup çürür gider.

Bil ki ey nefsim! Öyleyse sen de, ruh gibi aydınlık ve manevî ol ki, parlayıp yücelesin ve beden gibi karanlık ve zulmetli olma ki, onun gibi toprak olup, ayaklar altında çiğnenmeyesin, çürümeyesin. Demek ki, insan ruhla doğar, ruhla ve ruhaniyetle dirilir, yücelir; bedenle ve nefsanî arzularla, şehvetlerle ölüme gider, aşağı düşer.

Hem bil ki! Ruha ait pek çok sır büyük bir mesele olup, yaratılış sırrıdır. İşte, bunun içindir ki, bu sırdan insanın eline geçen pek az bir şeydir. Oysa, ölüm öyle mi? O, apaçık göz önünde olan bir gerçektir. İşte ölüm, o hakikati aydınlatan, o zulümatı ışıklandıran bir lâmba gibidir ki, o lâmba ruh parlak ve aydınlık ise onun ışığını ve parlaklığını arttırır. Sönük ve karanlık ise, ancak zulümatına zulümat katar, daha koyu bir zifirî karanlık içerisinde bırakır. Öyleyse, ruhun iyi ve güzel ise; ölümün de güzel ve iyidir. Kötü ve çirkin ise, ölümün de kötü ve çirkin olur, onun bir suretini gösterir.

İşte bil ki ey nefsim! Ceza ve mükâfat görecek olan şu içerisinde bulunduğun bedenin değildir, çünkü o toprak olacak ve yeniden farklı bir tarzda yaratılacaktır. Fakat ruh öyle mi? Öyleyse, Ceza ve mükâfat görecek olan cismin senin ruhundur, bedenin ise o şekavetten veya mükâfattan cüzî bir lezzet alır fakat hakikatte ruh o lezzetler veya elemler içerisinde baki kalır.

Üçüncüsü: **Kalp**tir ki, senin içinde yer alan ruhunun aynası misalindeki o hissiyatın, senin istidadının ve amellerini gösteren bir tablo hükmündedir. Oraya konan noktalar ve harfler, senin kader programını teşkil eden baki, ebedî hayat programının ekranını teşkil eder. Fakat sen o ekrana baktığında bir şey göremezsin, çünkü o yazı görünmez bir hatla yazılan senin uhrevî hayat programının çekirdeğini teşkil eder. Senin amellerin bu programa göre ahirette okunur ve kalbin temiz ve yüce ise, ruhun da ona tabi olur. Kirli ve bozuk ise, yine ruhun da ona tabidir. İkisi birbirinden halî, bîhaber ve kopuk değildir. Demek ki, **Kalb Ruhun aynası, Bedenin gözü ve kulağı hükmünde bir Baki organıdır ki, onunla ya hayat bulur, dirilir veya memat bulur, ölür gider**.

İşte ey nefsim bil ki! Bu yüzden, işlediğin her günah, başlangıçta temiz olan o aynada bir iz bırakır ki, ta o nokta ve çizgiler çoğaldıkça ölüm anında o kalbi karartır. Sahibini cehenneme teslim eder. Fakat eğer, Kalp aydınlık ve nuranî ise, o cevher işlenen hayır ve hasenatla daha da parlayarak hakikî bir cennetin küçük bir sureti ve habercisi olur.

Bil ki ey nefsim! Demek ki, sen kendini daima "**benim kalbim temizdir, ibadete lüzum yok!**" diyerek boş yere avutma. Bil ki, onun temiz ve pak olması zikr-i ilâhî ile, ibadet ve marifetullah, yani hakkı lâyıkıyla bilmekle mümkün olabilir. Öyleyse, her gün kararmaya yüz tutan ve hiç temizlenmeyen bu ayna nasıl kendi kendine temiz ve pak olabilir? Öyleyse ey nefsim, sen ibadet ve taatte daima onu temiz tutmaya bak ki, boş bir kuruntu ile kendini avuttuğun o cisim kafesinin aynası, senin idam fermanının göstergesi ve işaretçisi olmasın.

Dördüncüsü: **Sır**'dır ki, insanın ahirete uzanan baki amellerinin ve uhrevî hayat programının önemli bir mücevher kutusu hükmündedir. İşte o kutu, baki olan ahiret hayatında ancak açılabilir ve içerisindeki şifreli yazılar ancak o zaman çözülebilir. Ruh ve kalp gibi, şu dünyada onu çözmeye de müsaade yoktur. İşte senin bu en derin sırrın ise, senin kader programının daha derinde yer alan ikinci bir şifresi hükmündeki içeriye açılan gizli bir kapısının veya penceresinin anahtarıdır. İşte senin şu sırrın, senin esirindir fakat başka ellere verildiğinde bu kez sen onun esiri olursun. Baki olan tazeliğini ve güzelliğini, ağaçtan yere düşen olgun bir meyve gibi, o ellere düşmekle kaybedersin. Öyleyse, temiz ve pak olan o sırr-ı evveline sırr-ı imtihan gereğince sıkı bir şekilde sarıl ki, o dala tutunmakla yerde duran aç gözlü ve günahkâr ellere düşüp, hadsiz hasaretlere ve elemlere duçar olmayasın. Baki bir hayat ağacının sümbülü, tohumu ve meyvesi hükmünde olasın.

Beşincisi: **Hafi**'dir ki, senin kader programının en ince detaylarında görünmeyen gizli nakışlar gibi işlenmiştir. Hem o gizli nakışlar, sırrın hakikatini içerdiği gibi, senin sırrının aynası hükmündedir. Nasıl ki, uzay-zaman buutlarında kâinatın üst boyutlarına çıkıldıkça, daha düşük dereceli boyutlar üst boyutların içerisinde de hologram-misal yer alıyorsa; öyle de, senin sırrın da hafi derecesinin içerisinde nakşedilmiştir. İşte şu gizli hafiyat, ahirette sümbül vermekle birlikte, onların istidatlarına göre ebedî bir lezzeti veya edebî bir elemi netice verecek şekilde, o gizli nakışlar ahiret sergilerinde açılır ve hesap, mizan, terazi masalarında herkesin görebileceği şekilde sergilenir.

İşte bil ki ey nefsim! O zaman sen de, ya bundan ebedî bir sevinç duyarsın veya ebedî bir firak, üzüntü ve ayrılışla toprağa karışan şu mahlûkat gibi yok olup gitme hissini duyarsın, gizli bir şekilde toprak olmayı arzu edersin.

Altıncısı: **Ahfa**'dır ki, o baki hayat programlarının mütedahil halkaları içerisinde en içerideki halkası olup, senin baki hayatının çekirdeğini ve hayat programını teşkil eden merkez noktasını oluşturur. Diğer unsurlar ise, o çekirdeğin etrafında neşvünema ederler ki; bedene, ruha, kalbe, sırra ve hafaya gelen her nimet, lezzet veya elem şu baki çekirdekler hükmündeki haslet-i rahmaniden gelir. İşte o hasletlerin menşeî ve kaynağı ise, kader programında nasıl yazıldıysa, ona göre bir şekil ve suret alarak, senin aynadaki görüntün-misal hayat-ı uhrevîyeni tersim ve teşkil ederek; o baki hasletlerin kaynağını gösterir.

İşte ey nefsim bil ki! Sen de aynen o çekirdek gibisin ve tohum neye tabiyse, ağacının hayat programı da ona tabi olur, ona göre şekillenir ve hayat bulur..

V. İSTASYON

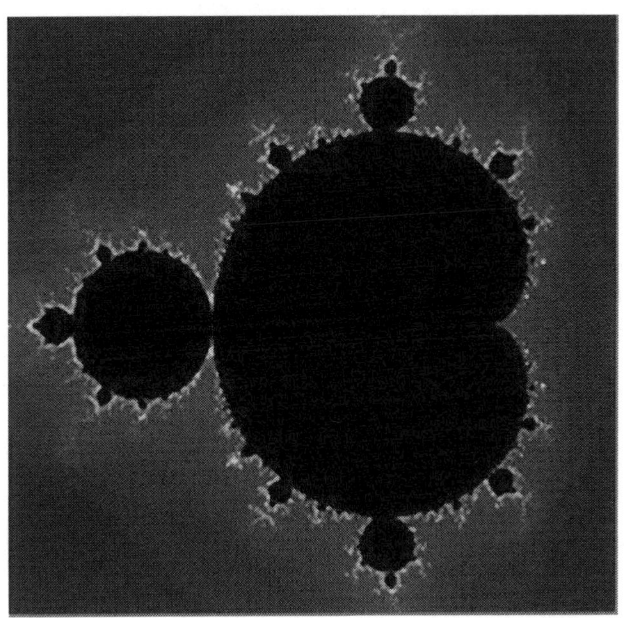

Onyedinci Yolculuk

◊ ◊ ◊ ◊

Bil ki Ey Nefsim! Senin hayat-ı dünyeviye zannettiğin şeylerin esası ve hülâsası şu üç meseledir.

17. SIR: Bütün canlar, can denizinden geldikleri, can denizini tanıdıkları, bildikleri için oraya doğru sel gibi akıp gidiyorlar da, başka tanıdıklardan, başka sevgililerden yüz çevirmişlerdir.

Yolcu: Bil ki ey nefsim! Kur'an-ı Hakim'de bildirildiğine göre, insan çok nankör olup, çoğu zaman kendisine verilen şu hadsiz nimetlere şükretmek istemez, tam aksine daha çok israf etmek ister. Halbuki, senin hayat-ı dünyevîye zannettiğin şeylerin aslı, esası ve hülâsası şu üç meseledir. Şimdi gelecek olan şu meseleleri nefsimle beraber dinle!

Birincisi: **Gıda**'dır ki, hayat-ı dünyevîyenin devam etmesi günde muntazam bir parça ekmek ve az bir parça yemekle mümkün olabiliyor. Halbuki, insan o gıdaların içerisinde en temiz ve pak olanlara sahip olduğu halde, çoğu zaman verdiği bu çeşit çeşit nimetlerden ötürü Hâlikine şükretmez. Her gün yemek yediği ve su içtiği halde, şu nimetlerin kıymetini bilmez, çoğunu israf eder, çöpe atar. Halbuki, hayvanların ekserisine bakılsa, belki insandan 100 kat daha edna yiyeceklerle beslenir. Fakat böyle olduğu halde, yine de, ubudiyet ve zikirlerine bir an bile ara vermeden devam ederler. Örneğin bak, kediler ve köpekler çöplerden beslenirler. Tırtıl ve solucanlar, toprakla beslenir. Akbaba, yırtıcı kuşlar, aslanlar ve kaplanlar çok zeki oldukları halde çoğu zaman yiyecek bulamazlar, ölmüş hayvanların leşleriyle yetinirler. Balıklar, denizdeki kum ve plânktonlarla beslenirler. Hakeza, kuşların ve böceklerin birçoğu bitkilerle beslenir. Fakat böyle olduğu halde, yaratıcılarına şekvada bulunmazlar ve kendilerine verilen rızıkla hayatlarını idame ettirerek, yaratıcısına itaat ederler, karşı gelmezler. Hem şu kısa bir ömür ile birkaç gün yaşamak için yaratılan zavallı hadsiz karınca, sinek ve böceklere bak ki, her birisinin hayatları boyunca beslendikleri rızıkların toplamı bir çay kaşığını dahi dolduracak kadar değildir. Kısa bir ömür içerisinde, acizâne yaşayıp, daha sonrada bir köşede sessizce ölüp giderler, kimseyi gürültüleriyle rahatsız etmezler. Halbuki sen öyle misin? Rızkın biraz kesilse, hemen şikâyet etmeye ve bağırıp çağırmaya başlarsın. Onlardan kat kat üstün yiyeceklere ve içeceklere sahip olduğun halde, çoğu zaman şükretmezsin ve hep daha fazlasını istersin, hep daha fazla. Halbuki ölüm öyle mi? Ölüm mutlak değil mi? İşte, ölümün soğuk yüzü sana, o nimetlerin geçici olduğunu ve şu kısa süren hayat-ı dünyevîyenin daima geçici, kararsız olduğunu ve şu verilen nimetlerin her an elinden alınacağını hatırlatır.

İşte bil ki ey nefsim! Buradan anla ki, insan hakikî bir şükürle bütün hayvanatın üzerine çıkıp onlara sultan olabildiği gibi, şükürsüzlük ve israfla onların hepsinden daha aşağı bir seviyeye de inebilir ve sükut edebilir. Halbuki, kâinatın sultanı olan Hâlik-i Zülcelâl bu konuda mealen şöyle ferman eder:

"**Biz insanı ilk başta en mükemmel şekilde, ahsen-i takvim suretinde yarattık. (Fakat nimetlerimize şükretmediği ve isyan ettiği için), Sonra onu, aşağıların en aşağısı olan Esfel-i Safilin'e çevirdik!**" Demek ki, hayat sadece rahmet-i ilâhîyeyi ve Rezzak-ı ilâhîyeyi tanımakla hakikî hayat olabiliyor ve nimetler dahi ancak bu şekilde gıda ve nimet olabiliyor.

İkincisi: **Bina**'dır ki, muntazam bir beslenme ve korunma sağlanması için, sabit bir yere inşa edilen bir barınak hayat-ı dünyevîyenin önemli bir şartıdır. Halbuki insan, bütün dünya genişliğinde bir bina yapma sahasına ve yetkinliğine sahip olduğu halde, hiç bitmeyen bir hırsla ve daimî kalacakmış gibi dünyaya bir barınak ve bina inşa etmeye çalışır. Hatta, neredeyse tüm yeryüzünün kendi mülkü olmasını ister. Halbuki şu hayvanlar öyle mi? Hayvanların bazısı kendi yuvasını sırtında taşır. Örneğin, salyangoz ve istiridye gibi. Yine birçok hayvanın barınağı uçsuz bucaksız çöller veya bir ağaç dalına çöplerden inşa edilmiş olan küçük bir yuvadır ki, buralarda gayet rahat bir şekilde meskun olurlar, hiç şikâyet etmezler. Yine büyük bir kısım hayvanın meskeni toprak veya ağaç ve bitki dalları olup, buralarda tüm ömürlerini rahat ve huzur içerisinde geçirirler. Halbuki şu insanlar öyle mi? Daima kaldığı yerden şikâyet eder ve daha büyüğünü ve konforlusunu ister. Demek ki, insan için başını sokacak küçük bir hanesi, bir odası olması yaşamak için yeterli iken, bununla yetinmez ve hep daha fazlasını ister. Fakat bundan fazlasını istemek ise, bazen şükürsüzlük neticesinde ilâhî azaba duçar olmaya sebep olur ki, eski zamanlarda yaşayıp da yeryüzünü mesken edinmeye çalışan pek çok yüksek binalar sahibi kavmin helâk edilme sebebi işte şu aşırı mal edinme sevdası ile yüksek bina yapma ve mesken edinme yarışı ve hırsıydı. Eğer isbat istiyorsan Kur'an-ı Hakim'e bak. Yüzlerce ayette mealen: "**Biz daha önceleri pek çok kavmi yeryüzünü mesken edinmek istemeleri sebebiyle helâk ettik!**" veya

"**Yüksek kuleler sahibi firavunu askerleriyle birlikte suda boğduk!**" veya "**Yüksek sütunlar sahibi İrem ve Eyke şehirlerini helâk ettik!**" veya "**Medyen ahalisini helâk ettik ki, onlar kayalardan evler yontuyorlardı!**" şeklindeki ikaz ve tehditleriyle şu hakikatin bir sırrını sana gösterecektir.

İşte ey nefsim bil ki! Bu yüzden, sade bir yaşantı ile basit bir hane hayat-ı dünyevîyenin devamı için yeterli bir barınma sebebidir. Bundan fazlasını istemek ise, insanların hızla arttığı günümüzün modern toplumunda, deprem, sel, salgın hastalık gibi âfetlerle pek çok numunesi görünen gazab-ı ilâhîyeye duçar olmaya mühim bir sebeptir.

Üçüncüsü: **Nikâh**'dır ki, hayat-ı dünyevîyenin ve neslin devamı için meşru ve helâl bir nikâh önemli bir şarttır. Tenasül, yani hem temiz bir neslin devam etmesi ve hem de hayatın ağır yükünü paylaşma hissiyle hafiflettiğinden ve ayrıca şefkat ve merhamet ile yardımlaşma hasletlerini geliştirdiğinden ve ayrıca şehvet hissini makul ölçüde tatmin ettiğinden, hayat-ı dünyeviyenin devam etmesi için canlı varlıklar için konulmuş olan ilâhî bir kanunnamedir. Fakat meşru nikâh, bu tenasül ile nesli geliştirirken ve devamını sağlarken; gayr-ı meşru tenasül o kanunu kırar ve aynı zamanda azab-ı ilâhîyeye kendini müstahak eder. Hem insan nevi hayvanlar gibi olmayıp, şehvetine had çekmediği takdirde taciz ve tecavüz gibi suçlarla toplumdaki birtakım nuranî zincirlerin ve tesis edilen adalet ve hukuk kurallarının bozulmasına neden olur. Ayrıca toplumda kin, şiddet, kıskançlık ve nefret duygularını canlandırır ki, tüm bunlar şehvetin dizginlenmediği ve meşru nikâhın yaygınlaşmadığı toplumların önemli bir hastalığı haline gelmiştir. Ayrıca, meşru nikâh topluma ve bireye temiz, gelişkin ve kapasitesi yüksek yeni nesiller kazandırma olanağı sağlarken; gayr-ı meşru yoldan devam eden tenasül, toplumun dejenerasyonuna ve ahlakî yapının çökmesine neden olarak, mücazat-ı ilâhîyeye sebep olur. Halbuki, bu ilâhî kanun hayvanlarda bile belirli zamanlarda ve şartlarda devam ederken, onlara halife olarak yaratılan insanın bu hissine mağlup olması hem büyük bir günaha ve hem de pek çok belâ ve musibetin isabet etmesine önemli bir sebeptir. İşte, bu yüzdendir ki, tarih-i kadim eski zamanlarda yaşayan kavimlerin pek çoğunun bu hissine mağlup olmuş sayısız örnekleriyle doludur. İşte şu hakikati görmek istiyorsan Kur'an-ı Hakim'e bak! Pek çok helâk edilen Lût-misal kavimler ile Sodom, Gomorra ve Pompei gibi sayısız kabir-misal şehirlerin külleri, yıkıntıları ve çukur-misal ahlakî çöküntüleriyle doludur..

Onsekizinci Yolculuk

◇ ◇ ◇ ◇

Bil ki ey nefsim! Ahiret hayatı olan hayat-ı uhrevîyenin esası ve hülâsası dahi şu üç meseledir.

18. SIR: Şemsi bilmek için şems, zühre yıldızını bilmek için zühre olmak lâzım gelir.

Yolcu: Bil ki ey nefsim! Hayat-ı uhreviyenin aslı, esası ve hülâsası şu üç meseledir. Şimdi gelecek olan şu meseleleri nefsimle beraber dinle!

Ney: Birincisi **iman**'dır ki, her varlık kendi lisan-ı haliyle şu kâinatın yaratıcısını ve tek olan Hâlik-i Zülcelâl'i bildirdiği ve onun varlığına ulaşmaya, iman etmeye bir delil olduğu gibi; onun varlığına iman etmeye götüren **üç ana yol** daha vardır. O da şunlardır:

Birincisi: **Resullullah Muhammet AS.**'dır ki, onun varlığı ve şu varlık âleminde zuhuru Allah'ın varlığının ve bu kâinatı yaratmasının en önemli sebebi ve delilidir. İşte, Cenab-ı Hak bu yüzden Hadis-i Kudsî'de ferman ediyor ki: "**Sen olmasaydın Ey Rasulum! Eflakı, kâinatı yaratmazdım!**" diyerek onun varlığının öneminde ve kendi varlığı için ne derece önemli bir delil olmasına işaret ediyor. Dolayısıyla, Resûlullah'ın varlığı, tüm kâinatın yaratılmasına kuvvetli bir sebep ve delil oluşturduğu gibi; Allah'ın var olmasına ve **bir** olmasına da işaret eden bu mevcudat âlemindeki en önemli **yegâne** –eşi bulunmaz– bir işarettir. İşte bu yüzden, Resûlullah'ın varlığı, Allah'a iman etmek için başvurulabilecek en önemli kaynak ve açıklayıcı canlı bir şahit ve bürhandır ki, onun tüm hayatına bakılsa şu hakikatin bir sureti görülecek ve en kuvvetli bir şekilde isbat edecektir.

Ney: İşte sen! Şu Arap nebîyi anladım dersin. Fakat, ben de sana derim ki, ben nasıl ki karanlık bir kuyuya atılmış garip bir ney iken, oradan çıkartıldım ve daha sonra türlü türlü insanların eline geçtiysem ve benim "ah-ü" inlemelerimden herkes kendi istidadına göre bir mana anladıysa ve hakiki manada ne söylediğimi bilemediyde; aynen öyle de, hiçbir göz de onu hakiki manasıyla görememiştir; hiçbir kulak da onu hakiki manasıyla duyamamıştır; hiçbir idrak de onu hakiki manasıyla anlayamamıştır. Eğer, bir kişi hakiki manada anlamış olsaydı, yeryüzünde hiçbir ah-ü figan, hiçbir ağlama ve hiçbir fitne kalmazdı. Şeytan da nefsin de hakikate mağlup olurdu. Dünya ise, hakiki bir cennet suretine dönerdi. Oysa, sen öyle misin? Sen hiçbir yoksulu doyurdun mu? Bir yetimin başını şefkatle okşadın mı? Bir düşküne yardım ettin mi? Bir yolsuzu giydirdin mi? Öyleyse neden hâlâ ben de onun ümmetinden deyip en önce hak iddia edersin, baş köşeye oturup hutbe, vaaz vermek istersin. İşte sen, manevî bir zaman makinesine bin ve onun yaşadığı zaman duraklarına git, bak. Kâinat nasıl da canlanıyor, huzur ve nura gark oluyor, manasını buluyor. Elbette, o zaman o üstattan aldığın tek bir dersle, gel sen bana üstat ol ve ders ver de, şu kâinatın manasını ve hedefini bildir. Elbette,

Yolcu, Evet, üstadım doğru söylersin**. İkincisi ise**: **Kur'an'**dır ki, hakikat âleminin asıl işaretçisi ve âlem-i gaybın anahtarı olan o ebedî kelâm, onun en büyük ikinci işaretçisi, varlığının haberdar edicisi ve beşer ile yaptığı bir konuşmasıdır. Dolayısıyla, o kelâm-ı kadim mahlûkatın hadsiz konuşması ve kelâmları üzerinde bir yetkinliğe sahip olan bir ayetler bütünü olup; **Muhammed AS.**'ın getirmiş olduğu en açık bir mucize ve Allah'ın varlığına ve **bir** olduğuna iman etmeye sebep olan en temel bir yasalar bütünü, kanunlar nizamnamesidir. Tüm kâinatın yaratılış plânı, rotasını bildiren haritası, amaç ve hedefini bildiren hilkat programı ve açıklayıcı mucizevi beyanıdır. İşte, **23** sene gibi bir sürede nazil olan o Furkan-ı Hakim'in tüm ayetlerine bakılsa, birer güneş gibi o hakikati **1430** senedir hiç eskimemiş ve daima yenileniyormuş gibi göstererek ilân ve isbat etmektedir. Hem yine, o hadsiz kelâmı ümmi ve okuma-yazma bilmeyen bir zattan göndermesi, elbette onun bir mucize olduğunu, insan eseri olamayacağını ve Allah katından geldiğini isbat eden açıklayıcı bir bürhandır. Hem yine, onun hangi sayfasına ve ayetine bakılsa görülecektir ki, sanki tüm kâinatı görüyormuş gibi, her bir varlıktan Allah'a giden bir yol olduğunu gösterir ki, daha önce indirilen kitap ve suhufların hiçbirisine bu özellik verilmemiştir. Demek ki, Kur'an iman-ı billahı bildiren açık bir işaretçidir ki, 1430 senedir bu davayı tüm insanlığa meydan okuyarak, en cahil kişilerden en dahi filozoflara kadar isbat ve ilân etmektedir ve kıyamete kadar da devam edecektir.

Ney, Üçüncüsü: Şu **kâinat** kitabıdır ki, gökyüzünde ve yeryüzünde bulunan şu kitabın hangi sayfasına, satırına, kelimesine ve harfine bakılsa iman-ı billaha ulaşan bir yol olduğu görülecektir. Bilhassa, şu kâinat kitabının sayfalarında hikmetle yazılan insan, hayvan ve bitki taifeleri o davayı isbat eden açıklayıcı birer bürhandırlar. Özellikle, gökcisimlerindeki hassas düzen ve denge ile canlılardaki mu'cizevi düzenlemeler ile sayısız yaratılış programları o davayı isbat eden birer kanunname, ilânname ve hikmetli birer mektup hükmündedir. Örneğin, şu kâinat kitabının bir sayfasında yazılan bir ağaca ait çekirdeğinde dercedilen hayat programı ile bir galaksinin tohumu hükmünde bulunan karadeliklerdeki yaratılış mekanizmaları dikkatle incelense, Hâlik-i Zülcelal'in yaratma sıfatına ve varlığına ilişkin kuvvetli birer delil teşkil eden sayısız örnekleriyle karşılaşırız ve daha bunun gibi onun varlığına ve **bir** olmasına şehadet ve delalet eden sayısız numunelerle karşı karşıya kalırız. Dolayısıyla, bu cihetle yaratıcının varlığına götüren yazılmış **üç kitap** vardır ki bunlar: **Resullullah Muhammet, Kur'an** ve **Kâinat** kitaplarıdır.

Yolcu: İşte ey nefsim! Sen şu üç kitabın her üçünden hangisine başvursan, hakikat-i ilâhîyeyi beyan ederek, sana iman-ı billâhı ilân ve isbat edecektir. Öyle mi?

Ney, Evet! İkincisi: **ibadet**'tir ki, senin hareketsiz ve başıboş sandığın şu kâinattaki her varlık kendi lisan-ı haliyle şu kâinatın yaratıcısı olan Hâlik-i Zülcelal'i sürekli zikreder, bir nevi ibadet eder ki; gözümüzün önündeki o varlıklardan bir kısmı müşahede edilebilirken, bundan çok daha fazlası – Meselâ, Melekler gibi– perde-i gayb altında sürekli zikrederek, rükuya ve secdeye vararak ta Arş-ı azam'a kadar uzanan silsileler halinde, Cenab-ı hakkı tesbih edip ibadet ederler. Hem, yine bil ki, şu ibadet eden varlık âlemi dahi derecesine göre ALTI kısımdır:

Birincisi: **Meleklerdir** ki, birinci kat semadan ta arşa kadar sıralanmış ve saf saf dizilmiş bir halde sürekli ibadet ederek yaratıcılarını daima zikrederler. O meleklerin çok çeşitli envaı olmakla birlikte, kimisi bir yağmur damlasına binerek vazifesini yapar, kimisi rüzgârı ve bulutları taşımakla görevlidir, kimisi ruhların ölümü esnasında canlarını alır ve yine kimisi de arşı taşımakla görevlidir. İşte, o meleklerden kimisi 70 dili, 70 bin kanadı ve 70 bin tüyüyle silkinerek Cenab-ı hakkı pek çok lisanlarla zikreder, yüzünü Kabe-misal Arşa dönerek ibadet eder. İşte, sen elbette anladın ki, böyle 70 bin dillerle tesbih edilen bir zatın kudreti ve şanı pek yücedir ve "**La ilâhe illallah!**" nidalarıyla o varlık âleminin gizli zikirleri ta yeryüzünden arşa kadar yükselerek, perde-i gayb altında Zat-ı ilâhîyeyi ve esma-ül hüsnayı tesbih edip, onun hikmetli işlerini daima gayb-misal alkışlarlar.

Vesselâm...

İkincisi: **İnsanlar**'dır ki, enbiyalardan tut evliyalara; asfiyalardan tut ta salih müminlere kadar pek çok derecelere malik olan nev-i beşer de ibadet ederek, ilk yaratıldığı günden kıyamete kadar yeryüzünün halifesi olarak Yüce Yaratıcıyı en başta zikreder. Öyle ki, nev-i beşerin en kıymetli halkası sayılan sayıları yüzbinleri bulan peygamberler ile sayıları milyonları bulan evliyalar, o halka-i zikrin başını çekerek sayıları milyarları bulan ümmetleriyle birlikte temsil ettikleri sayıları 100 milyar küsürü bulan insanlık, yeryüzünü bir mescit haline getirerek arşa kadar yükselen zikirlerin, ibadet ve taatların mümessili olmuştur. Öyle ki, onların da en büyüğü olan Hz. Muhammed AS.'ın kâinatı teşrifiyle, o zikir ve ibadetler tam manasına ulaşmış ve hilkat-i kâinatın mebde-i taayyünü onun sayesinde hedefini elde etmiş ve hilkat-i kâinat yine onun sayesinde yaratılış gayesini anlamış ve yine ona bildirilen furkan-ı hakimle bilmiştir. Evet, o öyle bir zattır ki, onun bir duası ile ay iki parçaya bölünür ve ufak bir işaretiyle koca melek orduları müminlere yardıma koşar, rahmet-i ilâhîye yağmur olup yağar. Hem bak, şu kâinatın yaratıcısı dahi onu kendi varlığının önemli bir delili ve kendi şanına bir namzet yapmış ki, onun en ufak bir duasını dahi geri çevirmez ve ahiretin kurulmasına sebebiyet verecek olan her varlığa gelen iyilik, hayır ve hasenatı onun varlığıyla daha da kıymetlendirip, her varlıktan üstün tutar. İşte, hiçbir varlığa ait ibadet ve dualar kabul edilmese bile, şu ehemmiyetli zatın hatırı için Hâlik-i Zülcelâl misafirleri olan şu varlıkların sebeb-i hilkatlerini onlara bildirecek ve ahiret hayatının kurulmasına, haşir ve kıyametin gelmesine sebebiyet verecektir. Söz vermiştir ve elbette sözünü tutacak ve o ehemmiyetli şahısla birlikte tüm nev-i beşeri yeniden dirilterek sorguya çekecek, ibadetlerinden ve diğer salih amellerinden hesap soracaktır ki, sayıları milyonları bulan tüm evliya ve asfiyanın da tasdikleriyle, o kuvvetli davanın gelip çatması onun tek bir duası ile de mümkün olabilir ve olacaktır da.! Vesselâm...

Üçüncüsü: **Cinler**'dir ki, o cinlerin her bir taifesi ta insanlıktan önceki zamanlardan kıyamete kadar, içlerinde sayıları 120'yi bulan peygamberleri ve çok kalabalık mü'min cemaatleriyle aynen insanlar gibi Allah'a ibadet ederek onu daima zikrederler.

Vesselâm...

Dördüncüsü: **Hayvanlar**'dır ki, çeşit çeşit milyarlarca türe ulaşan efradlarıyla hadsiz hayvan çeşidi de kendi lisan-ı haliyle ona ibadet ederek zikreder. Hem meselâ, kedi ve sinek gibi bazı taifelerine dikkat edilse görülecektir ki, aynen abdest alır gibi ellerini ve yüzünü yıkayarak temizlik yaptıkları görülür ki, demek ki onlar da bir nevi abdest alıp namaz kılar gibi ibadet ederler, fakat biz onların bu zikirlerini anlayamayız. Hem bak, kedinin zikirleri mır mırlarıdır ki, bunlar "**Ya rahman, ya rahim!**" nidalarıdır. İşte, arı ve sineklerin vızıltıları dahi, kuşların ötüşü gibi binbir esma-i ilâhîyeyi talim eden tesbihat ve zikirlerdir. Demek ki, buradan anlıyoruz ki, hayvanlar dahi zikir ve ibadetten geri durmazken; onlara sultan olan insanların başıboş durması, amaçsız boş yere yaratılmaları elbette düşünülemez ve hiç mümkün değildir. Öyleyse, sen de zikir ve ibadete devam et ki, tüm mahlûkatta cereyan eden şu ilâhî halka-i kübraya karşı gelme ve vazife-i ubudiyetini yerine getir, abdest al ve namazını dosdoğru kıl.

Vesselâm...

Beşincisi: **Bitkiler**'dir ki, çeşit çeşit renkte, kokuda ve ebattaki milyarlarca envaıyla hadsiz bitki çeşidi de eğilip doğrularak, gölgeleriyle birlikte tesbih ederek ibadet ederler. Hem bak, şu bitkilerin tesbihatları Kur'an'da da bildirildiği üzere, gece-gündüz sürekli devam edip gider. İşte bak, şu bitkilerin gece oksijen alıp karbondioksit vermeleriyle; gündüz karbondioksit alıp oksijen vermeleri şeklinde devam edip giden nefes alıp-vermeleri daima devam edip giden ve canlılığı temin eden bir halka-i zikirdir. Hem ayrıca, yağmur zamanında dallarını gökyüzüne doğru uzatmaları ve yapraklarını dua eden bir el-misal açmaları bir dua ve zikirdir. İşte, o ibadetlerin ve duaların bir karşılığı olarak, hiçbir yere hareket etmeden sabit duran o bitkilerin ihtiyacı olan su gökten indirilir ve "**Lebbeyk!**" diyerek avuç açıp ihtiyacını bildiren toprak altındaki köklerine ihtiyacı olan maddeler, karbon, azot, oksijen, hidrojen ve su gibi malzemeler def'aten koşturulur, gıdaları harika bir tarzda temin edilir. İşte bak, her bir bitki rahmet-i ilâhîye tarafından gayet muntazam ve mükemmel bir tarzda rızıklandırılır, ihtiyacı olan maddeler kendisine koşturulur. Hem sonra bak, şu bitkilerin yapraklarına ki, gökyüzüne uzanan dal ve budaklarıyla "**Lebbeyk!**" diyen yapraklarıyla ellerine düşen güneş ışığı ve az bir miktar oksijenle çalıştırılan nükleer yakıt fabrikalarında gıda maddeleri olan rızıkları pişirilir ve tüm o yeşil bitkilerin ellerine verilerek, yapraklarındaki klorofillerinde bulunan erzak depolarında paket paket şekerler ve nişastalar halinde depolanır. İşte bak, şu klorofilin içerisinde bulunan kloroplast hücrelerine ki, her biri güneş pili-misal şarz edilerek, takloid hücrelerinde depo edilen glikoz moleküllerini nice aşamalardan, nice eleklerden, nice tezgâhlardan geçirilerek itina ile üretir. İşte bak, az bir miktar güneş ışığıyla tonlarca erzak üreten bu şeker fabrikaları, elbette onların yaratıcısı olan bir zatın mucizevi sanat eserleri olduklarını gösterirler, onun varlığına ve bir olması gerektiğine yeşil parmaklarıyla işaret ederler. Öyle ki, eğer o gıda paketlerini kendimiz üretmeye kalksaydık, tüm hayvanlar ve insanlar birleşse bunu başaramayacak ve hepsi açlıktan kırılacaklardı. Çünkü, hayat-ı dünyeviyenin başlangıcı ve temeli bu yeşil klorofil hücrelerinde gerçekleşen güneş ışınlarının o moleküllerden elektron koparak, nükleer bir yakıt fabrikası misali, glikoz molekülünün sentezlenmesiyle başlar. Dolayısıyla, tüm hayvanlar ve insanlar da bitkilerden beslendiği için, beslenme zinciri sürekli bu şekildeki bir çevrim sayesinde devam ettirilebilir. Yoksa, evrimcilerin iddia ettiği gibi, her varlık kendi kendini türetseydi, ta dünyada ortaya çıkan ilk canlının da şu molekülleri üretmesi gerekirdi. Halbuki hiçbir hayvan kendi besinini kendisi üretemez, mutlaka bitkilerden besin almak zorundadır. Öyleyse, şu evrimci görüş daha ilk baştan yıkılmıştır, batıldır. İşte, demek ki buradan anla ki, o halka-i zikir bir an kesilse veya bir noktada kopsa, yeryüzündeki tüm canlılık sona ererdi ve yiyecek tek bir lokma dahi bulamazdık. İşte, şu hikmet-i ilâhîyeden bitkilerin vazifesini ve ubudiyetlerinin önemini anla ve Allah'a şükret "**elhamdulillah!**" de. Vesselâm...

Altıncısı: Cansız maddeler'dir ki, taşlar ve madenler gibi camid cisimlerle hava ve esir gibi gaz halindeki cansız moleküller birtakım önemli vazifeleri yerine getirmek için yaratılmışlardır ve onlar da tüm zerreleriyle, dağılıp toplanarak, sıkışıp açılarak veya ışık, elektrik, ısı ve manyetizma gibi unsurları iletmekle görevli vazifedar memurlar olup, her birisi kendi lisan-ı haliyle yaratıcısını zikrederek ibadet eder. Hem, şu esir ve havanın molekülleri öyle bir tarzda düzenlenmiş ki, her bir parçası sanki tüm kâinatı ve ihtiyacı olan maddelerin dualarını işitir ve yanıt verir bir tarzda o dualara cevap vererek, Hâlik-i Zülcelâl'in kendisine takmış olduğu vazife-i ubudiyeti yetine getirir "**Sübhanallah!**" der.

Vesselâm...

ÜÇÜNCÜSÜ: **Şeriat**'dır ki, ilâhî kanunlar manzumesi olan o kurallar bütün hayat-ı içtimaiyeyi düzenleyip temelini oluşturduğu gibi; hayat-ı uhreviyeyi dahi teşkil ederek, tüm kâinatta cereyan eden hikmet-i ilâhîyenin kudret kalemiyle yazılan defter ve kayıtları hükmündeki esasat-ı diniyesini bildirir. Evet, Hâlik-i Zülcelâl her bir nevi varlık için hususi bir şeriat ve kanunlar nizamnamesi düzenlemiştir ki, o kanunlar o mahlûklar hakkındaki şer'i hükümleri içeren yasalar bütününü oluşturur. İşte bak, insanlar peygamberlerin getirmiş olduğu şu birbirinden değişik şeriatlarla amellerini ve ibadet şekillerini düzenledikleri gibi, bitki, hayvan ve melek taifeleri dahi, kendilerine bildirilen birtakım ilâhî şeriat kanunlarının dışına çıkmazlar ve mütemadiyen bu kanunlar çerçevesinde hiç isyan etmeden çalıştırılırlar. Durum böyle iken, sen zanneder misin ki, ben o kanunlardan muaf tutulacağım ve hiç kanunsuz başıboş bırakılacağım. İşte bak, bir balarısı dahi kendisine bildirilen şeriat çerçevesinde harika bir gıda olan şekerli erzak paketlerini mütemadiyen imal eder, topyekun bir halde hiç durmadan çalışarak o kanunların bildirdiği vazifeleri yerine getirir. Veya şu kertenkeleye ve kelebeğe bak ki, rengarenk giyinmiş elbiseleriyle baharın gelmesiyle birlikte, o kanunlar çerçevesinde yeryüzünde dolaşıp kendisine ait vazifeleri yerine getirirler. Hem bak, insanlara peygamberler aracılığıyla bildirilen şu şeriat kanunları, o kadar mühim kurallar içerir ki, o kanunların kırılması bir başıboşluğa, serkeşliğe ve vurdumduymazlığa sebebiyet vererek, hayat-ı içtimaiyeyi altüst eder. Nerede kaldı ki, bundan bin kat daha ehemmiyetli olan hayat-ı uhreviyenin bozulması ve harab olması mümkün olmasın. Hem bak, şu şeriat kanunları öyle bir tarzda düzenlenmiş ki, en küçük bir şeyin hakkını ve adaletini savunup, en güçlünün elinden onu çekip alır. Adaleti tam teslim eder ki, beşeriyet ne zaman o kanunlara sıkı sıkı yapışsa terakki eder, gelişir ve ne zaman da terketse cehalet ve sefalete sürüklenerek helak olur. Fakat bil ki, **aşk-ı ilâhî**'nin şeriatı yoktur, o evrenseldir ki, bazen kırık bir kalpte, virane bir hanede de bulunur.

Vesselâm...

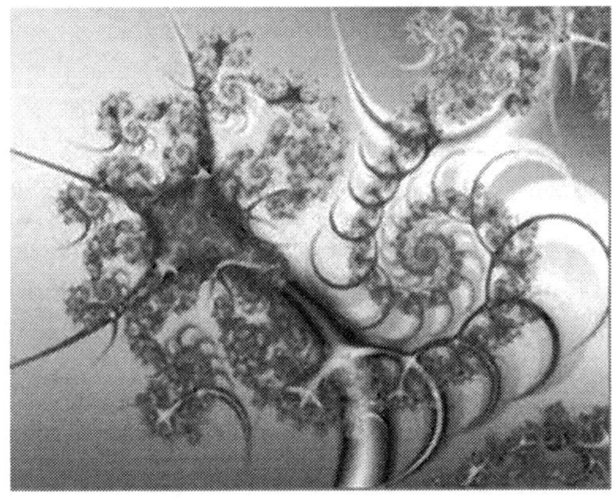

Ondokuzuncu Yolculuk

◊ ◊ ◊ ◊

Bil ki ey nefsim! Senin sabit zannettiğin hayat-ı dünyevîye şu üç cihette daima yıkılmaya ve harap olmaya muntazırdır.

19. SIR: Aşk ile buluşma zamanı yakınlaştı, bu sebeple kendine çekidüzen ver, buluşma günü için güzelleş!

Ney: Bil ki ey nefsim! Senin sabit zannettiğin hayat-ı dünyevîye şu üç cihette daima yıkılmaya ve harap olmaya muntazırdır:

Birincisi: Geçmiş zamanda yaşamış olan ehl-i dünyanın kabir altında devam eden yaşayışları ve hayat-ı uhrevîyeleridir ki, tüm ölmüş ruhlar adedince bu davayı sana isbat eder ve ölümün ve kabrin soğuk yüzünü sana daima gösterir ve toprağın bağrındaki yatan hadsiz kabir-misal cesetleriyle sana daima şu hakikati hatırlatır. İşte bak, tüm o ölmüş olan akrabalarının veya çok eski zamanlarda hükmeden zengin kralların seslerini işitebiliyor musun? Onlardan herhangi bir haber alabiliyor musun? İşte, o ölmüş olan sayısız ervah, senin kalp ve ruhunu daima titreterek ölümü hatırlatır. Kalbine ve ruhuna gelen bu elim acılar ve ölüm firakı daima seni huzursuz eder ve yıkılmaya, harap olmaya yüz tutmuş olan senin hakiki dünyanın asıl hakikatini, gerçek yüzünü gösterir ve kahkahaları ve şamatalarıyla gülüp geçirdiğin o ömr-ü hayatının bir gün mutlaka nihayet bulacağını daima sana hatırlatarak, belki gülmek ve eğlenmek yerine ağlamak ve feryad etmek gerektiğini sana ihtar eder. Hem sen, hayvan gibi hissiyatsız ve geçmiş olan elem ve üzüntülerin firakından bir derece kurtulacak mahiyette de yaratılmadığın ve sahip olduğun akıl ve vicdandan dolayı vefat edip giden bir arkadaşının firakından nihayetsiz elemler duyduğun gibi, şu hayat-ı dünyeviyenin de geçici olduğunu ve baki olarak kalınacak bir mekan olmadığını elbette anladın. Öyleyse, daima ölüme hazırlan ve yarın ölecekmiş gibi ibadetini yap ki, ansızın gelen o ebedi firak karşısında çaresiz ve aciz kalmayasın.

İkincisi: **Şimdiki** hazır zamanda yaşayan şu medeniyet ve insanlardır ki, senin canlı ve hayattar olarak tevehhüm ettiğin o ayakta gezen mahlûklar, ölüme birinci derecede aday olan vücut bulmuş ruhaniler misalidir. Onlar da, ecel ve mevt ile birlikte gelen idam fermanlarıyla birlikte daima ölüme muntazırdır. Hem sen, zannetme ki, daima vefat edip gidenler hep başkaları olacak. Bilakis, en başta sen kendin de o ölüm adaylarından birisisin. Meselâ, 50 sene sonrasını farzet, o hayatta bulunan samimi arkadaşların ve akrabalarından kaç tanesi hayatta kalacak? % 80-90'ı ölmüş ve kabir altına girmiş olacak, geriye kalan % 10-20'si ise yaşlanmış, beli bükülmüş ihtiyar ve ihtiyareler olarak ağırlaşan hayat-ı dünyeviye ve istenmeyen bakışlar altında daima ıstırab çekecekler, bu şekilde muzdarib olmaktansa daima ölümü isteyecek bir hale gelecekler. Ancak, yüz kişiden belki bir-iki tanesi mesut ve bahtiyar olarak hayatını sürdürür ki, o da zaman zaman isabet eden hastalık ve musibetlerle hiçe iner, sükut eder. Demek ki, buradan anlaşılıyor ki, şu dünya hayatı geçici bir beyderdir, bir harman yeri veya ekilecek bir tarladır. Asıl mahsul alınacak ve varılacak mahzen olan Ahiret yurdu ise, esas gaye-i hayat ve tahsili için çalışılacak esas maksat olması gerekir. Yoksa, şu daima fırtınalı ve musibetlerle her an gelebilecek ölüm fermanıyla imzalanan şu hayat-ı dünyevîye tezkeresine güvenip, fırtınalı bir günde denize düştüğün anda yılana sarılır gibi sıkı sıkıya ona sarılmaya çalışmak kâr-ı akıl değil, akılsızlıktır, ahmaklıktır.

Hem bu mesele, şuna benzer ki, bir kafile yolculuk için uzak bir diyara gitmek üzere yola çıkmıştır. Bu sırada sen de, yoldaki konaklama yerlerinde, durak ve istasyonlarda mola verirken, yolcular otobüslere indirilip-bindirilirken ve yol devam edip gittiği bir sırada o durak ve konaklama yerlerinde oyalanıp, sanki o konaklama yeri olan menzilde daimî kalacakmış gibi zannedersin ki, şu şekilde hareket etmen o ıssız çöllerde, dağ başlarında yalnız kalıp, helak olmana sebep olur. Hem o kervandan da ayrılırsın ki, sonra sana kimse sahip çıkıp, yol göstermez, yaya olarak yolda kalırsın. Öyleyse, geçici olan şu hayat-ı dünyevîyeye güvenip, daima burada kalacakmışsın gibi ona sarılma, bir yolcu gibi hareket et ki, ahirete giden o kervandan ayrılıp boş yere ömrünü heder etme, faydalı ve ahirete yarayacak olan işlerde kullan. Hem yine bir cihette, devam eden ve sürekli rotası yenilenen şu yolculuk, senin bedeninde de devam etmektedir ki, her sene iki defa yenilenen o can kafesi kafileleri ve ebedi âleme giden yolcular misali olan senin bedenindeki yenilenen her bir hücren, yine cismani olan şu hayat-ı dünyevîyenin sürekli yeni yeni inkılaplarla, değişimlerle ve yenilenmekle devamlı ve baki olmayıp; bilâkis geçici, kararsız ve sonlu olduğunu daima gösterir. Çünkü, sürekli değişen, yıkılıp yapılan ve yolcuların sürekli uğrayıp, konaklayıp gittikleri bir han sürekli va daimi kalacak bir yer olamaz. İşte, senin şu hücrelerinden meydana gelen taşlardan inşa edilen şu duvarlardan ibaret olan kendi binan ve hanın olan şu bedenin de, daima bozulup, değişmeye ve yaşlanmaya ve nihayetinde daima ölüme doğru gitmeye meyyal ve muntazırdır.

Üçüncüsü: **Gelecek** zamanda yaşayacak olan şu medeniyetler ve insanlardır ki, henüz daha hayat meydanına çıkmamış olan şu mahlûklar da mutlak ölüme ve kıyamete adaydır, ona muntazırdır. Üstelik o nesiller, zamanın iyice hızlandığı ve şartların ağırlaştığı o devirlerde, belki bizden daha çok ölüme ve kıyamete muntazırdır. Çünkü, büyük ölüm ve mevte demek olan kıyamet, her geçen gün yaklaşmaktadır ve senin sabit ve daima devam edeceğini tecehhüm ettiğin hayat-ı dünyevîyenin bekasına ilişkin fikrine büyük bir darbe vurur, o fikri hiçe indirip, felsefeyi ve ehl-i hikmeti susturur. Hem sen, ben ölüp gittikten sonra hayat-ı dünyevîye bitse bana ne! Bitmese bana ne! deme. Çünkü, senin hayat-ı uhrevîyeye uzanan bütün emellerin, baki semerelerin hükmündeki amellerinin meyveleri, o kıyamet ve haşir bahçesinde asılı duran ağaçların dallarına takılmıştır. Eğer kıyamet gelmese, senin tüm emellerinin menbası olan ahiret hayatı, cennet ve cehennem durakları dahi gelmez ki, hiçbir şekilde bu mümkün değildir. Hem, şu koca dünyayı, o ahirete giden hadsiz uzun yolculuk üzerinde bir ufak bir han gibi inşa eden Sani-i Zülcelâl, o yolcularının sevkedilmesine engel olan yolun ortasında duran bir taş varsa elbette kaldıracak ve ahirete giden şu misafirlerinin bindiği aracını, otobüsünü elbette yoluna devam ettirerek, ahireti getirecektir. İşte, sence henüz varlığı olmayan, madum olan o gelecek nesillerin ve mevsimlerin, hiç durmadan daima akıp giden şu zaman selinde gelmemesi hiç mümkün müdür? Hem, o nesillerin ve o mevsimlerin de bir nihayeti demek olan kıyamet ve haşrin hiç gelmemesi ve başlangıcı olan bir şeyin son bulmaması mümkün müdür? Elbette mümkün değildir ve elbette gelecektir.

Vesselâm...

Yirminci Yolculuk

Bil ki Ey Nefsim! Senin basit zannettiğin şu kâinatta cereyan eden hadiseler içerisinde pek çok garip işler döndürülmekte ve pek çok yüksek sanat harikası tanzim edilmektedir. Şimdi bunlardan numune olarak altısını zikredeceğiz.

20. SIR: Bizim ölümümüz, her ne kadar sana matem görünse de, aslında, hakla buluşma vakti olduğu için, bizim en neşeli, en mutlu zamanımızdır.

Ney: Bil ki ey nefsim! Senin basit zannettiğin şu kâinatta cereyan eden hadiseler içerisinde pek çok garip işler döndürülmekte ve pek çok yüksek sanat harikası tanzim edilmektedir. Şimdi bunlardan numune olarak ALTI'sını zikredeceğiz:

Birincisi: Kararsız ve gayet fırtınalı görünen şu mevcudat silsileleri, kâinat üzerine çekilmiş olan öyle gaybi ve sık dokulu, tenteneli bir örtüdür ki, o örtünün altındaki gizli bir el tarafından pek çok harika ve mucizevi işler döndürülmektedir. Meselâ, senin şu gözünün içerisindeki renkleri ve görüntüleri ayırt eden fotoğraf makinaları ve video kameraları yerleştirilmiş ki, saniyede milyarlarca kez kayıt alırlar. Bu kayıtları hafızalarda, hard disklerde ve "*CD*" misal kayıt cihazlarında saklayarak beyne gönderirler. İşte, şu acayip faaliyeti küçük bir oda hükmündeki bir göz yuvarlağında gerçekleştiren zatın, elbette tüm kâinata da hakim olması lazım gelir. Hem meselâ, o kayıt yapan hücreler öyle bir tarzda çalışıyor ki, gözün retinasına çarpan ışığın yedi rengini ayrıştırarak, her birisi farklı bir biyokimyasal tepkimeye eşlik eden nice karmaşık reaksiyonlardan sonra ancak bir görüntü işareti kodlanarak beyne ulaştırılır. Hem de renkli ve üç boyutlu olarak cisimleri görürsün. Oysa ki, hayvanlar öyle mi? Birçoğu, meselâ böcekler gibi sadece cisimlerin siyah-beyaz görüntülerini veya gölgelerini görürler. Senin gibi şu mükemmel işleyen görme yeteneğinden mahrumdurlar. İşte meselâ bak, şu hamam böceğine ki, bir cismi sadece yaklaştığı anda gölgesinden fark eder ve ancak o zaman kaçmaya başlar. Halbuki sen öyle misin? Tüm kâinatı görebilecek en gelişmiş bir göze sahipsin.

İkincisi: Şu kararsız ve geçici kâinatta öyle büyük cisimler vardır ki, nihayetinde çok küçük bir nokta tarafından yutulmaya mahkum olur. Meselâ, şu dev galâksileri bir hamlede yutan karadelikler bu misale iyi birer örnektir. Bir karadelik, hayat yolculuğuna ay büyüklüğünde sıkışmış bir gaz kütlesiyle başlar ve kütlelesi arttıkça gitgide ufalarak nihayetinde öyle küçük bir hacim içerisine sıkışır ki, toplu iğnenin başı kadar bir kütle güneş büyüklüğünde milyarlarca yıldızın ağırlığına eşit olur. Bir karadelik kendisinden trilyonlarca kat büyük yıldız ve galâksileri, öyle bir tarzda içerisine çeker ve komprime bir hulâsa gibi sıkıştırarak hapseder ki, o dev gibi küreler nihayetinde bir ceviz büyüklüğüne kadar ufaltılarak yutulur. İşte, şu garip ve hikmetli semavî hadiseden ibretli bir ders al ki, senin dağ gibi büyümüş ve firavunlaşmış olan nefsinin küçük bir isyan ve günah noktası tarafından yutulup yok edilmesi, cehennem karadeliğine mahkûm edilmesi daima mümkündür ve sen daima ölüm firakına muntazır bir biçareden başkası değilsin. Öyleyse, Rabbini tanı ve ona hakkıyla kulluk et ki, nefsinin ayıplarını ve kusurlarını görebilesin ve o seni sıkıştırıp, ufaltmadan sen tazarru ve niyaz ile onun karşısında eğilesin ve kulluğunun gereğini yerine getirerek, sadece bir mahlûk olduğunu bilesin. Bunun için Veysel Karani buyurmuştur ki: "**Ya ilâhî! Sen yaratıcısın ben mahlûk. Sen rızık verensin bense**

rızıklanan. Sen güçlüsün bense aciz. Sen âlimsin bense cahil..." şeklinde daha sen pek çok hadsiz zayıflıklarını şu sözlere kıyas et. Hem sen, zannetme ki bu dünyada ebedî kalacağım. Bak şu sema ehlinen en büyüklerine, nasıl da o cesametleri kırılıp küçük bir nokta haline geliyorlar. Demek ki, şu kâinatta onun karşısında acziyetini ve nihayetsiz zaafiyetini bildirmeyen hiçbir mahlûk yoktur. Yalnızca, inkârda direten inatçı firavunlaşmış nefisler kendilerine bir rububiyyet (ilâhlık) verirler ki, işte bak onların sonu da nasıl nihayet buluyor ve dipsiz çukurlara hapsedilmiş, gömülmüş, harabeye dönmüş Lût Kavmi misal karadelik-misal derin çukurlara, ibretli birer mezarlara sükut ettirilerek hapsediliyor, nihayetsiz derecede ufaltılıp alçaltılıyor ve tarih sahnesinden günümüze kadar ulaşan birer ibret vesikası teşkil ediyor. İşte bunun gibi, daha pek çok numuneleriyle nice eski kavimlerin başlarına gelenler Kur'an bahrinde zikredilerek, tarih sayfasından günümüze ulaşan birer ibret tablosu olarak müşahede ediliyor.

Üçüncüsü: Bununla beraber, şu kâinat içerisinde nihayetsiz bir Kerem sahibinin sanatlı ve hikmetli pek çok işleri de pek çok cihetlerle kendini gösteriyor, onun yüksek sanatını ilân ediyor. İşte bak, o hikmet ve kerem sahibinin bir kısım mahlûkatına ki, taş gibi yekpare katı bir cismin içerisinde ve ta denizin en dip köşelerinde olmasına rağmen, rızkı mütemadiyen kendisine yetiştiriliyor, hiç aksattırılmıyor. İşte, Rahman isminin elinin yetiştiği o rahmet denizinin o nihayetsiz uzak köşelerindeki bilinmeyen varlıklar, şu hikmet-i ilâhîye sayesinde muntazam ve mükemmel bir hayat yaşarlar. İşte bak, deniz dibindeki bir kısım balık ve yengeçlere ki, bazılarına rızkını görmesi için birer gece feneri hükmündeki lâmbalar takılmış, onunla etrafını aydınlatır ve rızkını görür. Hem, diğer bir kısım canlılara bak ki, o denizin dibinde oksijen çok az ve yetersiz olduğu için kükürt ve sülfürle beslenirler fakat yine de ihtiyaçları olan gıdalarını tam olarak alırlar, mükemmel bir tarzda yaşayıp giderler. Hem, diğer bir kısmına bak ki, öyle bir yüzgeç takılmış ki avını yakalamak için süretle hareket eder veya düşmanından hızla kaçar. Hem bak, kimisine de öyle zehirli oklar ve iğneler takılmış ki avını veya düşmanını radar misalî görür ve bir keskin nişancı veya usta bir asker gibi okunu saplayarak felç eder. Hem yine diğer bir kısmına bak ki, düşmanından kaçmak için renk değiştirir ve bukalemun-misal bulunduğu zeminin rengini alarak, çok iyi bir eğitim almış komando-misal kamufle olur, gizlenir. Hem yine diğer bir kısmına bak ki, bir balık olduğu halde düşmanını gördüğünde sırt üstü yatar, bitki ve taş gibi ölü taklidi yaparak ondan kurtulur. Hem yine diğer bir kısım canlılara bak ki, besin sağlamak ve düşmanından korunmak için kendinden daha kuvvetli canlıların sırtında yaşar, hem onlara hizmet eder ve hem de kendi rızkını temin eder. İşte, şu nihayetsiz sayıdaki rahmet ve şefkat örnekleri, canlı mahlûklar arasında hükmeden rahmet-i ilâhîyenin sonsuz denizinden birkaç küçük katredir, onun sureti ve timsalini gösteren ibretli birer numunedir. Şu hayat ve yaşayış kanunları öyle bir tarzda en nihayetsiz köşelere kadar öyle bir şekilde yerleştirilmiş ki, o ilâhî kanunlar bütününün idaresiyle en küçük bir mahluğun rızkı bile unutulmaz, geciktirilmez, daima temin edilir ve o da Hâlikine şükreder. İşte, durum böyle olduğu halde, ey nefsim sen zanneder misin ki, tüm bu rızıklar emrine amade olduğu halde, hiç hesaba ve sorguya çekilmeyeceksin ve şu hadsiz nimetlerden tam olarak istifade ettikten sonra o nimetlerin hakiki sahibini hakkıyla tanımayacaksın. Elbette ki, hayır ve olamaz.

Dördüncüsü: Şu kâinatta gözle görülmeyen öyle ibretli kuyular ve hapishaneler vardır ki, eğer onlardan birinin içerisine girersen kurtulamazsın, ölüp gidersin. İşte senin kuvvetli sandığın cismin ve kudretin bu kadar aciz ve zayıftır. Halbuki sen kendini güçlü sanırsın. İşte, onlardan birkaç tanesini zikredelim. Meselâ sen, 10 metre yüksekliğindeki bir su kuyusuna düşmüş olsan ve etrafta tutunacak bir ip veya yardım edecek kimse olmasa o kuyudan çıkamazsın ve kısa süre içerisinde ölüp gidersin. Hem meselâ, sen yerin altına giden ucu kapalı bir mağaraya veya çıkışı olmayan bir tünele girsen, yolunu kaybedersin ve o mağaradan çıkamayıp kısa süre içerisinde ölüp gidesin. Hem meselâ, bir çölde tek başına yol alırken seni küçük bir akrep veya zehirli bir yılan soksa o geniş sahrada kimse yardımına yetişmeden birkaç saat içerisinde ölüp gidersin. Hem meselâ, yüzme bilmesen ve 3 metre derinliğindeki küçük bir havuza girsen o havuzda boğulabilirsin ve 15-20 dakika içerisinde ölüp gidersin. Hem yine, senin ciğerine veya midene küçük bir mikrop yapışsa ve vücudun onu def edemese birkaç ay içerisinde ölüp gidebilirsin. Hem meselâ, senin o kuvvetli sandığın cismin ve vücudun ufak bir bıçak yarası veya küçük bir kurşun ile delindiği zaman vücudun kendisini toparlayamasa ve kanamasını durduramasa iç kanamasından birkaç saat içerisinde ölüp gidersin. Hem yine, sen küçük bir hücrede birkaç hafta aç ve susuz bırakılsan, vücudun direncini kaybedip enfeksiyon kapar ve kısa sürede ölüp gidersin.

İşte ey nefsim! Sen şu hadsiz ölüm ve firak tuzaklarına daima muntazırsın ve o ölüm fermanıyla her an karşılaşmaya aday zayıf bir canlı mahlûksun. Halbuki yaşamak öyle mi? Vücudunun yaşaması ve hayatını devam ettirebilmesi için bundan çok daha fazla şarta bağlı iken; senin ölümün ve vücudunun harap olması çok küçük tek bir emare ile gayet kolay mümkün olabiliyor.

Öyleyse, sen bil ki! Yaşamdan çok ölüme ve mevte daha çok yakınsın ve şu noktadaki aczin ve fakrın yaşamaya olan ihtiyacından çok daha fazladır. Çünkü, yaşadığın sürece rızkın teminat altındadır, hiç aksatılmaz. Fakat küçük bir emarenin iptal edilmesiyle senin ölümün gayet kolay bir şekilde mümkün olabiliyor. Hem şu ölüm dahi, hayatın ne kadar kıymetli bir sanat eseri olduğunu hatırlatır ki, bak o mucizevi hayatın devam etmesi için ne kadar çok şart bir arada bulunması gerekiyor ve onlardan sadece çok değil, bir tanesinin iptal edilmesiyle bak nasıl da hayat ve canlılık sona erebiliyor. Demek ki, yaşadığımız ve soluk alıp-verdiğimiz her nefeste daima yaratıcıya şükretmeliyiz ki, hastalıklar ve musibetlerle aksayan o hayatiyet, muntazam ve sağlık içerisinde gidebilsin ve Hâlik-i Zülcelâl'e şükrederek kıymetini arttırsın.

Beşincisi: Şu kâinatta dercedilmiş olan öyle antika sanat eserleri vardır ki, bin tane Mimar Sinan veya bin tane Leonardo da Vinci bir araya gelse yine de o sanat eserini teşkil edemez. İşte bak, şu küçücük arının inşa ettiği bal peteklerine ki, kusursuz bir geometrik yapıya sahip olan o gözeneklerin her birisi ustalıkla ve maharetle inşa ediliyor. Altıgen hücrelerden teşkil edilen şu müthiş sanat harikası, bak nasıl da mükemmel bir mimari yapı gibi görenleri hayran bırakıyor. Oysa ki, o arının inşaat malzemesi basit bir hammadde olan balmumundan başkası değil. İşte o arı, o balmumuyla kendinden beklenmeyecek derecedeki kat kat fazla bilgi ve maharet isteyen bir sanat eserini, yaratıcısının verdiği ilâhî ilham ve aşkla mükemmel bir tarzda inşa ediyor.

İşte bak! Tüm medeniyet onca ilerlemiş seviyesine rağmen, o peteklerin tek bir gözeneğini bile yapması, inşa etmesi mümkün değildir. Hakeza, bilim adamlarının benzer şekilde 200 yıldır biyokimyada rastladığımız altıgen köşeli canlılığın temel taşı olan tek bir benzen molekülünü dahi sentezleyememeleri şu acziyetin bir başka göstergesidir. Hem şu ufacık karıncaya bak ki, kendi ağırlığının 20-30 katı büyüklüğündeki ağırlıkları, dünyanın en güçlü haltercisi veya vinç makinesi misali kaldırıyor, yuvasına taşıyıp kışın yiyeceğini temin edecek olan ambar ve stok depolarını inşa ediyor. İşte, şu yük taşıma ve depo inşa etme sanatını şu küçücük karıncaya kim öğretmiştir? Yoksa şu işi, olgun bir insana ancak uzun eğitimler sonucu, sadece bir kısmını yaptırabilirdik. Demek ki, her şeye gücü yeten bir zat vardır ki, şu arı ve karıncaya bu yuva ve stok ambarları inşa etme sanatını öğreten dahi odur. Halbuki, biliyoruz ki bir insanın basit bir işi yapabilmesi için 6-7 yaşına gelmesi ve öğrenerek organize bir işi yapabilmesi ise, ancak 15-20 seneden sonra mümkün olabilmektedir. Demek ki, yumurtadan çıkar çıkmaz birkaç hafta içinde onlara bu sanatı öğreten zatın her şeyi sonsuz ilmiyle bilen bir muallim olması gerekir.

Hem şu ipekböceğine bak ki, metre metre kumaşları, patiskaları basit bir koza halindeki iplikten, ağzındaki bir sıvıyla karıştırdığı dut yaprakları özütünden nasıl da terzimisal dikiyor, bir tekstil fabrikası misali mensucatını dokuyor. İşte, basit bir böceğin dokuduğu şu kumaşları ve iplikleri en ileri konfeksiyon makinesi üretemiyor ve onun sanatına yetişmekte aciz kalıyor. Halbuki, o ipek böceği o yüksek sanat eserlerini usta bir terzi gibi gayet kolaylıkla dokuyor, elimize hazır olarak veriyor. İşte, şu böceğe şu yüksek sanat eserlerini dokutturan zatın nihayetsiz bir ilme ve terzilik sanatına sahip olması lâzım gelir ki, şu basit böceğe kozasından çıktığı anda bu sanatı öğretebilsin.

Hem sonra, şu sivrisineğe bak ki, en ileri teknolojiye sahip bir sondaj makinesinin yapamadığı bir işi yapıyor ve sert olan deriye hortumunu saplayarak emdiği kanı nasıl da şırınga-misal çekiyor. İşte, şu sanatı şu sineğe yaptırabilmek için, faraza o sinek bir insan olsaydı ancak çok uzun uğraşlar ve eğitimlerden sonra yaptırabilirdik. Üstelik, o sivrisinek öyle bir tarzda hedefine doğru yaklaşıp manevralar yaparak inip-kalkıyor ki, en gelişmiş uçak ve helikopterler dahi onun şu manevralarını taklit etmekte aciz kalıyor. Hem bak, içtiği kanı iyice emdikten sonra, nasıl da hızla uzaklaşıyor ve kuvvetli bir radar misali gözleriyle ve antenleriyle yakalanmadan kaçıyor. İşte, şu çok kuvvetli askerlik stratejilerini şu küçücük sineğe kim vermiştir. Elbette, ona bu ilmi ve sanatı öğreten zatın, tüm kâinatı da idaresi altında tutan ve sonsuz ilmiyle her şeyi bilen bir zat olması lazım gelir.

Altıncısı: Şu kararsız, fırtınalı ve daima akıp giden şu kâinat ve zaman seli içerisinde, her bir varlık kendi istidadına göre kısa bir an gözünü açıp daha sonra da kapatarak veda edip gitmektedir. Peki, insanın vicdanına dokunan ve "**Yazık değil mi bu zavallı yaratıklara ki, hiçbir gün görmeden bu kısa süre içerisinde var olup, daha sonra da acımasızca idam edilerek yok olup gitmektedirler!**" diye aklına bir soru getirten bu hal, niçin bu şekilde sürüp gitmektedir? Evet, her bir varlık şu dünya ve kâinat misafirhanesinde çok az bir süre göz açıp kapar ve daha sonra da hiçbir ses ve seda bırakmadan sessizce veda edip gider. Evet, ölüm anı sessizdir ve her varlık yapayalnızdır o anda, çaresizdir. Fakat şu yaratılış seli, kendi varlığının dışında mühim bir hakikati de isbat ediyor. O da şudur ki: Her bir varlık kendi lisan-ı haliyle yaşadığı şu kısa ömür içerisinde şu kâinat misafirhanesinden birer kare fotoğraf çeker, herkes kendince bir kayıt alır ve daha sonra da kendi nevinin devamı olan gelecek nesillere o hatıraları ibret nazarıyla bırakarak çekip gider. Oysa ki, daha önce de değinmiştik, her bir varlık kendi vücuduyla kendisini bildirdiği gibi, ondan çok daha fazla önemli neticelere bakan, yani Sani-i Zülcelâl'in varlığına ve yaratma sanatına işaret eden pek çok delilleri de ardında bırakarak çekip gider.

İşte, zat-ı zülcelal ise kendi varlığını, ancak bu şekilde sonsuz bir kudret şeklinde yaratmış olduğu şu hadsiz varlık denizinin yüzünde göstererek seyreder ve müdakkik gözlemcilerine dahi seyrettirir ve bundan sonsuz bir lezzet alır. Çünkü, varlığın vücudu ve göstergesi varlık iledir, yani yaratma ile zuhur eder, şenlenir ve hayat bulur. Demek ki, hayattar ve baki bir yaratıcı kendi varlığını bildirmek ve sonsuz sanatını göstermek için bu hadsiz yaratıkları vücut sahasına çıkarmaktadır. Dolayısıyla, onların yaratılmaları ve bizce malum olmayan bazı sebeplerden ötürü, bize işkence çekiyorlar gibi gelmeleri hakikatte doğru değildir ve vücut sahasına çıkartılmalarıyla Sani-i Zülcelâl pek çok cihetlerle isbat ve ilân ettikleri, sonsuz kudretini ve ilmini kendi üzerlerinde gösterdikleri için elbette bu kadar çok çeşitlilikte ve çok sayıda yaratılmaları o kudretin şanına münafi bir durum değildir. Tam aksine, ne kadar yüce ve aklın alamayacağı kadar mahir bir sanatkarın mucizevi sanat eserleri olduklarını herkese gösterirler ve o kudretin böyle hadsiz cilvelerini göstermesi, şanının bir gereği olarak belki de elzemdir.

Bu arada, aklımıza şu soru gelebilir: Cenab-ı Hak neden bu kadar çok çeşitli ve sayıca çok olan varlığı yaratıyor? Buna ne gerek vardı veya sadece birkaç tane üstün varlık yaratsaydı yine kudretini isbat etmiş olmaz mıydı? Evet, olabilirdi. Fakat, kâinattaki devam eden tekâmül ile gelişme kanununa uygun düşmemiş olurdu. Oysa ki, o zatın şanı gereği yarattığı varlıklar belli bir sayıda ve artan bir kompleksllik içerisinde zaman selinde akmaktadırlar ki, zaman ilerledikçe usta bir sanatçının daha mükemmel eserler ortaya koyması gibi, ilk başta mükemmele yakın 3-5 eser yapmasından daha hikmetli ve çok daha fazla semereleri olan bir hadise olduğu gibi; mahlûkatın yaratılışı da bu tekâmül kanunu gereğince, yavaş yavaş ilerlemiş ve mükemmele doğru gitmiştir. Öyleyse, diyebiliriz ki şu anda kâinatta olan her şey, her olay ve her varlık tam olması gerektiği gibi, tam olması gerektiği miktarda ve tam olması gerektiği çeşitlilikte yaratılmıştır. Eğer, biraz eksik veya biraz fazla olmuş olsaydı Tabiat, entropi ve insancı ilke yasaları bozulacak ve kâinattaki dengeler alt üst olacaktı. Öyleyse diyebiliriz ki: "**Kâinattaki her şey en mükemmel şekilde ve tam olması gerektiği gibi yaratılmıştır.**"

Vesselâm...

VI. İSTASYON

Yirmibirinci Yolculuk

Bil ki Ey Nefsim! Rabbini bilmek ve tanımak ancak nefsini bilmek ve tanımakla mümkündür.

21. SIR: Çünkü bu dünya, bizim zindanımızdır. Zindanın harap oluşu, yıkılışı, zindandakileri sevindirir. Yani bizim bedenimiz, ruhumuz için bir zindan kesilmiştir. Ölüm, bedeni yıkınca, toprağa düşürünce, ruh zindandan kurtulaçak, Hakk'a kavuşacaktır.

Ney: Bil ki ey nefsim! Senin basit zannettiğin şu can kafesinin parmaklıkları hükmünde olan senin şu nefsin, şu altı suale muhatap olmak üzere hayat-ı dünyevîyeye gönderilen şu **altı** unsurdan ibarettir ve Rabbini tanımanın sırrı, nefsini tanımaktan geçer:

Yolcu: Peki, nedir onlar?

Ney: Bilki ey nefsim! Yüce Allah'ı tanımanın anahtarı, insanın kendisini tanımasında saklıdır. Bunun için, peygamberimiz buyuruyor ki: "**Kendini tanıyan, Rabbini tanır.**" Yine, Yüce Allah buyuruyor ki:

"**Gerçeği anlayıncaya kadar onlara varlığımızın belgelerini hem dış dünyada (zahiri âlemde), hem de kendi içlerinde (Batıni, enfüsi âlemde) göstereceğiz.**" (**Fussilet, 53**)

İşte, aslında insana kendi nefsinden daha yakın bir şey daha yoktur. O halde kendini bilmeyen, Allah'ı nasıl bilebilir? "**Kendimi tanıyorum**" iddiasında bulunan kimsenin delillerine bakmak gerekir. Eğer bu deliller, görünür âlemdeki el-yüz ve diğer organlarını bilmek, görünmeyen iç dünyasındaki hislerini acıktığını, susadığını, kızdığı zaman intikam almak arzusu ile şehvet arzusunu bilmek ise, bu özellikler hayvanlarda da vardır. O halde, bu şekilde kendini bilmek, Yüce Allah'ı tanımaya anahtar olamaz.

Ney: Kendini bilmek demek şu altı maddeden oluşan altı suale cevap vermekten geçer:

Yolcu: Peki nedir onlar?

Ney: İşte onlar şu aşağıdaki suallerdir?

Birincisi: Sen kimsin?

İkincisi: Bu dünya yolculuğuna nasıl başladın?

Üçüncüsü: Bu dünya yolculuğuna nereden geldin?

Dördüncüsü: Bu dünya yolculuğuna niçin başladın?

Beşincisi: Nereye gideceksin?

Altıncısı: Niçin yaratıldın, şu dünyaya niçin geldiğini, saadet ve felaketinin nelere bağlı olduğunu biliyor musun? Niçin bu düşünceler var? Sürüp giden şu ahiret yolculuğunun sonu nasıl bitecek? Mutluluk veya mutsuzluğun neden şu dünya yolculuğunda var olduğunu biliyor musun? ve şu yolculuğun sırrını ve hakikatini anlamak nelere bağlıdır?

Yolcu: Öyleyse, İnsanın görünmeyen yapısında yer alan şu dört muhtemel sıfat ve buna göre şekil alan dört derece daha vardır:

a) Cansız sıfatı,

b) Hayvan sıfatı,

c) Şeytan sıfatı,

d) Melek sıfatı.

Ney: Evet, Her insan, bu sıfatların hangisinin kendisinde bulunduğunu ve şu altı sualin cevabını bulamadan; hangisinin asıl, hangisinin emanet olduğunu bilemez. Bunları bilmeyen ise, dünyaya geliş sebebini, mutluluk veya mutsuzluklarının asıl sebebini, hakiki saadette olup olmadığını anlayamayacaktır. Zira her bir yaratılmış varlığın ayrı bir gıdası ve ayrı bir saadeti vardır. Örneğin: hayvanların gıdası ve saadeti yem yemek, uyumak ve çiftleşmektir. Yırtıcıların saadeti öldürmek, öfke ve intikamdır. Şeytanın gıda ve saadeti, düzen kurmak, aldatmak, bedbaht etmektir. Meleklerin saadet ve gıdası ise, Yüce Allah'ı görmek ve zikretmektir. Meleklerde hiçbir şekilde, hayvan ve yırtıcıların sıfatı yoktur. İşte, kendisinde melek cevheri bulunan Yüce Allah'ı tanımaya uğraşır, kendini yüce Allah'ı görebilecek seviyeye getirir. Şehvet ve öfkenin elinden kendini kurtarıp, hayvan ve yırtıcıların sıfatlarının neden kendisine verildiğini anlamaya çalışır. Acaba insanlardaki bu sıfatları, insanların onlara esir olması, hizmetlerinde çalışması için mi yaratmıştır; yoksa insanların bunları kendisine esir etmesi, ilerde meydana gelecek yolculukta binek hayvanı olarak kullanması ve silâh olarak yararlanması için mi? Şüphesiz ki dünyada geçen kısa zaman içinde onlardan faydanılmak için yaratılmışlardır. Ancak böylece insan saadet tohumunu elde edebilir.

Yolcu: İşte ey nefsim! Saadete kavuşmak isteyen, bu kötü sıfatları ayaklarının altına alır ve yüzünü saadetinin bulunduğu tarafa çevirir. Orası, seçkin kullar için Yüce

Allah'ın zatı, halk içinse birer cennettir. O halde insanın bütün bunları bilmesi gerekir ki, kendini biraz tanıyabilsin. Bunları bilmeyen ise, dinin özünden habersizdir. Bu durum şu misale benzer: Değerli bir madenî pisliklerden ayırıp arıtan formül, cadıların simya kazanında veya derbederin tombala torbasında değildir. Onun formülleri, ehl-i hikmetin kimya ilmine ait hazinelerinde bulunur. İşte, insanı kötülüklerden arındırıp, ebedî saadete kavuşturan ilâç da, Yüce Allah 'ın hazinesindedir. Yüce Allah'ın gökteki hazineleri meleklerin cevherleri olan ruhları; yerdeki hazineleri ise peygamberlerin cevherleri olan kalpleridir. O halde bu kurtuluş ilâcını, yeryüzünde peygamberlerin kalplerinden başka bir yerde arayan yanılmış olur. Böylelerinin sonu sapıklık, sıfatları da düzenbazlıktır. Elde ettikleri şey kuruntu ve hayaldir. Kıyamette düzenbazlıkları ve kuruntuları açığa çıkar ve iflâs eder.

Ney: İşte ey nefsim bil ki! Yüce Allah'ın en büyük nimetlerinden birisi de, bu iş için peygamberleri insanlara göndermesidir. Böylece peygamberler insanlara kötülüklerden arınmanın yolunu öğretirler. İnsanlar da nefisleriyle nasıl mücadele edeceklerini, kalplerini kir ve pastan arındıracaklarını, kalpteki çarpıklıkların düzeltilip çirkin huyun güzel huya nasıl dönüştürülmesi gerektiğini öğrenirler. Onun için, Yüce Allah Kur'an-ı Hakim'de önce kudret kemal ve büyüklüğüyle övünüyor, sonra da kullarına peygamberlerini gönderip doğru yolu göstermekle ne büyük bir ihsanda bulunduğunu şöyle izah ediyor: "**Göklerde ve yerde bulunan canlı-cansız bütün varlıklar, kuddüs (bütün noksanlıklardan uzak), aziz (her şeye gücü yeten) ve hakim (her işinde hikmet sahibi) Allah'ı tesbih ederler. Ümmi (yazı yazmasını bilmeyen) bir arap nebi olarak peygamberini gönderen odur. (O peygamber, yani Hz. Muhammed) onlara Allah'ın ayetlerini okuyor ki, onları (ortak koşmak pisliğinden) arındırıyor, kendilerine Kur'an ve ilim (din yolunu) öğretiyor. Oysa onlar peygamber gelmeden önce açık bir sapıklık içindeydiler.**" (**Cuma, 1-2**) Büyük âlimler, buradaki, "**onları arındırıyor**" sözünden gayenin, onları hayvani sıfatlardan, kötü ahlaktan temizlemek olduğunu; "**Onlara kitap ve hikmet öğretiyor**" sözünden gayenin ise onları temizledikten sonra bilinç giysisiyle süslemek, güzelleştirmek ve meleklerin ahlakını onlara örtü yapmak olduğunu söylerler.

Yolcu: İşte ey nefsim bil ki! hakiki pasların temizlenmesindeki kimyadan gaye, nefsi dünya bağlarından korumak, yüzünü Allah'a çevirmek ve kalpte Allah'tan başka hiçbir şeye yer vermemektir. Nitekim, işte bak: "**Her şeyden yüz çevirip yüzünü yalnızca Allah'a yönelt.**" (**Müzzemmil, 8**) ayet-i celilesi de bu gerçeği ifade ediyor. Öyle mi?

Ney: Evet, Ey nefsim bil ki! İnsanın kavrayış sınırları maddenin yaratılışı bakımından ikiye ayrılır:

a) Zahirî (görünen),

b) Batınî (görünmeyen)

Yolcu: Peki, bunlar ne demektir?

Ney: Zahirî kısım gözle görülen el, ayak, beden vs . gibi cismanî organlardır. Batınî kısım ise, bazen nefis, bazen ruh, bazen de kalp dediğimiz kısımdır. İşte, insanın aslı, batınî yani gözle görülmeyen kısmı olup ruh, nefs veya kalp dediğimiz şeydir. Oysa, zahirî bedenimiz öyle mi? Görülen organlar, bunun askeri ve hizmetçileridir. Biz batınî kısma kalp diyeceğiz. Bundan sonra kalp dediğimiz zaman vücudun sol tarafında bulunan yuvarlak et parçası değil, insanın aslı anlaşılmalıdır. Yoksa, kalpten gaye et parçası ise ondan hayvanlarda ve ölülerde de vardır. Gözle görüldüğüne göre de, zahirî kısımda yer alır. Oysa, bizim kalp dediğimiz varlık, bu dünyada geçici olarak gelmiş bulunan şeydir. Yuvarlak bir et parçası ise, sadece onun bir aleti, diğer organlar da onun asker ve ordularıdır. Kalbin sıfatının esası ise, Yüce Allah'ı görmektir. Çünkü, her türlü teklif, hitap, kınama ve ceza onadır. Saadet ve felâket de onun içindir. Çünkü, bütün organlar onun emir ve komutasındadır.

Yolcu: İşte ey nefsim bil ki! Onun aslını bilmek ve tanımak, Yüce Allah'ı tanımanın anahtarıdır. O halde, onu tanımaya çalışmak gerekir. Zira o, çok yüksek bir cevher olan meleklerin cevherindendir. Asıl madeni Yüce Allah'tır. Oradan gelmiş ve tekrar oraya dönecektir. Bu geçici dünyaya ticaret yapmak ve tohum ekmek için gelmiştir. Öyleyse, kalbi bilmek için, bu anlamdaki ticaret ve ekmek işlemini de bilmek gerekir.

Ney: Evet, İşte ey nefsim! Kalbin aslını bilmek istiyorsan, dinle: Akıllı insanlar bir şeyin varlığını bilinmeden, varlığının anlaşılamayacağını bilirler. O halde, önce kalbin varlığını sonra emrinde çalıştırdığı şeyleri ve sonra da sıfatını bilmek gerekir. Sıfatı bilince de, bunun Yüce Allah'ı tanımaya nasıl vesile olduğunu, saadet ve felakete nasıl sermaye teş kil ettiği anlaşılır. İşte, bunların her birini ayrı ayrı açıklayacağız. Kalbin var olduğunu belirten şu iki delil vardır:

Birincisi: İnsanın kendi varlığından şüphesi olamaz. Öyle ki, insanın var olmasının sadece fizikî yanıyla olmadığı da bir gerçektir. Zira ölülerin de fizikî yapıları vardır, ancak kalpleri, yani ruhları yoktur.

İkincisi: İnsan gözünü yumup, duygu organlarını bütün etkilerden koruduğu anda bile, var olduğunu kesinlikle bilir. Buradan kalbin (ruhun) vücut olmadan da mevcut olduğu anlaşılıyor. Yine buradan kıyametin varlığı anlaşılıyor. Zira, vücudun yok olmasıyla insanın aslının yok olmadığı ortadadır, çünkü yok olan senin suretindir. Dolayısıyla, sen gözlerini kapatmış olmakla yalnızca kendin için gündüzü gece yapmış olursun.

Yolcu: Bil ki ey nefsim! Ruhun aslının ve ona ait sıfatlarının neler olduğunu bildirmeye dinimiz müsade etmemiştir. Nitekim, Yüce Allah Peygamber'e şöyle buyuruyor: "**Ey Muhammet, sana ruhun ne olduğunu soruyorlar. De ki: Ruh, Rabbimin emrinden ibarettir.**" (**İsra, 85**) ayet-i celilesinde de görüldüğü gibi ruh, Yüce Allah'a ait şeylerden, emir âlemindedir. Yine: "**Bilin ki yaratma da**

emir de Onundur." (**Araf, 54**) ayet-i celilesi de buna işarettir. Yaratma (halk) âlemi başka, emir âlemi başkadır. Yaratma âlemi keyfiyet ve miktarı olan âlemdir. Zaten halk kelimesinin lûgat anlamı da takdir ve ölçüdür. Oysa, ruh âlemi öyle mi? Halbuki, ruh için miktar ve ölçü yoktur. Ruh bölünmez, parçalanmaz bir cevherdir. Eğer, bölünebilseydi, o zaman kısmını bilip bir kısmını bilmemek caiz olurdu. Böylece bir şeyin bir anda hem bilinmesi, hem de bilinmemesi olurdu ki, bu doğru olmazdı. Şu halde ruh, her ne kadar bölünmeyi kabul etmiyor ve ölçülmüyorsa da yine de mahlûktur (yaratıktır). Zira halk iki manaya gelir: Biri yaratmak, diğeri de takdir etmek (miktarını belirlemek). Öyleyse ruh, takdiri anlamda değil -zira ölçülemez- yaratılmak anlamında mahlûktur. O halde ruha kadim (ezelî) diyenler de, araz (sıfat) diyenler de yanılıyorlar. Zira araz, kendi kendine var olmayıp, başka bir cisim ile varlığını gösterebilen sıfattır: meselâ ışık ve renk gibi. Öyleyse, ışık olmadan renk olabilir mi?

Ney: Bilki ey nefsim! Ruh kadimdir diyenler de yanılıyor. Zira ruh sonradan yaratılmıştır ve sonradan yaratılmış olan hiçbir şey kadim (ezelî) olamaz. Ama bölünebilen başka bir şey var. O, ruh değil, candır. Bu can ise, hayvanlarda da vardır. Fakat bizim kasdettiğimiz ruh bu değil. Yüce Allah'ı tanıma ve bilme yeri olan makam ise ruhtur, beden değil. Hayvanlarda bu nevi bir ruh yoktur. Bu, ne cisim ne de arazdır, meleklik cevherinden bir cevherdir. Aslını bilmek ise, çok zordur. Zaten anlatmaya da izin yoktur. Başlangıçta bilmek de pek gerekmez. Başlangıçta izlenmesi gereken yol, din yolunda nefisle mücadele etmektir. Şartlarına uygun olarak bu uğraşıyı verenlerde, ruhu tanıma bilgisi kendiliğinden meydana gelir. Başkasından dinlemeye gerek yoktur. Zira, bu bilgi Yüce Allah'ın hidayet lütfudur. Nitekim, Yüce Allah buyuruyor ki:

"**Bizim yolumuzda savaşanları elbette yollarımıza kavuşturacağız.**" Din yolunda nefsi ile mücadeleyi tamamlamayanlara ruhun aslını açıklamak caiz değildir. Nitekim, yukarıdaki ayet-i celilede de buna işaret edilmiştir. Ancak, nefisle savaşmaya başlarken ruhun askerlerini tanımak lâzımdır. Zira, askerlerinden habersiz olan kumandanın, savaşa gitmesi büyük bir hatadır...

Yirmiikinci Yolculuk

◊ ◊ ◊ ◊

Bil ki Ey Nefsim! Can kafesinde yolculuk yapan ten, canın ülkesidir.

22. SIR: Garip olan ruh, mekânsızlık âleminin özlemini çeker.

Ney: Bil ki ey nefsim! Senin o can kafesinin içerisinde bulunan tenin, canın ülkesidir. O ten ise, beş duyu ile beş kuvvetten ibarettir ve şu azalar her varlığa bir kuş misali hakikati aramak ve bulmak için takılmış birer kanat hükmündedir. İşte, sen de kuş-misal uçup o hakikate yol almak istiyorsan şu çöldeki Devekuşu ile Kaf dağının ardına yolculuk yapan 30 kuşun hikâyesini dinle:

Yolcu: Peki, onlar nelerdir? Şu hikâyeleri anlat da ben de hakikati bileyim, tam bir ders alayım!

Ney: O Vücut ülke, kalb ise onun sultanıdır. Kalbin vücutta sayısız asker ve orduları vardır. İşte bu yüzden yüce Allah buyuruyor ki: "**Rabbinin askerlerinin miktarını, ondan başkası bilemez.**" (Müddessir, 31) Kalp, ahiret yolculuğu için yaratılmıştır, esas işi ise saadeti aramaktır. Saadeti ise, yüce Allah'ı bilip tanımaya bağlıdır. Yüce Allah'ı tanıyıp bilmek de, Allah'ın yarattığı şeyleri bilmekle mümkün olur ki, o da bütün âlemdir. İşte, âlemdeki acaip işleri bilmek şu beş duyu yolu ile mümkün olur:

a) Dokunmak,
b) Görmek,
c) İşitmek,
d) Tad almak,
e) Koku almak.

İşte, şu duyuların varlığı da vücutladır. O halde Allah'ı bilmek kalbin avı, duyular o avın bağ ve tuzağıdır. Vücut ise onun binek hayvanıdır. Onun için kalbin vücuda ihtiyacı vardır. Vücut 124 element ile su, toprak, hava ve ateşten meydana gelmiştir. Bu yüzden zayıf ve muhtaçtır. Her an yok olmasından korkulur. Vücudun iki çeşit tehlikesi vardır ki, biri içerdendir; açlık, susuzluk gibi. Birisi de dışardadır; ateş, su ve diğer düşmanlar gibi. Öyleyse sen, içerdeki düşmandan korkma, dışarıdakinden kork. Açlık ve susuzluk nedeniyle, yemek ve içmek ister. Bunun için iki sınıf askere ihtiyaç vardır: biri görünürdedir; el, ayak, ağız ve mide gibi. Diğeri de gizlidir: yemek ve içmek arzusu gibi. Dışardaki düşmanlardan korunmak için de iki çeşit askere ihtiyaç vardır. Görünürde: el, ayak ve silâh gibi. Görünmeyende de öfke ve kırgınlık gibi. İşte bu anlattığım askerler gözle görülen tehlike ve ihtiyaçlar içindir. Gözle görülmeyen tehlike ve ihtiyaçlar için de duyulara ihtiyaç duyarsın. Onlar da beşi görünür, beşi de görünmez olmak üzere ondur. Görünürdekiler beş duyu organımızdır: işitmek, görmek, koklamak, tatmak ve dokunmak. Görünmeyenlerin yeri de beyindir ve yine beş tanedir. Hayal kuvveti, ezberleme kuvveti, hatırlama kuvveti vehim kuvvet ve idrak (şuur, bilinç veya izan) kuvveti. İşte bunların her birisinin belli özellikleri ve halleri vardır. Bir tanesine zarar gelirse, insanın işi dünyada da, ahirette de aksar. İşte bu içteki ve dıştaki askerlerin hepsi, kalbin emrindedirler. Kalp ne emrederse, hangi komutları verirse, onu yerine getirirler. Meselâ dile emredince hem konuşur, el ve ayaklara emredince harekete geçerler. Göze emir verince, bakar. Düşünme kuvvetine emir verince, düşünür. Böylece vücudu korur. Bu iş, kalp azığını alıncaya, avını elde edinceye, ahiret ticaretini bitirinceye ve kendi saadet tohumunu ekinciye kadar devam eder. Öyleyse, sen de kalbini, şu beşer duyunu ve idrakini öyle çalıştır ki, ahiret için ebedi tohumlar eksinler, boş yere çalışmasınlar. İşte şu beden askerlerin kalbe itaat etmesi demek, meleklerin Allah'a itaat etmelerine benzer ki, emre karşı koymak asla söz konusu olamaz. Hatta bu emirlere uymaları yaratılış icabıdır. Fakat sen şu emirlere uymazsan misalin şu devekuşunun hikâyesine benzer.

ÇÖLDEKİ DEVEKUŞU:

"Bir zaman geniş bir bir sahrada dolaşan tek başına kalmış bir devekuşu vardı. Her daim yalnız gezer, arkadaşlarından ayrılırdı. Bir gün sahrada dolaşırken bir avcıya rast geldi ve hızla koşarak, avcı beni görmesin diye kafasını kuma soktu, fakat koca gövdesi dışarıdaydı. Bunun üzerine avcı, devekuşuna bakıp güldü ve şöyle dedi: "Ey ahmak kuş! Sen, beni görmemek için başını kuma sokarsın, halbuki çıplak olan koca gövden dışarıdadır, şimdi seni avlasam beni görüp görmemen kaderini değiştirir mi, ölümüne set çekebilir mi?" İşte, aynen bunun gibi, senin nefsine had ve dizgin çeken şu beş duyun da, o devekuşunun başı gibidir. Onları kuma gömsen ve hakikati görmezlikten gelip ölümü hiçe saysan kaç para eder. Oysa, sen o hasletlerini ebedi âlemi ve ölümün soğuk yüzünü görüp, avcı şeytanlara ve nefsine hedef olmamak için ahiret için kullansan, elbette o can kuşunu avlamak isteyen avcının elinden kurtulabilirsin, yoksa şu ıssız dünya çöllerinde helak olup gidersin..."

OTUZ KUŞ:

Günlerden bir gün, dünyadaki bütün kuşlar bir araya geldiler. Toplanan kuşların arasında hüthüt, kumru, dudu, keklik, bülbül, sülün, üveyk, şahin ve diğerleri vardır. Amaçları, padişahsız hiç bir ülke olmadığı düşüncesiyle, kendilerini yönetmek üzere bir padişah seçmekti. hüthüt söze başladı ve Hz. Süleyman'ın postacısı olduğunu belirttikten sonra; dünyadaki tüm kuşların Simurg adında bir padişahları olduğunu söyledi. Ama hiç bir kuşun haberlerinin olmadığını, çok gizli olduğunu, herkesin padişahının daima bu Simurg kuşu olduğunu belirtti. Ancak, binlerce nur ve zulmet perdelerinin arkasında gizli olduğu için bilinmediğini ve onun bize bizden yakın, bizimse ondan nihayetsiz derecede uzak olduğumuzu anlattı. Tabi kuşlar ilk başta ona inanmak istemediler, böyle bir padişahın varlığından şüphelendiler. Fakat daha sonra, Simurg'u arayıp bulmaları için kendilerine kılavuzluk edeceğini ilâve edince; kuşların hepsi de hüdhüdün peşine takılıp onu aramak için yollara düştüler. Böylece, kuşların hepsi Simurg'u bulmak üzere yola koyuldular. Ama, yol çok uzun ve menzil uzak olduğundan; kuşlar yorulup hastalanmaya başladılar. Hepsi de, Simurg'u görmek istemelerine rağmen, hüthütün yanına varınca kendilerince geçerli çeşitli mazeretler söylemeye başladılar. Çünkü, kuşların gönüllerinde yatan asıl hedefleri çok daha basit ve dünyevî idi. Örnek olarak, bülbülün isteği gül; dudu kuşunun arzuladığı ab-ı hayat; tavuskuşunun amacı cennet; kazın mazereti su; kekliğin aradığı mücevher; hümâ kuşunun aradığı nefsini tatmin etmek ile kibir ve gurur; doğanın sevdası mevki ve iktidar; üveykin ihtirası deniz; puhu kuşunun aradığı viranelerdeki define; kuyruksalanın mazereti zaafiyeti dolayısıyla aradığı kuyudaki Yusuf-misal güzel bir eşti. Bütün diğerlerinin de başka başka özür ve bahaneleri vardı. Bu mazeretleri dinleyen hüthüt, hepsine ayrı ayrı, doğru, inandırıcı ve ikna edici cevaplar verdi. Yolculuğun esas amacı ve öneminden, Simurg kuşunun ne kadar harika bir padişah olduğundan bahsetti. Simurg'un olağanüstü özelliklerini ve onun güzelliklerini anlattı durdu. Fakat, diğer kuşlar daha çok kendi benliklerini ve daima dünyevî amaçlarını ön plâna koyuyorlardı. Bunun üzerine, hüthüt söz aldı ve şunları söyledi. Söyledikleri, hikmetli ve gönül açısından ilginçti:

"Simurg, apaçık meydanda olmasaydı hiç gölgesi olur muydu? Simurg gizli olsaydı hiç âleme gölgesi vurur muydu? Burada gölgesi görünen her şey, önce orada meydana çıkar görünür. Simurg'u görecek gözün yoksa, gönlün ayna gibi aydın değil demektir. Kimsede o güzelliği görecek göz yok; güzelliğinden sabrımız, takatimiz kalmadı. Onun güzelliğiyle aşk oyununa girişmek mümkün değil. O, yüce lütfuyla bir ayna icat etti. O ayna gönüldür; gönüle bak da, onun yüzünü gönülde gör!"

Hüthütün bu söylediklerine ikna olan kuşlar, yine onun rehberliğinde Simurg'u aramak için yola koyulurlar; ama yol, yine uzun ve zahmetli, menzil uzaktı. Yolda hastalanan veya bitkin düşen kuşlar çeşitli bahaneler, mazeretler ileri sürdüler. Bunların arasında, nefsanî arzular, servet istekleri, ayrıldığı köşkünü özlemesi, geride bıraktığı sevgilisinin hasretine dayanamamak, ölüm korkusu, ümitsizlik, şeriat korkusu, pislik endişesi, himmet, vefa, küskünlük, kibir, ferahlık arzusu, kararsızlık, hediye götürmek dileği gibi hususlarla; bir kuşun sorduğu daha ne kadar yol gidileceği sorusu vardı. Hüthüt hepsine, bıkıp usanmadan tatminkâr cevaplar verdi ve daha önlerinde aşmaları gereken yedi vadi bulunduğunu söyledi. Ancak, bu yedi vadiyi aştıktan sonra Simurg'a ulaşabileceklerdi. Hüthütün söylediği yedi vadi şunlardır;

1.Vadi: **İstek** (Hakikati bilmeyi istemek)

2.Vadi: **Aşk** (Hakikatin sevgisini içmek)

3.Vadi: **Marifet** (Hakikati manasıyla bilmek)

4.Vadi: **İstiğna** (Her şeyden vazgeçmek)

5.Vadi: **Vahdet** (Hakikatin BİR bilmek)

6.Vadi: **Hayret** (Hakikati müşahede etmek)

7.Vadi: **Yokluk**(Fena, Hakikatten başka bir şey bilmemek)

Kuşlar gayrete gelip tekrar yola düştüler. Ama, pek çoğu, ya yem isteği ile bir yerlere dalıp kayboldu, ya aç susuz can verdi, ya topluluktan ayrılıp yollarda kayboldu, ya denizlerde boğuldu, ya yüce dağların tepesinde can verdi, ya güneşten kavruldu, ya vahşi hayvanlara yem oldu, ya ağır hastalıklarla geride kaldı, ya da kendisini bir eğlenceye kaptırıp kafileden ayrıldı. Bu sayılan engellerin hepsi de hakikat yolundaki zulmet ve nur hicaplarıdır. İşte, yolculuğun sonuna yaklaşıldığında ve Kaf dağının etekleri göründüğünde, bu hicaplardan sadece otuz kuş geçti ve oraya ulaştı. Bütün vadileri aşarak menzil-i maksutlarına yorgun ve bitkin bir halde uzanan bu kuşlar, rastladıkları bir kişiye kendilerine padişah yapmak için aradıkları Simurg'u sordular. Simurg tarafından bir görevli geldi ve görevli, otuz kuşun hepsine ayrı ayrı hepsine birer yazı verip okumalarını istedi. Hayret ki, bu yazılarda, otuz kuşun yolculuk sırasında birer birer başlarına gelenler ve bütün yaptıkları yazılıydı. Bu sırada, Kaf dağının tepesinde Simurg büyük bir nur içerisinde tecelli etti. Çığlıkları bütün dünyayı saracak kadar dağın vadilerinde yankılandı. Fakat, otuz kuş, tecelli edenin (!) suretini görünce şaşırdılar. Çünkü, gördükleri nurun içerisinde aradıklarının bizzat kendileri olduğunu; yani, Simurg'un mânâ bakımından otuz kuştan ibaret olduklarını görüp şaşırdılar. Çünkü, o nur âleminin içerisinde kendilerini Simurg olarak görmekteydiler. Yani Kuşlar Simurg, Simurg da kuşlar demekti. Bu sırada Simurg'dan bir ses geldi: "**Siz buraya otuz kuş geldiniz, otuz kuş göründünüz. Daha fazla veya daha az gelseydiniz o kadar görünürdünüz. Çünkü, burası bir aynadır!**" Hasılı, otuz kuş, Simurg'un kendileri olduğunu anlayınca; artık, ortada, ne yolcu kalır, ne yol, ne de kılavuz. Çünkü, hepsi birdir. Hepsi, o **bir**in aynadaki yansımalarıdır. Perde-i gayb altındaki âlem-i misalin, âlem-i şehadet üzerindeki gölgeleridir. Aynı, âşıkla, maşukun aşkta; habiple, mahbubun muhabbette;

sacidle, mescudun secdede **bir** olması gibi. Aradan zamanın geçmesiyle, fenâda kaybolan kuşlar yeniden bekâya dönüp, yokluktan varlığa ererler.."

Yolcu: İşte, ey nefsim bil ki! Çöldeki o başını kuma sokan Devekuşu ile Kaf dağının ardındaki hakikati aramak için yola çıkan 30 kuş kendinsin ve o devekuşu-misal başını öyle bir şekilde kuma sokmuşsun ki, kâinatta Hâlik-i Zülcelâl'i bildiren bunca nihayetsiz delil varken hâlâ 30 kuş-misal başka delil ararsın. Ehl-i hikmetten, fizikten, matematikten, kimyadan, astronomiden meded umarsın. İşte, ben de sana derim ki, delil istiyorsan önce kendi nefsinde toplanan yaratılış inceliklerine bak. İşte, o zaman şu parlak hakikatin nurlu bir yüzünü kendi içinde keşfedeceksin ve Kaf dağının ardına gittiğinde aradığın Simurg kuşundan bir parçanın kendi nefsinde bir görüntüsü olduğunu anlayacaksın.

Vesselâm...

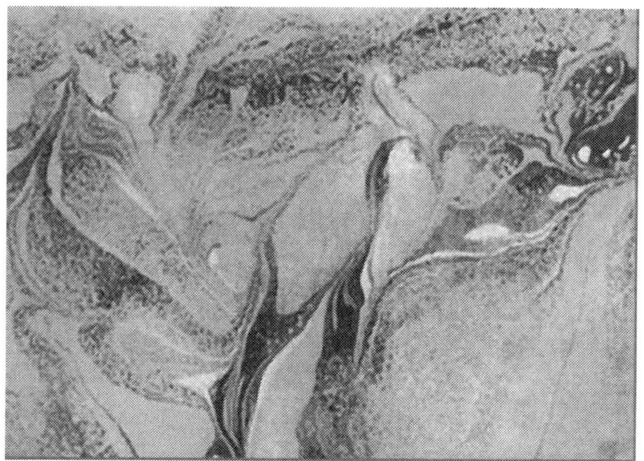

Yirmiüçüncü Yolculuk

◊ ◊ ◊ ◊

Bil ki ey nefsim! Senin o can ülkesinin kapısında bekleyen iki nöbetçi askerin şehvet ve gazaptır.

23. SIR: Gaflet pamuğunu kulağından çıkar, aşk gözünü aç!

Ney: Bil ki ey nefsim! Senin o Can ülkesinin kapısında bekleyen iki nöbetçi askerin **şehvet** ve **gazaptır**. Bunlar senin ülkeni harabiyetten koruduğu gibi, helâk olmana da sebep olabilir.

Yolcu: Şu meseleyi bana açıklayabilir misin?

Ney: Elbette, öyleyse şimdi beni iyi dinle! Kalbin askerleri de düşmanları da sayısızdır. Hepsini anlatmak uzun sürer. Onun için biz gayemizi birkaç örnek vererek ve İsa peygambere ait bir hikâye ile anlatmakla yetineceğiz. İyte bil ki, şu İnsanoğlunun vücudu muazzam bir şehre benzer. El ve ayaklar; şu şehrin sanatçıları, şehvet; maliye bakanı, öfke ise: emniyet müdürüdür. Şehrin padişahı kalp, veziri ise akıldır. Şehrin onarımı ve korunması için padişahın halka ihtiyacı olduğu gibi, kalp padişahının da bunlara ihtiyacı vardır. Ancak bunlarla vücut ülkesi mamur ve ordusu muzaffer olur. Ancak şehvetine galip olmuş, mal düşkünü, bozguncu, yalancı ve kötü kişiler bundan hariçtir. İşte o beden ülkesinin veziri olan ağız, padişah olan kalp ne emir verirse, onun aksini yapmaya çalışır. O ülkenin ambar ve depoları hükmünde olan mideyi her türlü nefsani yiyecekle doldurup, kapıcısı olan nefsi haddinden fazla şımartmak ister. Daima memlekette bulunan bütün malları alıp toplamak ister. Emniyet müdürüne benzettiğimiz öfke ise, kızgın, azgın ve saygısızdır. Devamlı bozmak, asmak, yıkmak ve yakmak ister. Padişah (kalp) devamlı olarak vezirle (akılla) görüşürse, ona danışırsa, yalancı ve cimri olan maliye bakanına, vezire karşı koymasın diye değer vermezse, onu küstahlıktan alıkoyması için emniyet müdürünü peşine takarsa ve emniyet müdürünü de, yapmak istediği haksızlıklardan dolayı döver ve incitirse memlekette asayiş tam olur. Böylece vatandaş da memnun olur ve vücut ülkesinde Allah'a giden saadet yolu kapanmaz. Eğer tersi olursa yani akıl ve ruh mağlûp olur ve şehvet ile öfke galip olursa memleket harap olur, vücut yıkıntıya döner vatandaş şikâyetçi olur ve padişah da perişan olur. Bundan önceki örneğimizden şehvet ve öfkenin, yemek, içmek ve vücudu korumak için yaratıldığını anladık. Öyleyse şimdi gel şu hakikati birkaç temsili benzetme ve bir hikâyecikle daha iyi anlayalım:

HZ. İSA İLE AHMAK YOLDAŞ: "Hz. İsa ile bir ahmak, yoldaş oldu. Gözüne yol üstünde duran ölü köpek kemikleri ilişince, "Yoldaş ölüleri diriltmek için okuduğun o yüce adı, bana da öğret de bir iyilikte bulunayım, o adı okuyup şu kemiklere ben de can vereyim" dedi.

İsa dedi ki: "Sus bu senin sözünün harcı değil! Nefesin yağmurlardan daha arı, duru olması gerekir, o nefes sahibinin meleklerden daha idrakli bulunması lâzımdır. Adem nice ömürlerce yandı, yakıldı da ancak arınabildi; felekler hazinesine emin oldu. Sen de sağ eline bir sopa aldın ama senin elin nerede, Musa'nın eli nerede" O ahmak "Benim sırlara kabiliyetim yoksa, öyleyse o adı benim yerime bu kemiklere sen oku" dedi. İsa dedi ki: "Ya Rabbi, bunlar ne sırlardır? Bu ahmağın şu mücadeleye girişmesi nedendir? Bu hasta nasıl oluyor da kendi derdiyle uğraşmıyor? Bu murdar herif niye kendi canının derdine düşmüyor? Kendi ölüsünü bıraktı da yabancı bir ölüyü diriltmeye mi kalkıştı! Diken eken ancak yeşermiş taze diken elde edebilir." Bunun üzerine İsa, o gencin isteğiyle kemiklere Allah adını okudu. Allah'ın hükmü, o ahmak herif için o kemikleri diriltti. Fakat, bu sırada meşelikteki bir aslan da dirilip sıçradı, ahmağa bir pençe vurup öldürdü. Kellesini kopardı, hemen beynini yere akıttı. Ancak, kafasında bir ceviz içi kadar beyin bile yoktu. Zaten beyni olsaydı bedeni kırılarak helâk olup, zail olur muydu? İsa, aslana "Neden derhal onu parçaladın" dedi. Aslan "Sen ondan sıkılmış, perişan bir hale gelmiştin de ondan!" diye cevap verdi. İsa "o, halde niçin etini yemedin?" deyince de dedi ki: "O benim rızkım değildi. Bana nasip olmamıştı."

Aslan: İşte şu hikâyeden anla ki, nice kişiler vardır ki, o kükremiş aslan gibi avını yemeden dünyadan gitmiştir. Kısmeti bir saman çöpü bile değilken, hırsı dağ kadardır ve Allah'a karşı utanacak yüzü yoktur. Bunun üzerine O aslan şöyle dedi: "Ey Mesih, bu avlanma ancak ibret içindi. Eğer benim dünyada rızkım olsaydı, ölülerle ne işim vardı, nasıl olur da öldürürüm? Fakat berrak suyu bulup da eşek gibi içine işeyenin lâyığı budur. Eşek, o ırmağın kadrini kıymetini bilseydi ayağını sokacağı yerde başını kaldırırdı. Hayat veren bir suya sahip öyle bir peygamber bulur da, "Ey Ab-ı hayat sahibi, bizi ol, emriyle dirilt" deyip nasıl ölmez? İşte, Sen de kendine gel köpek nefsini, diriltmeyi isteme. Çünkü o nice zamandır senin düşmanındı. Bu köpeği can avından alıkoyan kemiğin başına toprak bırak! Köpek değilsen neden kemiğe âşıksın, sülük gibi neden kanı seviyorsun? O ne biçim gözdür ki görmez, onca sınamalardan geçer de ancak rezil-rüsva olur! Oysa, zanlar da bazen hata olur; fakat bu ne biçim bir zandır ki, yoldan kör olarak gelmektedir! Ey başkalarına ağlayan göz, gel, bir müddetçik otur da kendine ağla! Dal, ağlayan buluttan yeşerir, tazeleşir. Çünkü mum, ağlamakla daha aydın bir hale gelir. Nerede ağlıyorlarsa orada otur, çünkü sen ağlamaya daha lâyıksın! Çünkü fani ayrılıkta olanlar, baki olan laf madeninden gafildir. Çünkü gönülde taklit nakşı var; yürü bendini göz yaşıyla yık! İşte şu misal gibi taklit de, her iyiliğin afetidir. Sağlam bir dağ bile olsa hakikatte samandan ibarettir. Kör; ne kadar kuvvetli olsa da etrafındakileri tez yıkar, kendi kendisini harap eder! Dilsiz; kıldan ince bir söz söylese bile gönlünün, o sözden haberi olmaz. Kendi sözüyle sarhoş olur ama onunla şarap arasında ne kadar yol var! Irmağa benzer, su içemez ki su, ancak arktan su içecek olanlar için akıp gitmektedir. Onun içindir ki, o akıp giden söz de su gibi içilmez olur! Taklide düşen ney gibi feryat eder ama ancak o feryadı dinlemek isteyen için. Mukallit, söz söylerken ağlasa bile kötü kişinin maksadı, ancak tamahtır, açgözlülüktür. Ağlar da yanık sözler söyler. Fakat kendisinde yanan yürek nerede, yırtılan etek nerede? Bak ki, muhakkikle mukallit arasında çok fark vardır. Birisi davulun, diğeri sivrisineğin sesi gibidir! Bunun sözleri yanıklıktan doğar, öbürüyse söylenmiş köhne sözleri belleyip nakleder. İşte ey beş duyusuyla nefsine tabi olan kişi kendine gel, kendine gel! O hüzünlü sözlere kapılma. Öküzün üstünde de yük var, fakat çektiği kağnıya bak ki sürekli feryat edip ağlıyor! Fakat, mukallit de sevaptan mahrum değildir. Hesaba gelince ağlayıcıya da para verirler. İşte, kâfir kişi de "Allah" der, mümin de. Fakat ikisinin arasında çok büyük fark var. O bir parça yoksul ekmek için Tanrı der, diğeri ise, haramdan çekinerek candan, gönülden Allah der."

Ney: İşte, arkadaş bil ki! Aslanın dediği gibi, eğer yoksul kişi, söylediği sözü bilseydi gözünde az da aynı olurdu, çok da! Ekmek isteyen yıllardır "Allah" der, fakat halbuki saman için mushaf taşıyan eşeğe benzer. Halbuki, dudağındaki dökülen sözler gönlünden doğmuş olsaydı, gönlünü aydınlatsaydı bedeni, ışıl ışıl olurdu, etrafına nur saçardı.

Yolcu: İşte şu hikâye ve temsillerden anladık ki, demek ki, Şehvet de, öfke de vücuda hizmet ediyorlar. Fakat, Yemek-içmek ise, vücudun gıdası ve vücut da duyuların hamalıdır. Demek ki, vücut duyulara hizmet ediyor. Duyular ise, aklın casus ve tuzağıdır. Akıl onlar vasıtasıyla Allah'ın yaratmış olduğu şeylerdeki acaipliği bilir. Demek ki, duyular da aklın hizmetçisidir. Akıl ise kalbin hizmetçisidir. Kalp de Yüce Allah'ın cemalini görmek için yaratılmıştır. O halde, kalp bu işle meşgul olunca, bütün diğer hizmetçiler de aynı şeyle meşgul olmuş olurlar. İşte, Allah kalbi yarattı ve memleket ile askerleri onun emrine verdi. Dünya âleminden hareket edip, mana âlemine uçması ona şu beş duyu kanatlarını takıp, vücut bineğini ona esir yaptı. Eğer, Kalb bu nimetin hakkını gözetir ve kulluk şartlarını yerine getirmek isterse, padişah gibi memleketin ortasında oturur. Böylece Allah'ı kıble, ahireti vatan, vücudu binek hayvanı, dünyayı konaklama yeri; el, ayak ve diğer organları hizmetçi, aklı vezir; şehveti maliye bakanı; öfkeyi emniyet müdürü, duyu organlarını ise, istihbarat memuru yapar. Her birini bir işle vazifelendirir. Şehrin haberlerini toplarlar. Beynin ön tarafında bulunan hayal kuvvetini, istihbarat şefi yapar. Casuslar bütün haberleri ona getirirler. Beynin arka tarafında bulunan ezberleme kuvvetini sekreter yapar; gelen haberleri saklayıp zamanı gelince vezire sunar. Vezir de, gelen haberlere göre tedbir alır ve bu tedbirleri padişaha arz eder. Şehvet, gazap ve diğerleri padişaha ihanet edip, itaattan dışarı çıkar asi ve düşmanlığa meyleder ve padişaha suikast hazırlarsa, zamanında tedbir alır, onları itaate zorlar. İşte, vezir bu düzen içinde memleketi yönetirse, insan mutlu, nimetin hakkını vermiş ve yaptıklarının mükâfatını haketmiş olur. Eğer bunun tersini yaparsa, baş kaldırmış, isyan etmiş ve nimete nankörlük yapmış olur. Bunun cezasını ise hem dünyada, hem de ahirette görür..

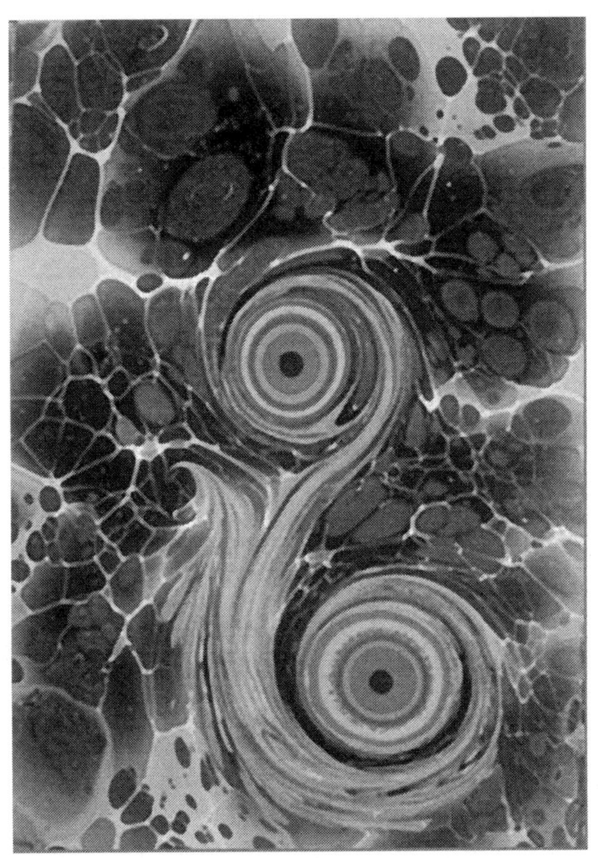

Yirmidördüncü Yolculuk

◊ ◊ ◊ ◊

Bil ki ey nefsim! Senin o beden ülken cana teslim edilmiştir.

24. SIR: Varlık ve yokluk, Leyla ve Mecnun gibi birbirini seven iki âşıktır.

Ney: Bil ki ey nefsim! Senin o beden ülken cana teslim edilmiştir. Can ise, hakikate mazhardır, taklide değil! İşte şu hakikatin sırrını öğrenmek istiyorsan şu temsilî iki hikâyeciği dinle:

YOKSUL KÖYLÜ VE ÖKÜZÜ

Hz. Musa, zamanında İsrailoğullarından bir köylü, öküzünü ahıra bağlamıştı. Bir Aslan gelip öküzü yedi, yerine geçip oturdu. Köylü, ahırdan gelen sesleri işitince geceleyin ahıra gidip köşeye, bucağa el atarak yoklamaya başladı ve öküzü aramaya koyuldu. Elini aslana sürerek, sırtını ve yelesini yukarı aşağı okşamaya başladı. Aslan içinden şöyle diyordu: "**Aydınlık olsaydı ödü patlar, yüreği taş kesilirdi. Fakat şimdi gece olduğu için her taraf karanlık ve pervasızca beni okşuyor, kaşıyor. Çünkü gece vakti beni öküz sanıyor!**" demekteydi. Bunun üzerine Hak Teala köylüye şöyle seslendi: "**Ey mağrur kör, Tur dağı benim adımdan paramparça olmadı mı? Eğer biz kitabımızı dağa indirseydik dağ parçalanır, yerinden kopar, başka bir yere göçerdi.**" Bunun üzerine köylü tevbe istiğfar etmeye ve Allah'ın adına sığınarak af dilemeye başladı. Fakat Hak teala şöyle seslendi:

"Sen şimdi korktuğun için ve benim adımı babandan, anandan işittiğin için bu ada gafilce yapıştın. Bu sırrı taklitsiz anlasaydın benim lütfumla günahsız bir hale

gelir, şimdi feryad etmezdin. İşte şimdi tehdit için başına gelen şu hikâyeden ibret al da taklidin zararını bil!"

SOFİ VE EŞEĞİ

Yine eski zamanlardan birinde bir sofi yoldan gelip bir tekkeye misafir oldu. Eşeğini götürüp ahıra bağladı. Eşeğin suyunu ve yemini verdi. Fakat, önceki hikâyedeki gibi yapmadı, ihtiyatlı davrandı, fakat kaza gelince ihtiyatın ne faydası olur? Tekkedeki sofiler, aç ve yoksul kişilerdi. İşte bu yüzden şöyle denmiştir: "Yoksulluk, az kalsın helâk edici bir küfür olacaktı." İşte ey zengin, sen toksun, ama sakın o dertli yoksulun aykırı hareketine gülme! Neyse... Hikâyeye devam edelim. O sofiler, acizlikten umumiyetle birleşip eşeği sucuk yapan bir yere satmaya karar verdiler. Ne yaparsın, zaruret olunca murdar da mubahtır, necis et de! Nice kötü şeyler vardır ki, zarurette iyi ve doğru olur... Hemencecik o eşekceğizi sattılar, yiyecek aldılar, mum yaktılar. "**Tekkede bu gece yemek var!**" diye bir velveleye düştü herkes. "**Öyle ya, bu sabır ne zamana kadar sürecek, bu üç günlük oruç ne vakte kadar devam edecek, şu zembil taşıyıp dilenme ne zamana sürüp gidecekti? İşte, o gece biz de halktan sayılırız, bizim de canımız var. Bu gece devlete erdik, tekkemize konuk geldi!**" dediler ve eşeği satıp bir güzel eğlendiler. Hakikatte ise eşeğin satıldığından haberi olmayan sofi yolcu da bu eğlenceye katıldı. Gel gör ki, sofilerin kendisini birer birer ağırladığını, güzel bir surette izzet ve ikramda bulunduğunu görünce ve kendisine olan meyil ve muhabbetlerini görünce "Bu gece eğlenmeyeyim de ne vakit eğleneyim?" dedi. Yemek yediler semaya başladılar. Tekke, tavanına kadar toza dumana boğuldu. Bir taraftan mutfaktan çıkan duman, bir taraftan o ayak vurmalardan çıkan toz, bir taraftan sofilerin iştiyak ve vecdle oynamaları ortalığı birbirine katmıştı. Kâh el çırparak ayak vuruyorlar, kâh secde ederek yeri süpürüyorlardı. Ne demişler, dünyada tamahsız sofi az bulunur. O sebepten sofi hayli hor, hakirdir. Ancak Allahın nuruyla doyan ve dilenme zilletinden kurtulmuş olan sofi, bundan müstesnadır. Fakat sofilerin binde biri bu çeşit sofilerdendir. Ötekileri de onun sayesinde yaşarlar. Sema gösterisi, baştan sona doğru yaklaşmaya başlayınca çalgıcı bir yörük seması usulünce şöyle taganni etmeye başladı. "**Eşek gitti, eşek gitti!**" demeye koyuldu. Bu hararetli usule hepsi uyup, bu şevkle seher vakti olana kadar ayaklarını yere vurup el çırparak "**Ey oğul, eşek gitti, eşek gitti**" dediler. O, konuk olan sofi de onları taklit ederek "**eşek gitti!**" diye bağırmaya başlamıştı.

Sema gösterisi sona erip, sabah olunca hepsi vedalaşıp gitti. Tekke boşaldı, yalnızca bizim sofi kaldı. Eşyasının tozunu silkmeye başlamıştı. Nesi var, nesi yoksa hücreden dışarı çıkardı. Eşeğine yükleyip yola çıkmaya niyetleniyordu. Alelacele yoldaşlarına yetişip ulaşmak üzere eşeği getirmek için ahıra gitti, fakat eşeğini bulamadı. "**Hizmetçi suya götürmüştür. Çünkü dün gece az su içmişti.**" dedi içinden. Hizmetçi gelince sofi, "Eşek nerede?" dedi. Hizmetçi "**Sakalını yokla!**" diye cevap verdi, derken kavga başladı. Sofi "**Ben eşeği sana vermiştim onu sana ısmarlamıştım. Yolu yordamınca konuş, delil getirmeye kalkışma. Sana ısmarladığım eşeğimi getir. Sana verdiğimi senden isterim. Onu iade et. Peygamber dedi ki. 'Elinle aldığını geri vermek gerek**' serkeşlik eder de buna razı olmazsan mahkeme işte şuracıkta, kalk gidelim" dedi. Hizmetçi: "Sen ne diyorsun. Sofilerin hepsi hücum etti, ben mağlûp oldum, yarı canlı bir halde zor kaçtım ellerinden. Sen bir ciğer parçasını kedilerin arasına atmışsın haberin yok, sonra da onu aramaya kalkışıyorsun. Üstelik bir de beni suçluyorsun. Yüz açın önüne bir parçacık ekmek atıyor, yüz köpeğin arasına zavallı bir kediyi bırakıyorsun!" dedi. Sofi dedi ki: "Tutalım ki sen haklısın ve senden zorla eşeği aldılar ve benim gibi yoksul birisinin kanına girdiler. Ya niçin bana gelip de söylemiyor, bîçare eşeğini götürüyorlar demiyorsun? Eğer söyleseydin eşeği kim aldıysa ondan alırdım, yahut da parasını aralarında paylaşırlar, o paraya razı olurdum. Onlar o vakit buradaydılar. Yüz türlü çare bulunurdu. Halbuki şimdi her birisi bir tarafa gitti! Kimi tutayım? Kime gideyim? Bu işi başıma sen açtın, seni kadıya götüreyim de gör! Oysa kadı bana "Niçin gelip de bana haber vermedin, böyle bir korkunç zulme uğradın da şikâyetçi olmadın" diye beni suçlayacaktır."

Bunun üzerine **hizmetçi**: "Vallahi kaç kere geldim, sana bu işleri anlatmak istedim. Fakat sen de "Oğul, eşek gitti!" deyip duruyordun. Hatta bu nağmeyi hepsinden daha zevkli söylemekteydin. Ben de "O da biliyor herhalde, bu işe razı, arif bir adam" deyip geri döndüm" dedi.

Sofi: "Onların hepsi hoş, hoş söylüyorlardı, ben de onların sözünden zevke geldim. Onları taklit ettim, bu taklit beni ele verdi. O taklide iki yüz kere lânet olsun! Hele böyle ekmek için yüzsuyu döken adi adamları taklide! Onların zevki bana da aksediyor, bu akis yüzünden gönlüm zevkleniyordu" dedi.

Ney: İşte ey arif ve sofi kişi! Dostlardan gele akis, sen denizden muhtaç olmaksızın su almaya iktidar kesbedinceye kadar hoştur. İlk önce gelen aksi taklit bil. Sonradan birbiri üstüne ve biteviye gelirse anla ki hakikidir. Hakiki akse erişinceye kadar dostlardan ayrılma. Sedefi terk etme, o katre daha inci olmadı ki. Gözünün, aklının ve kulağının saf olmasını istiyorsan o tamah perdelerini yırt. Çünkü hikâyedeki sofiyi yoldan çıkaran kendi tamahıdır. Yoldan çıkarır da sofinin hali heba olur, ziyan içinde kalır. İşte bak ki, yemeğe, zevk ve semaya tamah etmek, hakikate akıl erdirmesine mani oldu. Ayna, bir şeye tamah etseydi bizim gibi münafık oldu, her şeyi olduğu gibi göstermezdi. Terazinin mala tamahı olsaydı tarttığını nasıl doğru tartardı?

Sofi: İşte bu yüzden her peygamber, kavmine açıkça şöyle seslenir: "**Ben sizden peygamberlik için ücret istemiyorum. Ben delilim, müşteriniz Allah'tır. Allah, benim dellâllığımı iki dünyada da vermiştir. Benim ücretim dosta kavuşmaktır.**"

Ney: İşte şu hakikati anlamak istiyorsan sana çok hikâye de söyleyebilirdim, fakat arif olan kişiye bir tanesi de yeter. İşte can kulağıyla dinlediğin şu hikâyeden anladın ki tamah, adamın kulağına nasıl perde oluyor, anla! Kimde tamah varsa dili tutuk bir hale gelir. Nasıl olur da tamahla göz ve gönül aydınlanır, buna imkân var mı? İşte, tamahkâr adamın gözünün önünde makam ve altın hayali, gözdeki kıl gibidir.

Sofi: Allah razı olsun. Şu hikâye bana yetti, gönül gözümü açtı. Bu kadarı bana ders olsun, yeter. Hem şu sarhoş sofilerden ne hayır beklenebilir ki? Fakat Hak'kın kadehiyle dolu olan sarhoş bundan müstesnadır. Onlar aşk şarabının meyiyle, ilâhî hikmetle sarhoş olmuşlar; halbuki şu sefil sofiler ise, nefislerini tatmin etmek için sarhoş olmuşlardır. Hakiki sofiye hazineler de versen yine hürdür. Sevgiliye kavuşma devletine eren kişinin gözünde de, bu dünya murdar bir şeyden ibarettir. Fakat bu sarhoşluktan uzak olan sofi, nihayet hırs yüzünden nursuz, pirsiz bir hale gelir. Hırsa düşkün olan, yüzlerce hikâye dinler de haris kulağına girmez, akıllanıp ders almaz..

VII. İSTASYON

Yirmibeşinci Yolculuk

Bil ki ey nefsim! Senin o can ülkesinin fabrikasında faaliyet gösteren iki emektar işçin tevekkül ve çalışmaktır.

25. SIR: Ademoğulları aynı vücudun uzuvları gibidir. Çünkü insanların hepsi aynı cevherden yaratılmışlardır. Hepsi de ilâhî emaneti taşımaktadırlar. Zaman bir uzva bir dert verirse öbür uzuvlar rahatsız olurlar. Eğer sen başka insanların dertlerinden üzülmezsen, sana insan demek yakışmaz.

Ney: Bil ki ey nefsim! Senin o Can ülkesinin fabrikasında faaliyet gösteren iki emektar işçin tevekkül ve çalışmaktır. Tevekkül ise, çalışmaya bağlıdır, tembelliğe değil. İşte şu hakikatin sırrını öğrenmek istiyorsan şu temsili hikâyeciği dinle:

TAVŞAN VE ASLAN:

Güzel bir derede av hayvanları, aslanın korkusundan ıztırap ve korku içindeydiler. Çünkü aslan, daima pusudan çıkıp birisini kapmaktaydı. O otlak bu yüzden hepsine fena geliyordu. Bir gün düşünüp taşındılar ve bir hileye başvurmaya karar verdiler; aslanın huzuruna geldiler: "Biz sana gündelikle yiyecek verip doyuralım. Bundan sonra hiçbir av peşine düşme ki bu otlak bize zehir olmasın." dediler. Aslan dedi ki: "Eğer hileye uğramazsam, vefa görecek olursam dediğiniz doğru olsun, kabul ederim. Ancak ben şu zamana kadar bunun gibi çok hileler görmüşümdür. İnsanların yaptıkları işlerden, ettikleri hilelerden helâk olmuşum; o yılanlar, o akrepler tarafından çok ısırılmışım. Fakat, içimdeki pusu kurmuş olan nefis ise, kibir ve kin bakımından bütün adamlardan daha beterdir. Benim kulağım "mümin, bir zehirli hayvan deliğinden iki kere dağlanmaz" sözünü işitti; peygamberin sözünü canla gönülle kabul etti." Hepsi dediler ki: "Ey halden haberdar ormanların hakimi! Çekinmeyi bırak; çekinmek, seni kaderin hükümlerinden kurtaramaz. Belki sen de bir gün bir avcıya yem olabilirsin.

Kaderden çekinmekte perişanlık ve kötülük vardır, yürü, tevekkül et ki tevekkül, hepsinden iyidir. Ey hiddetli aslan! Kaza ile pençeleşme ki kaza da seninle kavgaya tutuşmasın. Tanyerini ağartan Allah'dan bir zarar gelmemesi için kulun Hak hükmüne karşı ölü gibi olması lâzımdır."

Aslan: "Evet, tevekkül kılavuzsa da, bu sebebe teşebbüs de, peygamberin sünnetidir. Ben çok iyi biliyorum ki peygamber, yüksek sesle "Tevekkülle beraber yine devenin ayağını bağla" dedi. "Çalışan kimse Allah'ın sevgilisidir" işaretini dinle; tevekkülden dolayı esbaba teşebbüs hususunda tembel olma" dedi.

Hayvanlar ona: "Çalışıp kazanmana gerek yok. bil ki, halkın itikat zayıflığı yüzünden, harislerin (açgözlülerin) boğazlarına giren miktar ancak bir riya lokması kadar olur. Tevekkülden daha güzel bir kazanç yoktur. Esasen Hak'ka teslim olmadan daha sevgili ne var? Çokları belâdan belâya; yılandan ejderhaya sıçrarlar. İnsan hile etti ama hilesi kendisine tuzak oldu. Can sandığı, kan içici bir düşman kesildi! Kapıyı kapadı, halbuki düşman evinin içindeydi. Firavun'un hile ve tedbiri de işte buna benzer masallardandı. O kin güdücü, yüz binlerce çocuk öldürdü; aradığı ise evinin içinde idi. Madem ki bizim gözümüzde bir çok illet var; yürü kendi görüşünü dostun görüşünde yok et! Bizim görüşümüze bedel onun görüşü, ne güzel bir karşılıktır. Bütün maksatları onun görüşünde bulursun. Çocuk; tutucu, koşucu değilken ancak babasının omuzuna biner. Halkın canları; el ayak sahibi olmazdan, beden kaydına düşmezden evvel vefadan sefaya uçuyordu. Vakta ki, ininiz, oradan (cennetten) aşağı!" emriyle hapis olundular, hiddet, hırs, kanaat ve zaruret kayıtlarına düştüler. Biz Hak'kın hayalî ve süt isteyen yavrularıyız. Peygamber: "Halk Tanrı hayalidir" dedi. "Gökten yağmur veren, rahmetiyle can vermeye de kadirdir" dediler.

Aslan dedi ki: "Evet ama kulların tanrısı bizim ayağımızın önüne bir merdiven koydu. Dama doğru basamak basamak çıkmalı, burada cebri olmak ham tamahtır. Ayağın var, nasıl olur da kendini topal edersin; elin var niye pençeni saklarsın? Efendi, kölesinin eline fırsat verince söylemeden dileği malûm olur. Fırsat gibi olan el de, Tanrı işaretlerindendir. Sonu düşünmek hassası da onun ibarelerindendir. Tanrı'nın işaretlerini canına nakş ederek ve o işarete vefakârlık ederek can verirsen ne âlâ sana. Sana nice sır işaretleri bahşeyler; senden yükü kaldırır, seni iş-güç sahibi eder. Şimdi yük altındasın; Tanrı seni yükler, bidirir. Şimdi onun emrini kabul etmektesin; sonra seni makbul eder. Şimdi onun emrini kabul etmişsin, sonra o emirleri söylersin. Şimdi vuslat arıyorsun, ondan sonra da vasıl olursun. Allah'ın nimetlerine şükretmeye çalışmak kudrettir. Senin cebriliğin ise o nimeti inkârdır. Onun verdiği kudrete şükretmek kudretini arttırır. Cebir ise nimeti elinden çıkarır. Senin cebriliğin yolda uyumaktır, uyuma; o kapıyı, o dergâhı görmedikçe uykuya dalma! Ki, rüzgâr her anda dalları silkip başına çerez ve azık döksün. Cebre inanmakla yol kesen haydutlar arasında uyumak müsavîdir. Vakitsiz öten kuş nasıl olur da kurtulur? Eğer onun işaretlerine burun büküyorsan kendini erkek mi sanıyorsun! Sendeki bu kadarcık akıl da zayi olur, aklı uçan başsa buyruk kesilir! Zira şükür etmemek uğursuz ve ayıp bir şeydir; o hal, şükretmeyeni, ta ateşin dibine kadar çeker götürür. Tevekkül ediyorsan çalışmak hususunda tevekkül et; kazan da sonra Allah'a dayan!"

Hepsi ona bağırarak dediler ki: "Sebep tohumlarını eken o harisler.." Kadın, erkek nice yüz binlerce kişi, neden oldu da zamanın menfaatlerinden mahrum kaldılar? Dünyanın başlangıcından beri yüz binlerce kavim, ejderha gibi ağız açmışlar; O bilgili, idrakli kavimle hileler düzmüşler, tedbirlerde bulunmuşlardır. Öyle tedbirler ki o tedbirlerle dağ bile ta dibinden kopar, yerinden ayrılırdı. Allah, onların hile ve tedbirini "o tedbirler yüzünden dağların tepeleri bile oynar, yıkılır, dümdüz olurdu" diye yermedi mi? (Bunca tedbirlerine rağmen) o avlanmalarından, o çalışmalarından ezelde verilen kısmetten başka bir şey yüz göstermedi mi? Hepsi tedbirlerden de aciz kaldılar, çalışmadan da; ortada Allah'ın işi ve hükümleri kaldı. Adı sanı belli kişi! Kazanmayı bir addan başka bir şey bilmeyen; ey kurnaz ve hilekâr adam! Çalışmayı bir vehimden başka bir şey sanma."

Saf bir adam, bir kuşluk zamanında koşa koşa Süleyman'ın adalet sarayına erişti. Yüzü gamdan sararmış, dudakları morarmıştı. Süleyman ona "Efendi ne oldu?" dedi. O "Azrail, bana öyle bir hışımla, öyle bir kinle baktı ki..." dedi. Süleyman "Peki şimdi ne diliyorsan dile bakalım" dedi. O dedi ki: "Ey canları koruyan rüzgâra emret; beni ta Hindistan'a götürsün; belki kulunuz oraya gidince canını kurtarır."

İşte halk fakirlikten böyle korkar. Onun için insanlar hırs emeline lokma olurlar. Fakirlikten korkmak, tıpkı o adamın ölümden korkmasına benzer. Hırsı, çalışmayı da sen Hindistan farz et!

Süleyman rüzgâra emretti; rüzgâr da onu derhal Hindistan'da bir adaya götürdü. Ertesi gün Süleyman, divan vakti halkla buluşunca Azrail'e dedi ki: "O müslümana ne sebeple hışımla baktın? Ey Allah'ın elçisi, bana anlat. Acaba bu işi o adamı işlerinden avare etmek için mi bunu yaptın?

Azrail, cevaben dedi ki: "Ey cihanın zevalsiz padişahı! O ters anladı; ona hayal göründü. Ben ona hışımla ne vakit baktım? Onu yol uğrağında görünce şaşırdım. Çünkü Hak bana "Haydi bugün var onun canını Hindistan'da al" buyurdu. Taacüple "yüz tane kanadım olsa da Hindistan'a gitmek yine de uzaktır" dedim.

İşte sen dünya işlerini hep buna kıyas et, gözünü aç ta gör! Kimden kaçıyoruz, kendimizden mi? Ne olmayacak şey! Kimden kapıp kurtarıyoruz, Hak'tan mı? Ne boş zahmet.

Aslan dedi ki: "Doğru ama Peygamberlerin, müminlerin çalışmalarını da gör. Cefadan, kahırdan ne gördülerse mükâfata nail oldular; Allah onların mücadelesini zayi etmedi. Onların baş vurdukları çareler her hususta lâtif oldu. Çünkü zariften ne gelirse zariftir. Tuzakları felek kuşunu tuttu; noksanları tamam sayıldı. Ey ulu kişi! Nebilerin ve velilerin yolunda çalış. Kaza ve kaderle pençeleşmek mücadele sayılmaz. Çünkü bizi pençeleştiren, savaştıran da kaza ve kaderdir. Bir kimse iman ve itaat yolunda yürüyüp de bir an bile ziyan etmişse kafirim! Başın yarılmamış, şu başını bağlama. Birkaç gün çalış da ondan sonra gül! Dünyayı arayan kimse, olmayacak ve kötü bir şey arar. Ukbayı arayansa, kendine iyi bir hal aramış olur. Dünya kazancı için çarelere baş vurmak soğuk bir şeydir. Dünyayı terk etmek için çarelere baş vurmak ise caizdir, emredilmiştir. Hile ve çare diye bir zindanı delip çıkmaya benzer. Yoksa birisi zaten açılmış deliği kapatırsa yaptığı iş, soğuk ve ters bir iştir. Bu dünya zindandır, biz de zindandaki mahkûmlarız. Zindanı del kendini kurtar!

Dünya nedir? Allah'dan gafil olmaktır. Kumaş, para, ölçüp tartarak ticaret yapmak ve kadın; dünya değildir. Din yolunda sarf etmek üzere kazandığı mala, Peygamber "ne güzel mal" demiştir. Suyun gemi içinde olması geminin batmasıdır. Gemi altındaki su ise gemiye; geminin yürümesine yardımcıdır. Mal, mülk sevgisini gönülden sürüp çıkardığındandır ki Süleyman, ancak yoksul adını takındı. Ağzı kapalı testi, içi hava ile dolu olduğundan derin ve uçsuz bucaksız su üstünde yüzüp gitti. İşte yoksulluk havası oldukça insan, dünya denizine batmaz, o denizin üstünde durur. Bütün bu dünya, onun mülkü olsa bu mülk, gözünde hiçbir şey değildir. Şu halde kalbini Min Led'ün ululuğunun havası ile doldur, ağzını da bağla mühürle! Çalışma da haktır, deva da haktır, dert de hak. Münkir kimse çalışmayı inkâr da, ısrar eder, durur."

Aslan, bu yolda bir çok deliller getirdi. Tüm o ısrar eden hayvanlar aslanın cevaplarına kandılar. Tilki, geyik, tavşan ve çakal cebir inanışını ve dedikoduyu bıraktılar, kadere ve tevekküle inanmaya başladılar. Bu biatı sağlamlaştırmak için ve ziyana düşmemek için kükremiş aslanla ahitlerde bulundular. Zahmetsizce her günün kısmeti gelecek, aslanın başka bir teşebbüse ihtiyacı kalmayacaktı. Kura kime isabet ederse günü gününe aslanın yanına sırtlan gibi koşacak, teslim olacaktı. Gel, gör ki; bu kadeh dönerek tavşana gelince; tavşan haykırdı: "Niceye dek bu zulüm?"

Hayvanlar dediler ki: "Bunca zamanlardır ahdimize biz vefa ederek can feda ettik. Ey inatçı, bizim kötü bir adla anılmamıza sebep olma, aslan da incinmesin. Yürü, yürü: çabuk, çabuk!"

Tavşan: "Dostlar, bana mühlet verin de hilemle sizde belâdan kurtulun. Benim hilemle canımız kurtulsun, bu hile çocuklarımıza miras kalsın. Her peygamber, dünyada ümmetini böyle bir kurtuluş yerine davet etti.

Peygamberler, halk nazarında gözbebeği gibi küçük görünürlerdi ama felâketten kurtuluş yolunu görmüşlerdi. Halk, peygamberleri; gözbebeği gibi küçük gördü, gözbebeğinin manen büyüklüğünü kimse anlayamadı."

Hayvanlar ona: "Ey eşek, kulak ver! Kendini tavşan kadrince tut, haddini aşma! Bu ne lâftır ki senden daha iyiler, dünyada onu hatırına bile getirmezler. Ya gururlandın, yahut da kaza, bizim izimizde. Yoksa bu lâf, senin gibisine nereden yaraşacak? Dediler.

Tavşan: "Dostlar, Hak bana ilham etti. Hakikaten zayıf birisi, kuvvetli bir rey ve tedbire nail oldu. Hak'kın arıya öğrettiğini, aslan ve ejderha bilemez. Arı, taptaze balla dolu petekler yapar. Allah ona o ilimden kapı açtı. Hak'kın ipekböceğine öğrettiğini hiçbir fil bilebilir mi? Toprağa mensup insan Hak'tan ilim öğrendi ve o bilgi ile yedinci kat göğe kadar bütün âlemi aydınlattı; Allah'a şüphe eden kişinin körlüğüne rağmen meleklerin adını, sanını unutturdu; altı yüz bin yıllık o zahidin, o buzağının ağzını bağladı. Bu suretle din bilgisi sütünü emmesine, o yüce ve sağlam köşkün etrafında dönüp dolaşmasına mani oldu. Duygu ehlinin, yalnız zahire itibar edenlerin bilgileri, o yüce bilgiden süt emmeleri için ağız bağıdır. Gönül katresine bir inci düştü ki o inci denizlere; feleklere bile verilmemiştir.

Ey surete tapan! Niceye dek sürer kaygıların? Senin manasız canın suretten kurtulmadı, gitti. Eğer insan, suretle insan olsaydı Ahmet'le Ebucehil müsavi olurdu.

Duvar üstüne yapılan insan resmi de insana benzer. Bak, suret bakımından nesi eksik? O parlak resmin yalnız canı noksan. Yürü o nadir bulunan cevheri ara; Eshab-ı Kehf'in köpeğine el verilince, dünyadaki bütün aslanların başları alçaldı. Can, nur denizinde gark olduktan sonra ona, kötü ve çirkin suretin ne ziyanı vardır? Kalemler sureti övmezler. Kitaplara da adamın suretine ait vasıflar değil, "âlim, adalet sahibi " gibi zatına ait vasıflar yazılır: Bilgi ve adalet sahibi... Hep manadır, onların önünde ve ardında. Bir yerde bulamazsın; zata ait sıfatlar Lâmekân elinden cana şule vermektedir; can güneşi, göklere sığamaz" dedi.

Bu sözün sonu yoktur. Kulak ver tavşan hikâyesini anla! Eşek kulağını sat, başka bir kulak al ki bu sözü eşek kulağı anlayamaz!

Yürü, tavşanın tilki gibi kurnazlığına bak, onun düşüncesini ve aslanı mağlup edişini gör! Bilgi, Süleyman mülkünün hatemidir; bütün âlem cesettir, ilim ise can.

Bu hüner yüzünden denizlerin, dağların, ovaların mahlûkatı, insanoğluna karşı aciz kalmıştır. O yüzden kaplan ve aslan; fare gibi korkmaktadırlar. O yüzden ovada, dağda bütün vahşi hayvanlar gizlenmişlerdir. O yüzden periler, şeytanlar, kenarı boylamışlar, her biri gizli bir yerde mekân tutmuşlardır. İnsanoğlunun gizli düşmanı çoktur. İhtiyata riayet eden kişi akıllıdır. Bizden gizli; güzel, çirkin, nice mahlûkat vardır ki onlar daima gönül kapısını çalıp dururlar.

Yıkanmak için dereye girince derenin dibindeki diken sana zarar verir; gerçi diken suyun dibinde gizlidir, fakat sana batınca mevcudiyetini anlarsın.

Vahiy ve vesveselerin ızdırapları, binlerce kişiden gelir, bir kişiden değil. Şüphe ediyorsan sabret, duyguların değişince onları görürsün, müşkül hallolur; O vakit kimlerin sözlerini ret etmişsin, kimleri kendine ulu eylemişsin görürsün.

Ondan sonra dediler ki: "Ey çevik tavşan! Aklındakini meydana çıkar! Ey bir aslanla pençeleşen, kavgaya girişen, düşündüğün şeyi söyle! Danışmak, insana anlayış ve akıl verir; akıllar da akıllara yardım eder. Peygamber "Ey tedbir sahibi, danış ki kendisiyle danışılan kişi emindir" dedi.

Tavşan: "Her sır söylenemez, kâh çift dersin, tek olur; kâh tek dersin, çift çıkar! Aynanın berraklığını, yüzüne karşı översen nefesinden ayna çabucak buğulanır, bulanır, bizi göstermez olur. Şu üç şey hakkında dudağını kıpırdatma: Gittiğin yol, kazandığın paran, bir de mezhebin. Çünkü bu üçünün de düşmanı çoktur. Düşman bildi mi, sana pusu kurar. Bir iki kimseye söyledin mi, artık sırra veda et. İki kişiyi aşan bir başkasına da söylenen her sır, yayılır. İki üç kuşu birbirine bağlasan elem içinde yerde hapis kalırlar. Üstü örtülü güzel bir tarzda, kurtulmak için konuşur, danışırlar. Birbirlerine danışmaları, görenleri yanıltacak şekilde kinayeler, benzetmeler şeklindedir. Peygamber, kapalı bir tarzda meşveret ederdi. Ashabı cevap verir, düşman haberdar olmazdı. Düşman, baştan ayağı bilmesin, bir şeyi sezmesin diye reyini kapalı misalle söylerdi. Bu misalle muradını anlatmış olurdu. Diğerleri ise, O'nun bu sorusundan bir koku bile duymaz, hiçbir şey anlamazdı" dedi.

Tavşan, aslana gitmede biraz gecikti, sonra pençesi kuvvetli aslanın yanına gitti. Aslan tavşan gecikti diye pençesi ile toprağı kazmakta, kükremekteydi:

Aslan, "Ben, o alçakların ahdi hamdır, ham ahitleri kötüdür, sözlerinde durmazlar dememiş miydim. İşte, onların kaba gürültüleri beni yaya bıraktı. Bu felek beni ne vakte kadar aldatacak, ne vakte kadar? Tedbirsiz emir adamakıllı aciz kalır. Çünkü ahmaklığından dolayı ne önünü görür, ne de ardını!" dedi. Yol düzgün ama altında tuzaklar var. Yazının tarzı hoş ama içinde mana kıt. Sözler, yazılar, tuzaklara benzer. Tatlı sözler bizim ömrümüzün kumudur. İçinde su kaynayan kum pek az bulunur; yürü, onu ara! Ey oğul! O kum, Allah eridir. O er kendinden ayrılmış Hak'a ulaşmıştır. Onda dinin tatlı suyu kaynayıp durmaktadır. İstekliler o sudan hayat bulurlar, gelişirler, yetişirler. Allah erinden başkasını kuru kumsal bil ki o kumsal, her zaman senin ömür suyunu içer, mahveder. Hakim olan erden hikmet iste ki onunla görücü, bilici olasın. Hikmet arayan hikmet kaynağı olur, tahsilden ve sebeplere teşebbüsten kurtulur. Bilgileri hıfzeden levh, bir Levh-i Mahfuz olur; aklı ruhtan nasiplenir, feyz alır. Önce aklı hoca iken, sonra akıl ona şakirt olur. Akıl; Cebrail gibi "Ey Ahmet, bir adım daha atarsam yanarım! Sen beni bırak, budan sonra sen kendin ileri yürü. Ey can sultanı benim haddim bu karardır" der. Tembellik yüzünden şükür ve sabırla kalan, ancak şunu bilir: Ayağını "cebir" tutmuştur. (Bana bunu Allah vermiş demektedir).Cebir iddia eden, hasta değilken kendisini hasta göstermiştir. Nihayette hastalık o kimseyi sıhhatten ayırmıştır. İşte bu yüzden, peygamber: "Şakacıktan hastalanış, gerçekten hastalık getirir ve o adam nihayet mum gibi söner gider" dedi.

Cebir ne demektir? Kırık sarmak, yahut kopmuş damarı bağlamak. Madem ki bu yolda ayağını kırmadın; kiminle alay ediyorsun, ayağını niye sardın? Çalışma yolunda ayağı kırılana derhal Burak geldi ona bindi. Din emirlerini yüklenmişti, şimdi kendi bindi. Ferman kabul ediciydi, makbul oldu. Şimdiye kadar padişahın fermanını kabul eder, o fermana uyardı; bundan sonra askere ferman verir! Şimdiye kadar talih yıldızı ona tesir ederken, bundan sonra o zat yıldızın üzerine emredici olur. Eğer sen bundan şüphelenirsen o halde "Şakk-ı Kamer" den de şüphelisin. Ey gizlice heva ve hevesini tazeleyen kimse! İmanını tazele ama yalnız bu yalnız dille olmasın. Heva ve heves tazelenip durdukça iman taze değildir. Çünkü heva iman kapısının kilididir. Bakir sözü tevil etmişsin; sen kendini tevil et, Kur'anı değil. İsteğine göre Kur'anı tevil ediyorsun. Yüce mana, senin tevilinden aşağılandı, aykırı bir şekle girdi!.. Senin ahvalin bir sineğe benzer ki, o kendini bir adam sanır. İçmeden kendi kendine sarhoş olmuş, zerresini güneş görmüş. Doğan kuşlarının övüldüğünü işitmiş; "Şüphe yok ki ben vaktin Anka'sıyım" demişti. O sinek eşek sidiği birikintisindeki saman çöpünün üstünde gemi kaptanı gibi baş kaldırıp. "Ben, deniz ve gemi hikâyesini okumuş, bir zaman bunu düşünmüştüm. İşte şu deniz, şu gemi, ben de ehliyetli, rey ve tedbir sahibi bir kaptanım" dedi. Deniz üstünde salınıp durmaktaydı. O kadarcık bir su ona haddinden fazla göründü. Evet, o sidik sineğe göre hudutsuzdu. Fakat, Sinekte onu olduğu gibi görecek göz nerede? Onun âlemi kendi görüşüne göre olur. Gözü bu kadardır, denizi de ona göre! İşte, batıl tevilci, şu sinek gibidir. Vehmi eşek sidiği, tevil ve tasavvuru saman çöpüdür. Eğer sinek kendi reyiyle sağlandığı tevilden geçse, baht o sineği hüma yapar. Bu ibret gözüne sahip olan sinek olmaz; ruhu, surete lâyık olmayacak derecede yüksek bir zat olur. Aslanla pençeleşen o tavşan gibi. Onun ruhu, nasıl olur da küçücük cüssesine lâyık olur?

Aslan hiddetle: "Niçin bu kadar geç kaldın?" diye bağırdı.

Tavşancık boynunu büküp: "Hiç sormayın efendim dedi, yolda gelirken başka bir arslan gördüm, kralın kendisi olduğunu söyleyip size olmadık hakaretler savurdu, elinden güçlükle kurtuldum." Kral arslan daha çok sinirlenmişti. "Kim bu küstah! diye kükredi. Galiba kanına susamış. Gideyim de cezasını bir güzel vereyim onun."

Tavşan önde, Arslan arkada yola düştüler. Bir süre gittikten sonra derince bir kuyunun başına ulaştılar.

Tavşan: "İşte size hakaret eden yalancı kral bu kuyu içinde efendimiz!" dedi. Arslan kuyuya eğilip bakınca su üzerine akseden kendi şeklini gördü. Bağırıp çağırmaya başladı. Sudaki akside aynı şekilde bağırıp çağırınca kendinden geçip hırsla atıldı ve bir anda kendini buz gibi suların içinde buldu. Küçücük bir tavşan tarafından aldatıldığını farkettiğinde iş işten geçmişti.

Aslan şöyle dedi: "Düşman aldatıcı sözlerle gözümü kapattı. Cebrilerin hileleri beni bağladı, tahta kılıçları vücudumu yordu. Bundan sonra ben artık o gürültüyü dinlemem. Onlar hep şeytanların, gulyabanilerin sesleri! Ey gönül; durma, onları parçala, derilerini yüz. Zaten onlar deriden başka, suretin kabuklarından başka bir şey değildir! diyordu.

Sufi: İşte ey kişi; deriden maksat nedir? Renk renk lâflar. Su üstündeki, durmalarına imkân olmayan menevişler gibi. Bu söz deri gibidir, mana onun içi; bu söz, ceset gibidir, mana, can. Kötü için ayıbını deri örter; iyi içi de gayret dolayısı ile gayb âlemi. Kalemin rüzgârdan, kağıdın sudan olursa ne yazarsan derhal yok olur. Manasız söz su üstüne yazılan yazıdır. Ondan vefa umarsan iki elini ısırarak dönersin (pişman olursun). İşte, şu rüzgâr, insandaki heva ve arzudur. Heva ve hevesten geçersen Allah'ın haberi kalır, ondan haber alırsın. Allah'ın haberleri çok hoştur; çünkü baştan sona kadar ebedîdir.

Peygamberlerin ululuğundan ve hutbelerinden gayrı padişahların hutbeleri, ulukları, adları, sanları değişir baki kalmaz. Çünkü padişahların kuvvetleri hevadandır. Peygamberlerin icazetnameleri ise ululuk sahibi Allah'dandır. Paralarına padişahların adlarını kazırlar; Ahmed'in adını ise kıyamete kadar Levh-i mahfuza kazırlar. **Ahmet**'in adı, bütün peygamberlerin adıdır. Yüz elimizde olunca doksan da bizde demektir..

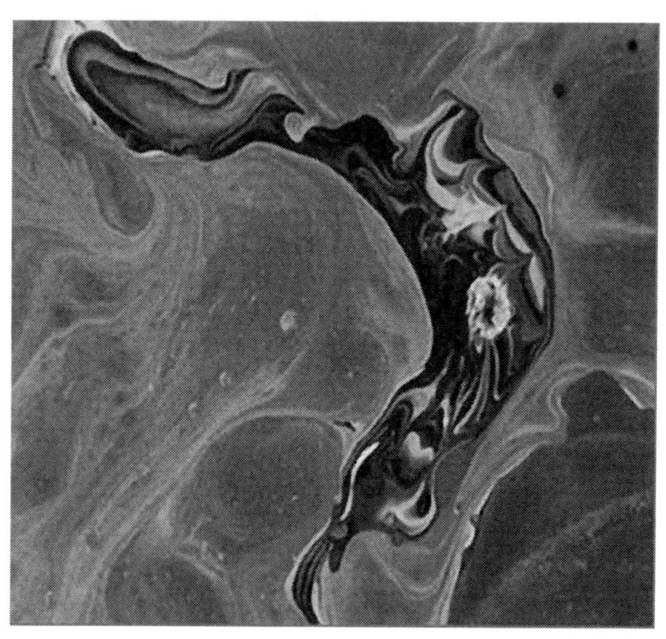

Yirmialtıncı Yolculuk

◊ ◊ ◊ ◊

Bil ki ey nefsim! Şu hikâyelerin ve yolculukların sonunda anladın ki, gökler, yerler ve ikisinin arasındakiler boş yere yaratılmamıştır.

26. SIR: Ey zavallı insan! Senin varlığın Hakk'ın varlığı önünde yoktur. Yoktan ibarettir. Sen var gibi görünen bir yoksun. İşte bu hakikati anlarsan şaşılıktan kurtulursun.

Ney: Bil ki ey nefsim! Şu hikâyelerin ve yolculukların sonunda anladın ki, gökler, yerler ve ikisinin arasındakiler boş yere yaratılmamıştır. İşte şu hakikatin bir sırrını anlamak istiyorsan şu hikâyeyi dinle:

HİÇBİR ŞEY GAYESİZ DEĞİLDİR:

Hiçbir ressam var mıdır ki yaptığı resmi, hiçbir menfaat ümidi gözetmeden yalnız resim yapmak için yapsın. Hem resim yapmak için yapar, hem de uluların büyüklerin bir vesile ile kederlerinden kurtulmalarını ister. Çocukların neşelenmesini, bu resimle ölüp gitmiş dostların, dostlar tarafından hatırlanmasını diler.

Hiçbir testici yoktur ki, içine su konmasını düşünmeden testisini, sırf testi yapmak için yapsın! Hiçbir kaseci yoktur ki kaseyi ancak kase olmak için yapsın da içine yemek konmak için yapmasın!

Hiçbir hattat yoktur ki özene bezene yazdığı yazıyı yalnız yazısını, yazısının güzelliğini göstermek için yazsın da okumak için yazmasın.

Görünen suret gayb âlemindeki surete delalet eder, o da başka bir gayb suretinden vücut bulmuştur. Böylece bunları, görüşünün miktarınca ta üçüncü dördüncü, onuncu surete kadar say dur.

İşte şunlar, satranççtaki oyunlara benzer ki, her oyunun faydasını ondan sonrakinde görürsün. Bu oyunu, o gizli oyunu oynamak için, onu da diğer bir oyun için. Nihayetinde, o oyunu da bir başka oyun için oynarlar. Gözünü böylece etraftan ileriye çevir de ta karşındakini mat edip oyunu kazanıncaya dek ne oyunlar oynayacaksan hepsini gör. Merdiven basamaklarına çıkmak için önce birincisine, sonra ikincisine basmak lâzım. İkincisi de bil ki, üçüncüsüne çıkmak için kurulmuştur. Böylece, böyle merdivenin son basamağına çıkar dama varırsın.

Yemek tenasül içindir. Tenasül de soy sop üretmek, gönlü gözü aydınlatmak içindir. Fakat kısa görüşlü adam, ilk işten başka bir şey görmez. Aklı yerde yetişen otlara benzer, yere mahkûmdur, gezmez dolaşamaz. Otu, ha çağırmışsın, ha çağırmamışsın. Ayağı toprağa kakılmış kalmıştır. Rüzgârın tesiri ile başını sallasa da baş sallanmasına aldanma.

Başı, ey seher yeli, duyduk, peki der ama ayağı isyan ediyoruz bırak bizi der. Kısa görüşlü de gezip dolaşmayı bilmediğinden aşağılık kişiler gibi sürünüp gider. Körler gibi Tanrı'ya dayanıp adım atar.

Savaşta Tanrı'ya dayanmaktan ne fayda çıkar ki? Bu tavla oynayan acemilerin Tanrı'ya dayanmasına benzer. Donup kalmamış olan keskin bakışlarsa, ileriyi delip gider, perdeleri yırtıp görür. Bu bakışa sahip olanlar, on yıl sonra olacak şeyi şimdicik, hem de gözleri ile görürler.

Böylece herkes bakışı ve görüşü miktarınca gaybı da görür, geleceği de. Hayrı da görür şerri de. Gözün önünde ardında bir engel kalmadı mı bütün dünya dümdüz olur, gaybda gizli olan levhaları bile okur.

Gözünü ardına çevirdi mi, varlığın başladığı zamandan itibaren bütün macera ve âlemin yaradılışı gözüne görünür! Yer meleklerinin ululuk mekânını, Tanrı ile Adem'in halife olması hususunda bahse giriştiklerini duyar, görür. Ön tarafa baktı mı mahşere kadar ne olacaksa onların da hepsi gözünün önünde canlanır.

Şu halde arkaya bakınca aslın aslına kadar; önüne bakınca ise, kıyamete kadar her şey gözüne apaçık görünür. Herkes gönlünün aydınlığı ve cilası nispetinde gaybı görür. Kim gönlünü daha fazla cilaladı ise, daha ziyade keskin görür. Ona daha fazla suretler görünür.

Eğer sen, bu arılık Tanrı lütfudur diyorsan, ben de sana derim ki, gönlünü arıtmaya muvaffak olmak da onun vergisidir, onun lütfundandır. O çalışma da o dua da himmet miktarıncadır. "**İnsan, ancak çalıştığını elde eder!**" ayeti misali. Senin himmeti veren ancak Allah'dır. Hiçbir saman çöpü, padişahın himmetine sahip değildir.

Allah'ın bir adamı bir işe ayırması, bir işe koşması, dileği, isteği, ihtiyar ve iradeyi men etmek değildir ki! Fakat talihsize bir zahmet erdi mi, o pılısını pırtısını toplar, hemen küfür ve isyan semtine çeker gider. Talihli birisine bir zahmet verdi mi, pılısını pırtısını daha yakına çeker getirir.

Kötü yürekliler, korkularından savaşta kaçma sebeplerini düşünürler, o sebeplere yapışırlar. Cesur erlerse, yine can korkusundan düşman saflarına hücum ederler. Korku ve tasa Rüstem'leri ileri götürür. O kötü yürekli korkaksa korkusundan olduğu yerde ölür gider. Belâ ve can korkusu mihenktir. Onun içindir ki yiğitler, tehlike anında korkaklardan ayırt edilirler.

Allah Musa'nın gönlüne vahyetti: "**Ey seçilmiş kişi ben seni seviyorum.**" Musa ey kerem sahibi dedi: sebebini söyle de neyse onu arttırayım. Allah dedi ki: Çocuk, anası kendisine kızsa bile yine anasına sarılır! Ondan başka birisinin varlığını bile bilmez. Ondan mahmurdur, ondan sarhoş. Anası ona bir sille indirse yine anasına gelir, ona sokulur. Ondan başka kimseden yardım istemez Bütün şerri de odur, bütün hayrı da o. Senin hatırında da hayırdan, şerden bizden başka kimse yok. Başka yerlere dönüp bakmıyorsun bile! Benden başka ne varsa sence taştan, kerpiçten ibaret. İster çocuk olsun, ister genç, ister ihtiyar, hiç kimseye aldırış ettiğin yok.

İşte, namazda "**İyyake nabüdü- yalnız sana taparız**" ve belâ vakitlerinde "**Senden başkasından yardım istemeyiz**" demek de buna benzer. Bu "**İyyake nabüdü**" sözlükte hasrdır ve ancak ziyanı gidermeye münhasırdır.

Oysa, "**İyyake nestain**" de hasr içindir ve yardım istemeyi yalnız Allah'a hasreder. Yani bu ayetin manası şudur: Ancak sana ibadet ederiz ve ancak senden yardım isteriz..

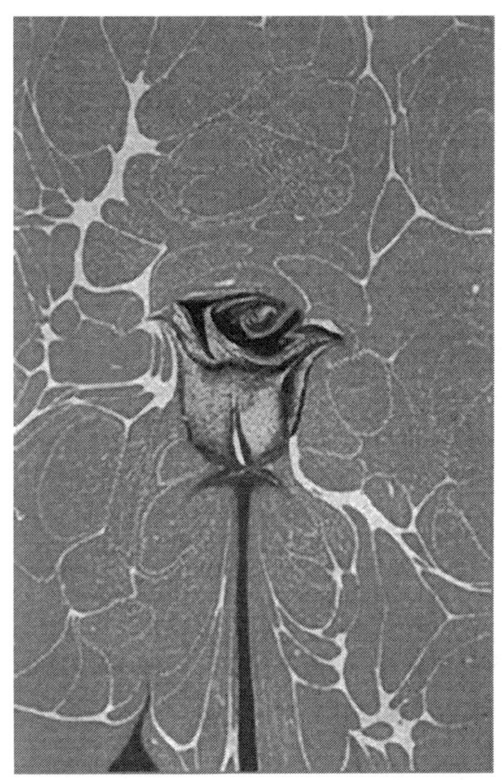

Yirmiyedinci Yolculuk

◊ ◊ ◊ ◊

Bil ki Ey Nefsim! Tapılacak ve yardım istenecek yegâne mabut Allah'dır. Bizleri yarattığı gibi yaptığımız işleri dahi yaratan O'dur.

27. SIR: Ey âşık! Vakit geçirmeden âşıklar evine dön gel! Çünkü aşksız ömür geçirmek, ömrü heba etmek, boş yere harcamaktır.

Ney: Bil ki ey nefsim! Tapılacak ve Yardım istenecek yegâne mabut Allah'dır. Bizleri yarattığı gibi yaptığımız işleri dahi yaratan odur. İşte şu hakikatin bir sırrını bilmek, öğrenmek istiyorsan şu hikâyeyi dinle:

ŞEYTAN ADEM'E NEDEN SECDE ETMEDİ:

Hak'kın yaptıklarını da gör, bizim yaptıklarımızı da. Her ikisini de gör ve bizim yaptığımız işler olduğunu bil, zaten bu meydanda. Ortada halkın yaptığı işler yoksa, her şeyi Hak yapıyorsa, şu halde kimseye "**Bunu niye böyle yaptın?**" demeye, kınamaya hakkın yok! İbrahim Hak'kı misal derim ki: "**Deme niçin böyle. Her şey yerincedir ol öyle. Görelim Mevlâ neyler. Neylerse güzel eyler.**"

İşte, Allah'ın yaratması, bizim yaptığımız işleri meydana getirmektedir. Öyleyse, bizim işlerimiz aslında Allah işinin eserleridir. Söz söyleyen kimse, ya harfleri görür, yahut manayı. Bir anda her ikisini birden nasıl görebilir? İnsan konuşurken manayı düşünür, onu kastederse harflerden gafildir. Hiçbir göz bir anda hem önünü hem ardını göremez. Şunu iyice bil! Önünü gördüğün zaman ardını nasıl görebilirsin?

Madem ki can, harfi manayı bir anda kavrayamıyor, nasıl olur da hem işi yapar, hem o iş yapma kudretini yaratır? Ey nefsim! Allah, her şeye muhittir. Bir işi yapması, o anda diğer bir işi yapmasına mani olamaz. Şeytan, "**Bima ağveyteni**" (Beni niçin azdırdın?) dedi; o alçak ifrit, kendi fi'lini gizledi. Adem ise "**Zalemna enfüsena**" (Nefsimize zulmettik!) dedi; bizim gibi Hak'kın fiilinden gafil değildi. Günah işlediğin halde edebe riayet ederek Allah'a isnat etmedi. Allah'ın halk ettiğini gizledi. O suçu kendine atfettiğinden ihsana nail oldu. Adem, tövbe ettikten sonra Allah, "**Ey Adem! O suçu, o mihnetleri, sende ben yaratmadım mı? O benim takdirim benim kazam değil miydi; özür getirirken niye onu gizledin?**" dedi. Adem "**Korktum, edebi terk edemedim**" deyince Allah, "**İşte ben de onun için seni kayırdım**" dedi.

Hürmet eden hürmet görür. Şeker getiren badem şekeri yer. Temiz şeyler temizler içindir; sevgiliyi hoş tut, hoşluk gör; incit, incin!

Ey gönül! Cebirle ihtiyarı birbirinden ayırt etmek için bir misal getir ki ikisini de anlayasın:

Titreme illetinden dolayı titreyen bir el, bir de senin titrettiğin el. Her iki hareketi de bil ki Allah yaratmıştır; fakat bu hareketi onunla mukayeseye imkân yoktur. İhtiyarınla el oynatmadan pişman olabilirsin; fakat titreme illetine müptela bir adamın pişman olduğunu ne vakit gördün? Anlayışı kıt birisi de şu cebir ve ihtiyar meselesine yol bulsun, bu işi anlasın diye söylediğimiz bu söz, aklî bir söz, aklî bir bahistir. Fakat zaten bu hilekâr akıl, akıl değildir ki.

Aklî bahis başkadır, inci ve mercan bile olsa. Oysa can bahsi, başka bir bahistir. Can bahsi başka bir makamdır, can şarabının başka bir kıvamı vardır. Akıl bahisleri hüküm sürdüğü sırada Ömer'le Ebulhakem sırdaştı. Fakat Ömer, akıl âleminden can âlemine gelince can bahsinde Ebulhakem, Ebucehil oldu. Ebucehil, cana nispetle esasen cahil olmakla beraber his ve akıl bakımından kâmildi. Akıl ve bahsi, bil ki eser, yahut sebeptir (onunla müessir ve müsebbip anlaşılır). Can bahsi ise, büsbütün şaşılacak bir şeydir.

Ey nur isteyen! Can ziyası parladı; lâzım, mülzem, nafi, muktazi kalmadı. Hakkı bir gören kişinin, nuru doğmuş parlamaktayken, iğne gibi dar bir delikten de geçebileceği meydandadır.

Yine hikâyeye geldik; zaten ne zaman hikâyeden ayrıldık ki? Cehil bahsine gelirsek o Allah'ın zindanıdır; ilim bahsine gelirsek, O'nun bağı ve tutsağı. Uyarsak onun sarhoşlarıyız; uyanık olursak onun hikâyesinden bahsetmekteyiz. Ağlarsak rızıklarla dolu bulutuyuz; gülersek şimşeği! Kızar, savaşırsak bu, kahrının aksidir; barışır, özür dilersek, bu da muhabbetinin aksidir.

Bu dolaşık ve karmakarışık âlemde biz kimiz? Elif gibiyiz. Elif'inse esasen, hiç ama hiçbir şeyi yoktur!..

Yirmisekizinci Yolculuk

◊ ◊ ◊ ◊

Bil ki ey nefsim! Kendi ayıbını
görmedikçe Başkasını kınama.

28. SIR: Eflâtunlar, Calinoslar aşkı
anlatmak için akla dayandıklarından
bize karşı yokluğa düşmüşler, illetlere
uğramışlar, hasta olup gitmişlerdir.

Ney: Bil ki ey nefsim! Kendi ayıbını görmedikçe Başkasını kınama. İşte şu hakikatin bir sırrını keşfetmek istiyorsan, şu hikâyeyi dinle:

KENDİ AYIBINI GÖRMEDİKÇE:

Dört Hintli bir mescitte Tanrı'ya ibadet etmek için namaza durmuşlar, rüku ve sücuda koyulmuşlardı. Her biri niyet edip tekbir alarak huzur ve huşuyla namaz kılmaktaydı. Bu sırada müezzzin içeriye girdi. Hintlilerin birisinin ağzından bilâihtiyar bir söz çıktı; "**Müezzin, ezanı okudun mu, yoksa vakit var mı?**" öbür Hintli, namaz içinde okuduğu halde "**Sus yahu, konuştun, namazın bozuldu.**" dedi.

Üçüncü Hintli araya girerek ikincisine dedi ki : "**Onu ne kınıyorsun baba, sen kendi derdine bak, kendini kına, senin de namazın bozuldu!**" dedi. Dördüncüsü ise: "**Hamd olsun ben, üçünüz gibi kuyuya düşmedim**" dedi. Hülasa: dördünün de namazı bozuldu. İşte bunun gibi, başkasının ayıbını söyleyen daha fazla yol kaybeder. Ne mutlu o kişiye ki kendi ayıbını görürse o alınır, o ayıbı kendisinde bulur.

Çünkü insanın yarısı ayıptandır, yarısı gayıptan! Madem ki başında onlarca yara var, merhemini önce kendi başına sürmelisin. Yarayı ayıplamak, ona merhem koymaktır. Maksat, "**Bir kavmin azizi zelil oldu mu acıyın ona**" hadisine mazhar olmaktır. Öyleyse, sende o ayıp yoksa da yine emin olma. Olabilir ki, o ayıbı sen de yaparsın, günün birinde o ayıp, senden de zuhur edebilir.

Öyleyse sen, Tanrı'dan "**emin olmayın**" sözünü duymadın mı? Peki o halde neden müsterih ve emin oluyorsun? İblis, yıllarca iyi adla anılarak yaşadığı halde nihayet bak, nasıl rezil-rüsvay oldu, adı ne oldu? Yüceliği tüm âlemde tanınmıştı, aksiyle tanındı, yazık!

Öyleyse, eğer kendinden emin değilsen, tanınmayı isteme. Yürü, yüzünü korkuyla yıka da sonra göster. Güzelim, sakalın çıkmıyorsa başka sakalsızları kınama. Şu işe bak ki: Şeytan, belâlara düştü de sana ibret oldu. Oysa sen belâya uğrayıp ona ibret olmadın. O zehri içti, sen şerbetini iç (ibret almana bak!)..

VIII. İSTASYON

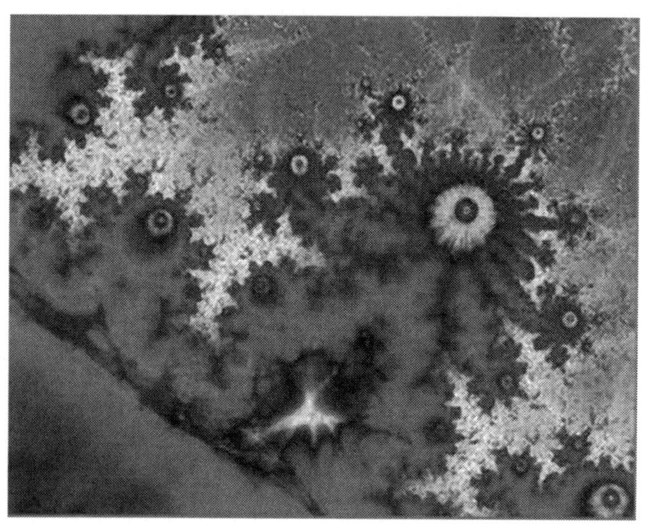

Yirmidokuzuncu Yolculuk

◊ ◊ ◊ ◊

Bil ki Ey Nefsim! Kibir insanı Rabbinden uzaklaştıran en büyük tuzaktır.

29. SIR: Egoist olmak, kendine tapmak kötü bir huydur, hoşa gitmez bir haldir. Bu hale düşünce insanlığımızı kaybeder de imanımız bile inkâr kesilir.

Ney: Bil ki ey nefsim! Kibir insanı Rabbinden uzaklaştıran en büyük tuzaktır. İşte şu hakikatin bir sırrını öğrenmek istiyorsan şu hikâyeyi dinle:

FİRAVUNUN RÜYASI:

Firavunun çalışıp çabalaması, Tanrı ihsanı olan muvaffakiyete ulaşmamıştı. Tanrı muvaffakiyet vermediği için de diktiği yırtılıp sökülüyordu. Hükmünde binlerce müneccim, binlerce düş yorumcusu, binlerce büyücü vardı. Firavuna rüyasında Musa'nın doğacığını, firavunu ve saltanatını mahvedeceğini göstermişlerdi.

Düş yorumcularıyla müneccimlere "**Bu hayalin, bu kötü rüyanın delâlet ettiği şeyi nasıl defetmeli?**" dedi. Hepsi de dediler ki: "**Bir tedbirde bulunalım, çocuğun doğmasına mani olalım**" deyip doğum gecesi gelince firavunun askerleri şu tedbiri kabul ettiler, şunu münasip gördüler ki: o gün İsrailoğulları'nın hepsini erkenden meydana, padişahın huzuruna çıkaracaklardı.

"**Ey İsrailoğulları, haydi sizi padişah filan yerde huzuruna çağırıyor. Sizi örtüsüz, hicapsız yüzünü gösterecek, sevaba ermek üzere size ihsanlarda bulunacak**" diye tellallar bağıracaklardı. Çünkü o esirler, firavuna hiç yaklaşamazlardı, onu görmelerine bile izin yoktu.

Hatta yolda ona rastlasalar yüzü koyun yere kapanmaları emredilmişti. Kanun buydu: hiçbir esir, ister vakitli olsun, ister vakitsiz, o padişahın yüzünü göremeyecekti. Yolda çavuşların seslerini duydu mu, yüzünü görmemek için duvara dönecekti. Şayet yüzünü görürse mücrim sayılır, başına gelecek en kötü şeyler gelip çatardı. Onlar da görmeleri men edilen o yüzü görmeyi pek isterlerdi. İnsan men edildiği şeye haristir der.

İşte tellallar meydanlara çıkıp şöyle bağırmaya başladılar: "**Ey esirler meydana doğru koşun. Umulur ki padişahlar padişahı size yüzünü gösterecek. İhsanlarda bulunacak!**" İsrailoğulları bu müjdeyi duyunca padişahın didarına susuz ve müştak olduklarından, hileye inandılar. Süslenip, püslenip o tarafa doğru hızla koşuştular.

Hani şu mesele gibi: Moğol istilası sırasında hilekâr Moğollar, "**Mısırlılardan birini arıyoruz. Mısırlıları bu tarafa toplayın da aradığımızı ele geçirelim**" derler. Kim gelirse "**Hayır bu değil. Sen geç oracıkta otur**" derler de. Bu suretle herkes derlenip toparlandı mı bu hileyle hepsinin boynunu vururlar. Hilekâr Moğolların daveti, onları ölüme kadar çekti, sürdü. Ey Akıllı kişi, sakın Şeytan'ın hilesi de seni böyle tutup çekmesin! Denizin dibinde inciler, taşlarla karışık olarak bulunur. Övülecek şeyler, ayıplar kusurlar arasında olur.

İsrailoğulları coşarak erkenden meydana doğru koştular. Firavun bu hileyle onları meydana götürünce güzelim yüzünü onlara gösterdi. Gönüllerini aldı, ihsanlarda bulundu, vaatler verdi. Ondan sonrada "**canınız için ne olur. Bu akşam hepiniz bu meydanda kalın, burada yatın**

uyuyun" dedi. Cevap vererek dediler ki, "**sana kulluk eder, sözünü dinler hatta dilersen burada bir ay otururuz**"

Firavunun, geceleyin "**Bu gece doğum gecesi, fakat hepsi de kadınlarından ayrı**" diye sevinerek geri döndü. Hazinedarı İmran'da yanındaydı. Onunla konuşa konuşa Şehre geldi. Ona "**İmran, bu gece sen de burada yat, karının yanına gitme onunla buluşma**" dedi.

İmran, "**Peki, burada yatarım, senin gönlünün istediği şeyden başka bir şey düşünmem**" dedi. İmran'da İsrailoğulları'ndandı fakat firavunun âdeta gönüllü askeriydi, canının sağ kolu gibiydi. Firavun onun isyan edeceğini, gönlünün korktuğu şeyi yapacağını nereden akıl edebilirdi?

Firavun gitti, İmran'da orada yatıp uyudu. Gece yarısından sonra karısı, onu görmeye geldi. Üstüne kapanıp dudaklarından öpmeye koyuldu. Gece yarısı, onu uykudan uyandırdı. İmran uyanıp karısını gördü. Kadının, hoşuna gitti, dudak dudağa öpüşmeye başladılar. İmran, "**Bu zamanda nasıl geldin dedi?**" kadın "**Sana iştiyakımdan. Tanrı'nın kaza ve kaderi bu**" diye cevap verdi.

İmran, karısını sevgiyle kucakladı kendini tutamadı. Onunla buluştu ve emaneti ona verdi. Sonra da dedi ki: "**Kadın, bu küçük iş değil!**" demir taşa çalındı, bir ateştir sıçradı. Hem de öyle bir ateş ki, padişahtan da saltanatından öç alıcı, padişaha da, saltanatına da kin güdücü bir ateş.

Ben buluta benziyorum, sen yersin, Musa da nebat. İşte bak Tanrı, satranç oyununda şahı sürüyor. Bir yutulduk mu yutulduk! Hanım, yutulmayı da hakiki padişah olan Tanrı'dan bil, yutmayı da. O işi bizden bilip bize hayıflanma! Hani, firavunun korktuğu şey yok muydu? Seninle buluştum, meydana geldi işte!

Sakın bunu kimseye söyleme, gizle de bana da yüzlerce türlü gam keder gelmesin, sana da. Tam o sırada meydandaki halktan naralar duyulmaya yer gök naralarla dolmaya başladı. Firavun, bu naralardan korkup sıçradı gürültünün ne olduğunu anlamak için yalınayak koştu.

Meydandan gelen ve dehşetinden cinleri ve perileri bile korkutan bu naralar, bu gürültüler nedir anlamak istiyordu. İmran, "**Padişahımızın ömrü uzun olsun. İsrailoğulları lütfundan neşeleniyorlar. İhsanlarına seviniyorlar, oynuyorlar, ellerini çırpıyorlar**" dedi. Firavun dedi ki "**Olabilir. Fakat beni adamakıllı bir vehim bir endişedir kapladı.**"

Bu gürültü asabını bozdu. "**Bu acı dertle, kederle beni kocattı.**" dedi. Padişah, bütün gece ağrısı tutmuş gebe kadın gibi bir yandan bir yana gidip geliyor. Her an "**İmran, bu naralar beni dehşetle yerinden sıçrattı**" diyordu. Zavallı İmran'ın kudreti yoktu ki, karısıyla buluştuğunu söylesin ve karısı gebe kalınca gökte Musa'nın yıldızının belirdiğini anlatsın. Çünkü, her peygamber ana rahmine düşünce yıldızı da gökte zuhur eder, parlamaya başlar.

Kör firavunun hilelerine, tedbirlerine rağmen gökyüzünde Musa'nın yıldızı belirdi. Sabah olunca İmran'a "**Git de o gürültünün, o patırtının ne olduğunu anla**" dedi. İmran meydana koşup "**Bu ne gürültüydü? Padişahlar padişahı uyuyamadı**" deyince, kalabalık içindeki her müneccim, yaslılar gibi başı açık, yeni yakası yırtık bir halde toprağı örterek feryat etti.

Yaşlılar gibi sesleri ses veriyor, feryatları ortalığı dolduruyordu. Saçlarını, sakallarını yolup, yüzlerine vuruyorlar, gözleri kanlı yaşlarla doluyordu. İmran "**Hayrola. Bu ne feryat, bu ne hal? Bu yomsuz yıl, kötü alâmetler mi gösteriyor yoksa?**" dedi. Özürler dileyerek dediler ki: "**Tanrının emri, kaza ve kaderi bizi esir etti. Her çareye başvurduk, fakat padişahın devleti karardı, düşmanı dünyaya geldi, galip oldu. Geceleyin gökyüzünde o çocuğun yıldızı göründü, bizi kör etti. O peygamberin yıldızı gökte yüceldi, biz de ağlamaya, yıldızlar gibi gözyaşları dökmeye başladık.**"

İmran, içinden sevindi, fakat zahiren "**Eyvahlar olsun!**" diye elini başına vurup, kızgın suratı asık bir halde deliler gibi akılsız ve güya kendini bilmez bir halde müneccimlerin üstüne yürüyüp onlara oyun oynuyordu. "Padişahımızı aldattınız, hıyanetten, tamahtan vazgeçmediniz. Onu bu meydana kadar sürükleyip yüzünün suyunu dökünüz, şerefini hiçe saydınız. Ellerinizi, göğüslerinize koyup padişahı dertlerden kurtaracağız diye vaatlerde bulundunuz" dedi. Padişah da bunu duyunca "Hainler, dedi, ben de sizi çapraz olarak asayım da görün. Kendimizi gülünç hallere soktuk, düşmanlara mallar ihsan edip ziyana girdik. Bu gece bütün İsrailoğulları, kadınlarından uzak kaldılar diye, mal da gitti, şeref de. İşe gelince hiçbir şey olmadı. Bu mudur iyi adamların muaveneti, bu mudur iyi kişinin yapacakları iş? Yıllardır paralar, libaslar alıyor, ülkelerin servetini rahatça yiyip duruyorsunuz. Bu mu sizin tedbiriniz, bu mu nücum (yıldız) bilginiz? Siz bedava lokma yiyen hilekâr ve şom ağızlı kişilersiniz. Sizi öldürür, parçalatır, ateşlere atar, burunlarınızı, kulaklarınızı, dudaklarınızı kestirir. Sizi ateşe odun yapar, yiyip içtiklerinizi fitil, fitil burnunuzdan getiririm." Müneccimler, secdeye kapanıp "Padişahım, Şeytan bu sefer bize galebe etti. Fakat yılardır nice belâlar defettik. Yaptıklarımıza vehim bile hayran olmakta. Bu sefer tedbirimiz hiçe çıktı. O peygamberin anası gebe kaldı, o ana rahmine düştü. Düştü ama padişahım, suçumuzu, affettirmek için biz de doğum gününe dikkat ederiz. Bu fırsatı da kaçırmamak, kaza ve kaderin zuhuruna mani olmak için doğacağı günü hesaplayacak gözleyeceğiz. Ey akıllara fikirler, reyinin kulu, kölesi olan padişah, bunu da yapamazsak bizi öldür" dediler.

Firavun düşmanları vurup öldüren takdir oku gibi, yayından fırlamasın diye günden güne dokuz ayı sayıp duruyordu. Takdirle savaşa girişen, takdire baskın yapmaya kalkışan, baş aşağı gelir, kendi kanına bulanır. Yer göğe düşmanlığa kalkışırsa çoraklaşır, ölü haline girer. Resim, ressamına pençe vurmaya kalkarsa kendi saçını sakalını yolmuş olur!

Dokuz ay sonra padişah, yine tahtını meydana kurdurup tellallar çağırttı. Tellallar, "Kadınlar, bütün israiloğullarının kadınları çocuklarıyla meydana gelsinler. Bundan önce erkekler, ihsanlara nail oldular, elbiseler, altınlar elde ettiler. Kadınlar, bu yıl devlet sizin herkes dilediği şeye nail olacak. Padişah kadınlara elbise verecek, ihsanlar edecek. Çocukların başlarına da altın külahlar koyacak. Padişah diyor ki "**Hele bu ay doğanlar yok mu bilhassa onlar ihsanıma, hazinelerime ulaşacaklar**" diye bağırdılar. Kadınlar sevindiler çocuklarıyla çıktılar, padişahın otağına kadar gittiler.

Yeni doğurmuş olan her kadın, hileden kahırdan emin bir halde şehirden çıkıp meydana yöneldi. Kadınların hepsi toplanınca erkek çocuklarının hepsi analarının kucaklarından alındı. Düşman doğmasın, felaket artmasın diye güya ihtiyata riayet ederek başlarını kestiler.

Musa'yı doğurmuş olan İmran'ın karısına gelince elini, eteğini çekmiş, o kargaşalıktan, o toz dumandan kurtulmuştu. Fakat o alçak Firavun, evlere de hafiye olarak ebeler gönderdi. "Burada bir çocuk var, anası, ürktüğü, şüphelendiği için meydana gelmedi. Bu sokakta güzel bir kadın var, bir de çocuk doğurmuş fakat pek akıllı pek tedbirli bir kadın" diye haber yaydılar. Bunun üzerine memurlar eve gelince Musa'nın anası, Tanrı emriyle Musa'yı tandıra attı. Bilen Tanrıdan kadına "**Bu çocuğun aslı Halil'dendir (yani Hz. İbrahim'in soyundandır). Ey ateş, soğuk ol, onu yakma!**" emrini vermesi yüzünden ateş yakmaz, bir zarar vermez" diye vahiy gelmişti.

Kadın vahiy üzerine Musa'yı ateşe attı, fakat ateş Musa'yı yakmadı. Memurlar bunu görünce meyus olup muratlarına erişmediler, çekilip gittiler. Fakat kovucular, yine bu işi anlayıp, Firavundan biraz para koparmak için memurlara macerayı anlattılar. O tarafa dönün, pencereden iyice bir bakın dediler.

Musa'nın anasına yine "**Çocuğunu suya at, saçını başını yolma, ümitlen itimat et, onu Nil'e at, ben onu yüzü ak olarak sana kavuştururum**" diye vahiy geldi. Bu sözün sonu gelmez ki. Firavunun bütün hileleri, yakasına paçasına dolaşmaktaydı. O dışarıda yüz binlerce çocuk öldürüyordu. Musa ise, evinin içinde baş köşede yetişmekteydi. İşte böylece, hak dostu kişi ateşe de suya da atılır da hiçbir şey olmaz.

O uzağı gören kör firavun, hilelere başvurup deliliğinden nerede yeni doğmuş bir çocuk varsa öldürtmekteydi. İnatçı firavunun hilesi ejderha gibiyidi, bütün âlem padişahlarının hilelerini yutmuştu. Fakat ondan daha firavun birisi zuhur etti. Onu da yuttu, hilesini de! O bir ejderha idi, fakat elindeki asa da bir ejderha oldu.

Bu onu Tanrı tevfikiyle sömürüp yutuverdi. El üstünde el var. Nereye kadar bu. Ta son erişilecek menzile, ta Tanrı'ya kadar. Çünkü o öyle bir denizdir ki ne dibi var, ne kıyısı, bütün denizler, ona karşı sele benzer. Bütün hileler, tedbirler ve ejderhalar ise tek Tanrı önünde hiçtir.

Sözümüz, buraya gelince yere baş koyup mahvoldu. Doğru yolu Tanrı daha iyi bilir. İşte, ey nefsim firavunda olan kibirden sende bir parça yok mu? Sende de var. Fakat seninki ejderha kuyusuna hapsedilmiştir! Yazıklar olsun bunların hepsi de senin ahvalin. Fakat sen, onları Firavuna isnat etmek istersin. Senin halinden bahsettiler mi canın sıkılır, başkasından bahsettiler mi sana masal gelir. Lâkin nefis seni de harap etmiş, bu arkadaşın da seni hikâyelerle uzaklara atmakta! Onun ateşine atılan odun seninkine atılmamakta, onun gibi fırsat bulamıyorsun sen. Yoksa, fırsat bulsan senin ateşin de firavunun ateşi gibi etrafını kasıp kavurur!

Firavun, yetişkin olduğunda Musa'ya "Ey söz söyleyici, sen neden halkı öldürdün, neden halka korku saldın? Halk senden yılgınlığa düştü, kaçışırken ayaklar altında çiğnenip öldü. Hülâsa, halk sana düşman kesildi. Sana karşı erkeğin gönlünde de kin var, kadının gönlünde de halkı kendine davet ediyorsun ama iş aksi çıktı. Sana aykırı hareket etmekten başka çareleri kalmadı. Ben de senin şerrinden kaçıyor, sana aşikâre karşı durmuyorum ama aleyhine çömlek kaynatıp duruyorum. Beni aldatmayı gönlünden çıkar, arkandan, gölgenden başka kimsenin geleceğini umma. Bir iş becerdim, halkın gönlüne bir korkudur saldım diye mağrur olma. Bunun gibi yüzlerce iş becersen sonunda yine rezil-rüsvay olursun, hor hakir bir hale gelirsin, seninle alay eder, sana gülüşürler. Senin gibi nice hilebazlar var. Bizim Mısır'ımız da nihayet rezil-rüsvay oldu" dedi.

Musa, Firavuna dedi ki: "Ben Tanrı emrine karışamam. Emreder de kanımı bile dökerse korkum yoktur. Ben bu âlemde rezil-rüsvay olayım, buna hem razıyım, hem de şükrederim. Yeter ki, hak yanında yüce olayım da; halka karşı hor hakir olayım, benimle alay etsinler, bana gülsünler, deli desinler. Tanrı'ya karşı sevgili olayım da, o beni istesin, beğensin. Bu yeter bana. Bunları da ibret sözü olsun diye söylüyorum sana. Yoksa Tanrı seni yarın kara yüzlülerden edecek, bu muhakkak! Yücelik onundur, onun kullarınındır. Onun nişanesini Adem'le iblisin hikâyesini oku da anla! Tanrının zatına nasıl son yoksa, hikmetlerine de son yoktur. Aklını başına al da ağzını yum, yaprağı çevir, onun kelâmını oku; büyücülerinkini değil!"

Firavun, Musa'ya "Mushaf da bizim elimizde defter de bizim hükmümüzde; divan da bizim, kelâm da! Bütün bu âlem halkı beni seçmiş beni kabul etmiş Ey Musa, bütün âlemde en akıllı kişi sen misin? Ey Musa, kendini akıllı sanan Musa! Sen kendini beğenmiş, aldanmışsın haydi oradan be, kendini az gör, sen kim oluyorsun ki, kendine güvenip gururlanma. Dünyanın sihirbazlarını toplayayım da bütün şehre senin bilgisizliğini göstereyim. Fakat bu, bir iki gün içinde olmaz. Bu yaz mevsiminde bana kırk gün mühlet ver" dedi.

Musa dedi ki: "Bana bu hususta izin yok. Ben bir kulum, sana mühlet vermeye emir almadım. Sen hükümdarsın, galipsin; benim yardımcım, dostum yoktur. Fakat Tanrı fermanına tabiyim, başka bir şeyle işim olmaz. Diri oldukça seninle canla başla savaşacağım. Benim kulun yardımıyla, yardımcıyla falan işim olmaz? Tanrı'nın hükmü zuhur edinceye kadar seninle işim olur, o yüzden seninle uğraşacağım, her hasmı düşmanından ayıran Tanrı'dır."

Firavun, hayır dedi, mutlaka bir mühlet vermek gerek. Beni aldatıp durma, yel alıp poyraz satma. Bu sırada ulu Tanrı'dan Musa'ya "Ona bol, bol mühlet ver, korkma. Bu kırk gün mühleti, ona gönül rızasıyla ver de çeşit çeşit hileler düzsün. İstediği gibi çalışıp çabalasın bakalım. Ben uyumuyorum ki. Ona söyle, hızlı gitsin, fakat yolu ben tuttum, pusuda ben varım. Onların hilelerini ben birbirine katar, onların arttırdıklarını ben eksiltirim. Su getirirlerse ateş haline sokar, şerbet içerlerse zehir yaparım. Birbirlerine muhabbet bağlasalar sevgilerini yıkar, berbat ederim. Vehimlerine bile gelmeyen şeyleri yaparım ben. Sen korkma, ona uzun bir müddet ver. İstediği kadar asker toplasın, yüzlerce hileler düzsün." diye vahiy geldi.

Musa, "Emir geldi, mühlet sana. Bizden kurtuldun, şimdilik ben yerime gidiyorum" dedi. Musa yola düştü, ejderha da bilgili ve dost bir av köpeği gibi peşine takıldı. Av köpeği gibi kuyruğunu sallayarak gidiyor, ayaklarının altında taşları kum gibi eziyordu. Taşı demiri nefesiyle çekip sömürmekte, demiri apâşikâr bir surette ağzında ezip çiğnemekteydi. Havalanıp burçların üstüne çıkmakta, Rum, Gürcü gibi herkes ondan kaçmaktaydı. Deve gibi ağzından köpükler saçıyordu. O köpüğün bir katresi kimin üstüne düşse cüzzam illetine tutuluyordu. Dişlerinin gıcırtısı, yürekleri yerinden oynatıyor, çöldeki kara aslanların, zehirli kobraların bile canları ellerinden gidiyordu.

O seçilmiş peygamber, kavminin yanına varınca ejderhayı boğazından yakaladı, ejderha asa oldu yine. Asa dayandı da dedi ki. Ne şaşılacak şey. Bizim yanımızda güneş, düşmana karşı gece! Ne hayret edilecek şey ki bu ordu, kuşluk güneşiyle dopdolu olan bu âlemi görmüyor. Şu apaçık mucizelere inanmıyor. Göz de açık, kulak da, akıl da fikir de. Hem sonra insana verilen bunca zekâya rağmen Tanrı'nın gözbağcılığına hayret ettim! Bunca mucize meydanda iken, hâlâ benden soru sorarlar daha fazla bilsin isterler, anlatılan kıssaların devamını beklerler.

Ben onlara şaşırıyorum, onlar da bana şaşırıyorlar. Baharın açan bahçesinde onlar diken, bense yasemin oldum. Onlara nice lezzetli şaraplarla dolu kadehler sundum.

Fakat onlara kadehteki şerbet taş kesildi. Gül desteleri yaptım, götürdüm, her gül, diken oldu; şerbet zehire döndü. Bu kadar kendisinden geçen oldukça nasıl hakikat meydana çıkar?

Yanımızda uyanık bir uyur gerek ki, uyanıkken rüyalar görsün! Halkın düşüncelere dalması bu güzelim uykunun düşmanıdır. Halk kendi düşünceleri yatışmasın uyumasın diye bu güzelim uykunun boğazını sıkar. Bir hayret lâzım ki düşünceleri silip süpürsün. Yoksa şu aşikâr hayret, fikirleri de yok eder, zikirleri!

Hüner ve marifette kim daha kâmilse, mana bakımından daha ileridedir. Tanrı "Geri dönenler" dedi. Geri dönmek sürünün yazıdan gelip ağıla girmesine benzer. Sürü, yazıdan dönüp geldi mi giderken en önde olan keçi arkada kalır. Giderken geride kalan topal keçiye gelince, suratı asıkları bile güldürecek bir halde öne düşer.

Bu kavim lâf olsun diye topal olmadılar ya, öğünmeyi terk ettiler de Tanrı'dan utanmayı satın aldılar. Bu kavim, hacca ayakları kırık olduğu halde topallaya, topallaya giderler. Sıkıntıdan kurtuluşa gizli bir yol vardır. İşte bu taife gönüllerini bilgilerden yıkayıp arıtmışlardır. Çünkü bu yol, zahirî bilgiyi tanımaz.

Bu yolda, aslı o âlemden olan bir bilgi gerek. Zira her fener, etrafını aydınlatmakla kalmaz, aslında yol gösterir. Her kanat, denizi aşacak kudrete nereden sahip olacak? Tanrı bilgisi gerek ki, insanı Tanrı'ya ulaştırsın. Şu halde adama sonunda gönülden silinip arıtılması lâzım olan bilgiyi niye öğretirsin? Öyleyse bu âlemde ileri gitmeye heves etme, topal ol da geri dönerken en öne düş. Ey nazik adam, ileri giden son gelenlerden ol. Taze ve turfanda meyve ağaca nazaran daha ileridedir. Derecesi de daha üstündür. Gerçi meyve ağaçtan sonra vücuda gelir, fakat hakikatte evvel odur, çünkü ağaçtan maksat odur.

Melekler gibi "Bizim bilgimiz yok" de de "Ancak seni bildirdiğin bilgiyi biliriz" sırrı elini tutsun. Bu mektepte hecelemeyi bilmezsen, ümmi kalırsan Ahmet gibi akıl ve irfan nuriyle dolarsın. Şehirlerde ad san sahibi olmazsan, Tanrı kullarının halini daha iyi bilir ya, kaybolmazsın, merak etme. Defineleri de bilinmeyen viranelere gizlerler? Hiç defineyi bilinen yere koyarlar mı? İşte kurtulmanın, halas olmanın da zahmet ve meşakkatlerde gizlenmesi buna benzer. Burada hatıra birçok şüpheler, tereddütler gelebilir ama iyi at, kösteklerini kırar, bukağıdan kurtuluverir. Onun sevgisi, şüphe ve tereddütleri yakan bir ateştir.

Gündüzün nuru, bütün hayalleri siler süpürür. Ey Tanrı rızasını elde eden kişi, bu devlet, sana o taraftan geldi, cevabını da o taraftan ara. Gönlünün köşesiz köşesi yok mu? İşte o en tenhadaki bucak, padişaha varan bir yoldur. O tenha köşe, Gönlü doğuda da olmayan, batıda da olmayan aydınlığı, tek bir aydan meydana gelen gizli bir bucaktadır.

Ey mana dağı, sen yoksullar gibi bu tarafa o tarafta neden ses arayıp durursun. Derde düşünce iki büklüm olup "Ey Rabb!" diye yalvardığın taraf yok mu, bu sesi de o tarafta ara. Dert ve ölüm zamanı o tarafa yönelir, feryat ve figana düşersin. Dertten kurtulunca neden yabancıya yüzünü dönüyor, hiç o tarafı aklına bile getirmiyorsun?..

Otuzuncu Yolculuk

◊ ◊ ◊ ◊

Bil ki Ey Nefsim! Allah'ı tanımaktan yoksun olan filozof ve Ehl-i hikmetin varlık âlemine ilişkin hükümleri şu fil ve tufan hikâyesine benzer.

30. SIR: Bir gün ölüm gelir çatar, boğazını sıkar da şaşırır kalırsın. "Sanki haberci gelmedi. Sanki ölümün geleceğini sana söylemedi" dersin.

Ney: Bil ki ey nefsim! Allah'ı tanımaktan yoksun olan filozof ve ehl-i hikmetin varlık âlemine ilişkin hükümleri şu fil hikâyesine benzer.

KARANLIKTAKİ FİL:

Hintliler karanlık bir ahıra bir fil getirip halka göstermek istediler. Hayvanı görmek için o kapkaranlık yere bir hayli adam toplandı. Fakat ahır o kadar karanlıktı ki, gözle görmenin imkânı yoktu. O göz gözü görmeyecek kadar karanlık yerde file ellerini sürmeye başladılar. Birisin eline kulağı geçti, "**fil bir oluğa benzer**" dedi.

Başka birisinin eline ayağı geçmişti, dedi ki: "**Fil bir direğe benzer.**" Bir başkası da sırtını ellemişti. "**Fil bir taht gibidir**" dedi. Herkes neresini elledi, nasıl sandıysa fili ona göre anlatmaya koyuldu. Onların sözleri, görüşleri yüzünden birbirine aykırı oldu. Birisi dal dedi, öbürü elif. Herkesin elinde bir mum olsaydı sözlerindeki aykırılık kalmazdı.

Duygu gözü ancak avuca, ancak köpüğe benzer, avuç bütün fili birden elleyemez ki! Denizi gören göz başka, köpüğü gören göz başkadır. Köpüğü bırak da denizin gözüyle bak sen. Köpükler, gece gündüz denizden meydana gelir, onları deniz harekete getirir. Fakat sen ne şaşılacak şey, köpüğü görüyorsun da denizi görmüyorsun. Oysa ki, şu kâinat denizini gözleri açık olarak tamamıyla gören, ihata eden göz ancak Kur'andır ve ancak onun nuruyla o defineyi görebilirsin. Şu halde sen de şu kâinata o gözle bak ki, karanlıktaki fil gibi tek bir köşesine bakıp, yanlış fikir çıkarma.

Biz, gemilere benziyoruz. Aydın denizin içinde yüzüyoruz da gözlerimiz görmüyor, birbirimize çarpıp duruyoruz. Ey ten gemisine binmiş, uykuya dalmış adam, denizi gördün ama asıl denizin denizine bak. Denizin de bir denizi var, onu sürüp duruyor. Ruhun da bir ruhu var. Onu istediği tarafa çeker çevirir? Güneş, bütün varlık ekinini suladığı vakit Musa neredeydi, İsa nerede? Allah bu mekân yayına zaman okunu taktığı zaman Adem neredeydi, Havva nerede? Bu söz de noksandır, bu sözün de bir neticesi yoktur. Öyleyse noksan olmayan söz o tarafa, hakikat âlemine ait olan sözdür.

Fakat sana söylense ayağın sürçer, söylenmese hiçbir şey anlamazsın, vah sana! Bir misalle söylense hemencecik o misale yapışır, o sureti hakikat sanırsın ey arkadaş! Ot gibi ayağın yere bağlıymış gibi, hakikatte erişemez de her esen yelle başını sallar durursun. Ayağın yok ki bir yerden bir yere gidebilesin. Çalışıp çabalayıp ayağını bu balçıktan çıkarabilirsen, çıkar. Fakat, düşüncelerini ve hayatını terk etmekse senin için pek müşkül bir şey! Fakat ey hakikatte yoksul arkadaş, Hak'tan hayat bulursan topraktan müstağni olur, bu balçığı o vakit terk edersin. Süt emen çocuk dadıdan vazgeçti mi yemek yemeğe başlar, artık onu bırakır gider.

Sen, topraktan biten taneler gibi yerin sütüne bağlanmış, ona alışmışsın. Kalplerin gıdasına alış da, bu sütten kesilmeye bak! Ey hicapsız nurları kabul etmeye istidadı olmayan kişi, hiç olmazsa harflerde gizlenmiş bir nur olan hikmet sözlerini duy, onları ye! Böylece, git gide o hicapsız nuru da kabul etmeye istidat kazanır, o gizli nuru da hicapsız olarak görmeye başlarsın.

Bu suretle yıldız gibi felekte seyreder, hatta felekten hariç keyfiyetsiz seferlere düşersin! Yokluktan varlığa geldin ya kendine gel, geldin ama nasıl geldin? Sarhoşça hiç kendinden haberin yok. Geldiğin yollar aklında bile kalmadı. Fakat biz yine sana bir remiz söyleyecek, bir şey hatırlatacağız. Bu aklı terk et de, hakiki akla ulaş.

Bu kulağı tıka da, hakiki kulak kesil! Hayır, hayır söyleyemeye devam edeceğim çünkü henüz hamsın sen. Daha ilkbahardasın, ağustosu görmedin bile! Ey ulular, bu cihan bir ağaca benzer; biz de bu âlemdeki yarı ham, yarı olmuş meyveler gibiyiz. Ham meyveler, dala iyice yapışmıştır, oradan kolay kolay kopmak istemezler. Çünkü ham meyve köşke, saraya layık değildir ki. Fakat oldu da tatlılaştı, dudağı ısırır bir hale geldi mi artık dallara iyi yapışmaz hemen düşüverir. O baht ve ikbal yüzünden adamın ağzı tatlılaştı mı, insana bütün cihan mülkü soğuk gelir. Bir şeye sımsıkı yapışmak, bir şeyde taassup göstermek hamlıktır.

Sen ana karnında çocuk halindeyken işin gücün ancak kan içmeden ibaretti. Söylenecek bir şey daha kaldı ama onu ben söylemeyeceğim, sana onu Ruhu'l-Kudüs bensiz söylesin. Hayır, hayır Ruhu'l-Kudüs değil, sen kendin kendi kulağına söylersin. Orada hakikatte ne ben varım ne benden ne başkası. Ordada sen de bensin ben de senim zaten canım efendim.

Bu rüyaya benzer. Uykuya daldın mı kendinden geçer, fakat yine kendinden kendine gelmiş olursun. Kendini duyar, dinler de senden başka gizli bir adam rüyada sana söz söylüyor sanırsın. Ey güzelim yoldaşım, sen alelade tek bir adam değilsin ki. Sen bir âlemsin, sen bir derin denizsin.

O senin muazzam varlığın yok mu? O belki dokuz yüz kattır. O, dibi kıyısı bulunmayan bir denizdir. Yüzlerce âlem, o denize dalar gark olup gider. Zaten burası ne uyanıklık yeri, ne uyku yeri. Buradan bahsetme. Allah, doğrusunu daha iyi bilir. Bahsetme ki, asıl bu âlemden bahse muktedir olanlardan dile gelmez, söze sığmaz bahisler işit! Bahsetme de, o güneşten kitaba yazılmaz, hitaba girmez sözleri duy!

NUH VE OĞLU KENAN:

Bahsetme de, sana bu âlemden ruhun bahsetsin. Nuh'un gemisinde kaptanlık bahsini bırak! Bu bahse girersen Kenan'a benzersin. Bana düşman olan Nuh'un gemisini istemem diye o da yüzmeye girişmişti.

Nuh ona "Ey oğlum, gel babanın gemisine gir de behey aşağılık oğul, şu tufana gark olma!" demişti. O "Hayır baba, ben yüzme öğrendim. Senin mumundan başka bir mum yaktım" diye cevap verdi. Nuh "Kendine gel, buna belâ tufanının dalgası derler. Bu gün yüzme bilenin eli, ayağı bir işe yaramaz. Gel bin şu gemiye!" dedi. Fakat Kenan dedi ki: "Yok yok, ben yüzme öğreneceğim, engin denizlerde yol alıp, belki yüce bir dağa çıkarım. O dağ beni her türlü belâdan kurtarır" dedi. Nuh, "Aklını başına topla, şimdi dağ, bir saman çöpü mesabesindedir. Allah, kendi dostundan başkasına aman vermez bu gün" dediyse de Kenan, "Ben ne vakit senin öğüdünü dinledim ki, benim de sana uyanlardan olmamı sitiyorsun. Senin sözün bana hiç hoş gelmedi ki, ben iki âlemde de senden uzaktım" dedi. Nuh, "Yapma yavrum, bugün, naz günü değildir. Allah'ın ne eşi var, ne de benzeri! Şimdiye kadar inat etmedin ama bu zaman nazik bir zaman. Bu kapıdan kimin nazı geçer ki? O ezelde "Doğmadı da , doğurmadı da" hakikatine mazhardır.

Allah'ın ne babası var, ne oğlu, ne de amcası! Oğulların nazını nereden çekecek, babaların niyazını nereden duyacak? "Ey ihtiyar, ben doğmadım, bana az nazlan, ey genç, ben baba değilim, öyle pek salınma! Ben koca değilim, şehvetim de yok. Hanım nazı bırak. Bu hususta kulluktan, ihtiyaçtan, zaruretten başka hiçbir şeyin itibarı yok" demekte.

Nuh böyle dedi ama Kenan "Baba, yıllardır bu sözleri söylemektesin, yine de söylüyorum. Cahil misin nesin? Bu sözleri herkese ne kadar söyledin de nice soğuk cevaplar aldın, kötü sözler işittin. Bu soğuk sözlerin kulağıma girmedi, şimdi mi girecek? Artık ben bilgi sahibiyim, büyüdüm" diye cevap verdi.

Nuh, "Ey yavrum, bir kerecik olsun babanın öğüdünü tutsan ne olur?" dedi. O, böyle güzel, güzel nasihatlar ediyor, fakat Kenan'da bu çeşit ağır sözlerle karşılık veriyordu. Ne babası, Kenan'a öğüt vermeden usandı, ne o kötü oğlunun kulağına babasının bir sözü girdi! Onlar böyle konuşup dururlarken bir çevik dalgadır geldi.

Kenan'ın başından aştı, onu boğup götürüverdi. Nuh "Ey sabırlı padişahım, eşeğin öldü, yükümü sel götürdü. Bana nice defalar, sana mensup olanlar tufandan kurtulacaklar diye vaatlerde bulundun. Ben de safım, senin vaatlerine kandım, ümitlendim iyi ama neden sel kilimimi aldı, götürdü?" dedi.

Allah dedi ki: "O senin ehlinden, yakınlarından değil. Kendin de görmedin mi? Sen aksın o mavi dişine kurt girdi mi çıkartmaktan başka hiçbir çaresi yoktur. Çıkarmalı ki vücudun, onun yüzünden elemlere düşmesin, o senin oğlundu ama sen onu terk et, benim bir şeyim değil de."

Nuh dedi ki: "Yarabbi, senden başka kimsem yok. Sana teslim olan ağyar sayılmaz. Sana karşı ne haldeyim, ihlâsım nasıl? Zaten biliyorsun. Çayırlıklar, çimenlikler, nasıl yağmura muhtaçsa, nasıl yağmurdan yeşerir, yetişirse ben de sana öyle muhtacım, onlar gibi senden yetişmekteyim; hatta ihtiyacım onlardan yirmi kat fazla, yoksul seninle diridir. Seninle neşelenir; vasıtasız aracısız senden gıdalanır, ben de böyleyim işte. Ey kemal sahibi Allah ne seninleyim, ne senden ayrı; seninle keyfiyetsiz, sebepsiz, illetsiz bir haldeyim. Biz, balıklarız, hayat denizi sensin, en iyi sıfatlı yaratıcı, senin lütfunla diriyiz.

Sen düşünceye de sığmazsın, sebeple de izah edilemezsin; bu tufandan önce de her mecrada söz söylediğim sendin, tufandan sonra da söz söyleyeceğim sensin. Ben seninle konuşuyorum, ey yepyeni sözler bağışlayan ve eski sözlere sahip olan Rabbim, onlarla değil. İlâhî aşk, gece gündüz kâh çadır yerlerinde kalan çer-çöpe, kâh harabelere hitap eder. Zahiren çadır yerlerinde kalan süprüntülere, çer-çöpe yüz tutar, onlara hitap eder ama hakikatte kimi övüyor, kimi?

Şükrolsun tufan gönderdin de o süprüntüleri o yapı bakiyelerini ortadan kaldırdın. Çünkü onlar kötü ve aşağılık binalardı, kötü ve aşağılık yığınlardı. Bize ne sesleniyorlar, ne de sesimize karşılık veriyorlardı! İşte zaman seline takılan şu tufan misal nice afetler vardır ki, o savurup attığı sürüntüleriyle yeryüzünü günah kirlerinden temizler, yeni bir hayat bahşeder. Fakat hakikat-i hali bilmeyenler, afet sanır.

Ben öyle yapılar isterim ki, onlara hitap edince dağ gibi sesime ses versinler. Ben canıma can olan, ruhuma istirahat veren adına aşığım. Her Peygamber, senin adını iki kere duysun, yankılansın diye dağı sever. Fakat o alçak ve taşlık dağ, farenin, yurdu olmaya lâyıktır, bizim yurdumuz değil. Ben söyleyeyim de bana yar olmasın, sözlerim cevapsız kalsın, sesime ses bile vermesin ha! Öyle dağı yerle yeksan etmek, onu ayaklar altına atıp ezmek daha iyi!" Allah "Ey Nuh eğer istiyorsan bütün boğulanları yeniden ve tekrar dirilteyim, yeryüzüne getireyim. Senin hatırını bir Kenan için kırmam ben. Fakat seni ahvalden haberdar ediyorum" dedi. Nuh, "Hayır, hayır eğer beni gark etmek istesen bile yine hükmüne razıyım. Her an beni gark et. Hoşlanırım bundan, hükmün cana benzer, canla başla razıyım. Hiç kimseciğe bakmam, baksam bile o bakış bahanedir, gördüğüm sensin. Şükür zamanında da senin yaptığın işe, sana aşığım; sabır zamanında da. Kâfir gibi yarattığın birisine hiç âşık olur muyum? Tanrı hükmüne âşık olan nurlanır, yarattığına âşık olansa kâfir olur" diye cevap verdi..

Otuzbirinci Yolcuculuk

◊ ◊ ◊ ◊

Bil ki ey nefsim! Sen kendi hakikatini bilmiş olsaydın âlemin küçük bir sureti olduğunu görürdün.

31. SIR: Aşk güzel bir şehirdir. Güzeller şehridir. Fakat bu şehirde yabancıların, huysuz, ahlâksız insanların ne işi var? Böyle bir şehri kötü insanlardan korumak için akıl hisarı, iman burcu lâzım!

Ney: Bil ki ey nefsim! Sen kendi hakikatini bilmiş olsaydın âlemin küçük bir sureti olduğunu görürdün. İşte, şu hakikatin bir sırrını anlamak istiyorsan, şu hikâyeyi dinle:

İNSAN KÜÇÜLTÜLMÜŞ BİR ÂLEMDİR:

Surette sen küçük bir âlemsin ama hakikatte en büyük âlem sensin. Görünüşte dal, meyvenin aslıdır; fakat hakikatte dal, meyve için var olmuştur. Meyve elde etmeye bir meyli, meyve elde etmeye bir ümidi olmasaydı hiç bahçıvan, ağaç diker miydi? Şu halde meyve, görünüşte ağaçtan doğmuştur ama hakikatte ağaç, meyveden vücut bulmuştur.

Mustafa, onun için "Adem'le bütün peygamberler, benim ardımda ve sancağımın altındadır" dedi. O hünerler sahibi, onun için "Biz, sonda gelen, fakat en ileri giden ve ön dölü alanlarız" buyurdu.

Suret bakımından ben Adem'den doğmuşum ama hakikatte onun atasının atasıyım ben! Melekler bana secde ettiler... Adem, benim ardımdan yürüdü, yedinci kat göğün üstüne çıktı! Hakikatte babam, benden doğdu, ağaç, meyveden vücut buldu.

İlk düşünce, iş âleminde son olarak zuhur etti. Hele vasfa mazhar olan düşünce! Hasılı bir an içinde gökten nice kervanlar gelmekte, göğe nice kervanlar gitmektedir! Bu yol bu kervana uzun gelmez; ova, üstün gelen kişiye geniş gelir mi hiç?

Gönül her an Kâbe'ye gitmekte; benden de Tanrı lütfu ile gönlün tabiatına bürünmede! Bu uzunluk, kısalık, bedene göredir. Tanrı'nın bulunduğu yerde uzunun, kısanın lâfı mı olur? Tanrı, cismi tebdil etti mi gayri fersaha bile bakmadan yürür gider! Ey yiğit, lâfı bırak gayri! Şimdi yüzlerce ümit var, hemen adım ata gör! Gözünü bir yumdun mu bakarsın ki gemide oturmuşsun, uyuyorsun, öyle olduğu halde yol almadasın!

Peygamber, bunun için "Ben; zamane tufanına gemi gibiyim; biz ve ashabım, Nuh'un gemisine benzeriz. Kim bu gemiye el atar, kim bu gemiye girerse kurtulur" buyurdu. Şeyhle beraber olunca kötülüklerden uzaksın. Gece gündüz gitmektesin; gemidesin. Canlar bağışlayan cana sığınmışsın, gemiye girmiş, uyuyorsun; öyle olduğu halde yol almaktasın!

Zamanın peygamberlerinden ayrılma ki, her zaman dini yenileyici bir mürşid-i kâmil gelir. Kendi hünerine, kendi dileğine pek güvenme! Aslan bile olsan, değil mi ki kılavuzsuz yol almaktasın; kendini görüyorsun, sapıksın, hor ve hakirsin. Ancak, şeyhin kanatlarıyla uç da şeyhin askerlerinin yardımını gör! Bir zaman olur, onun lütuf dalgaları, sana kanat kesilir; bir an gelir, kahır ateşi seni taşır, götürür! Kahrını, lütfunun zıddı sayma. Tesir bakımından ikisinin de birliğini gör!

Bir zaman seni toprak gibi yeşertir. bir zaman seni sevgilinin havasıyla doldurur, şişirir! Arifin bedenine cemaat vasfını verir de orada neşeli güller, menekşeler, nergisler bitirir! Fakat bunları o görür, başkası değil. Temiz içten başka hiçbir şey, cennetin kokusunu alamaz!

İçini, sevgiyi inkârdan arıt da oradaki gül bahçesinde reyhanlar bitsin! İçini arıt da, Muhammet'in Yemen ülkesinden misk-i amber kokusunu aldığı gibi, sen de kendi ebedî sevgilinin kokusunu bul! Miraç edenlerin safında durursan yokluk, seni Burak gibi göklere yüceltir. Yere mensup ve ancak aya kadar yüceltebilecek miraç değildir bu. Kamışı, şekere ulaştıran miraca benzer! Bu miraç, buğunun göğü kaplaması gibi bir miraç değildir. Ana karnındaki çocuğun bilgi ve irfan derecesine ulaşmasına benzer! İşte bak, Yokluk küheylanı, ne de güzel bir buraktır. Eğer, yok olduysan seni varlık makamına götürür!

Öyle ki, Dağlar, denizler ancak tırnağına dokunabilir; o Burak o derece süratlidir. Duygu âlemini derhal geride bırakıverir! Ayağını gemiye çek de, can sevgilisine giden can gibi oturduğun yerde yürüye dur! Elsiz, ayaksız olan; evveline evvel olmayan Tanrı'ya kadar git. Canların, yokluktan elsiz ayaksız varlık âlemine koştukları gibi! Duyan, gaflet uykusunda olmasaydı, can kulağı açık bulunsaydı sözde kıyas perdesini yırtardın ya!

Ey felek, onun sözlerine inciler saç. Ey cihan, onun cihanından utan! Eğer, inciler saçarsan incilerin yüz kat fazlalaşır. Camit cismin görür, sevilir bir hale gelir. Çünkü, O saçtığın incileri kendin için saçtın demektir. Çünkü, her çeşit sermayen yüz misli artar!..

Otuzikinci Yolculuk

◊ ◊ ◊ ◊

Bil ki ey nefsim! Sendeki hırs ve bitmek bilmeyen tamah arzusu şu hikâyeye benzer.

32. SIR: "İlâhî şarap bir güneştir, ayın ondördüncü günü, bedir, dolunay da onun kadehidir. O şarabı hilâl, genç ay dolaştırır, o şarabın karışmasından yıldızlar meydana gelir." Yani güneş gibi olan ilâhî aşk şarabı, dolunay gibi olan ariflerin gönüllerinden, yıldızlar gibi olan Hak kadehleriyle sunulur.

Ney: Bil ki ey nefsim! Sendeki hırs ve bitmek bilmeyen tamah arzusu şu hikâyeye benzer:

EŞEK, TİLKİ VE ASLAN:

Bir çiftçinin bir eşeği vardı. Beli yaralı, karnı bomboş, tamamı ile arık bir halde idi. Gündüzün, ta gecelere kadar otsuz kayalıklarda gıdasız, koruyucusuz aç bîilaç dolaşır dururdu. Oralarda içecek sudan başka bir şey yoktu. Eşek gece gündüz yas matem içindeydi. Oralarda bir kamışlık, bir orman vardı. Orada işi gücü avlanmak olan bir aslan vardı.

Aslan bir erkek fille savaşmış, yorulup hastalanmış, avdan kalmıştı. O zayıflıkla bir müddet avlanamadı. Öbür canavarlar da kuşluk yemeği yiyemez oldular. Çünkü aslandan artan artıkları onlar yerlerdi. Aslan hastalanınca onlar da dara düştüler. Aslan, bir tilkiye var git, benim için bir eşek avla. Çayırlıkta bir eşek bulursan ona maval oku, kandırıp buraya getir. Eşeğin etini yer, kuvvetlenirsem ondan sonra başka bir av tutabilirim. Birazcığını ben yiyeyim, geri kalanını siz yersiniz. Ben de bu suretle sizin gıdalanmanıza sebep olayım. Benim için ya bir eşek ara, ya bir öküz. Ne bulursan ona o bildiğin afsunlardan oku. Onu afsunlarla güzel sözlerle aldat, buraya çek, getir diye emir verdi.

Kutup aslandır, işi de avlanmaktır. Bu halkın arta kalanları, onun artıklarını yerler. Kudretin yettikçe kutbun rızasına çalış da o kuvvetlensin, vahşi hayvanları avlasın. Onun halk gibi kuvvetsiz kalması caiz mi? Bütün boğazlara giren rızk aklın elinden verilir. Çünkü halkın bulabildiği şey, ancak onun artığıdır. Senden av isterse bunu gözet. O, akıl gibidir. Halksa bedendeki uzunlara benzer. Bedenin tedbiri, akla bağlıdır. Kutbun zayıflaması, ten cihetinden olur, ruh cihetinden değil. Gemi zayıflar, Nuh zayıflamaz. Kutup, o kimsedir ki kendi etrafında döner dolaşır. Göklerse onun etrafında döner.

Gemisini tamir hususunda ona yardım et. Ona has bir kul, tam bir köle olduysan buna çalış. Ona yardım edersen yardım sana yarar, ona değil. Tanrı "Tanrı'ya yardım ederseniz yardıma nail olursunuz" buyurdu.

Tilki gibi av avla da ona feda et. Bu suretle o verdiğin avın binlerce mislini karşılık olarak al. Müritin avlanması tilkicesine olur. İnatçı sırtlan ölü hayvan avlar. Onun önüne ölüyü getirirsen o ölü dirilir. Bostana dökülen gübre, mahsulü geliştirir. Tilki aslana emriniz baş üstüne. Hileler düzeyim, aklını başından alayım, istediğin gibi hizmette bulunayım. Hile ve afsun benim işimdir. İşim gücüm, masal söylemeden, halkı yoldan çıkarmadan ibarettir dedi. Dağ başından dereye doğru koşmaya başladı. Derken o yoksul ve zayıf eşeği buldu. Candan bir selâm verip yanına gitti, o saf yoksulun yanına vardı. Dedi ki: bu kuru ovada ne âlemdesin? Bu çorak kayalıklarda ne yapıyorsun? Eşek dedi ki: İster gamda olayım, ister cennette. Kısmetimi Tanrı veriyor ona şükretmedeyim.

Dosta hayır zamanında da şükrederim, şer zamanında da. Çünkü kaza ve kaderde beterin beteri var. Mademki rızkı taksim eden o, şikâyet küfürdür. Sabrı gerektir. Sabır genişliğe ulaşmanın anahtarıdır. Tanrı'dan başka herkes düşmandır, dost odur. Şu halde dosttan düşmana şikâyet etmek iyi bir şey mi? Bana ayran verirse bal istemem. Çünkü her nimetin bir gamı vardır.

Bir saka vardı. Onun da bir eşeği vardı. Mihnetten çember gibi iki büklüm olmuştu. Sırtında ağır yükten açılmış yüzlerce yara vardı. Ölüm gününe âdeta âşıktı. Ölümünü arayıp duruyordu. Arpa nerede? Kuru otu bile bulamıyor, onunla bile karnını doyuramıyordu. Bir yandan sırtında yara vardı, bir yandan da sahibini demir bir şişle nodullayıp duruyordu. İmrahor, onu görüp acıdı. Eşeğin sahibi ile dostluğu vardı. Ona selam verdi, bu eşek neden böyle dal gibi iki kat olmuş diye sordu.

Adam, benim yoksulluğumdan, benim taksiratımdan. Bu ağzı dili bağlı mahlûk saman bulamıyor dedi.

İmparator dedi ki: Sen, birkaç onu bana ver de padişahın ahırında kuvvetlensin. Adam, eşeği o merhametli kişiye verdi. O da onu padişahın ahırına bağladı. Eşek, her yanda tavlı, semiz, güzel Arap atlarını gördü. Ayak bastıkları yerler süpürülmüş, sulanmıştı. Saman da tam vaktinde geliyordu, arpa da tam vaktinde.

Atların tımarını da görünce başını göğe kaldırdı dedi ki: Ey ulu Tanrı, tutalım eşeğim, senin mahlûkun değil miyim?

Neden böyle perişanım, neden sırtım yaralı, neden zayıfım? Geceleri arkamın acısından, karnımın acılığından her an ölümümü istiyorum. Bu atların halleri böyle mükemmel. Peki neden azap ve bela yalnız bana mahsus?

Derken ansızın savaş koptu Arap atlarına eğerleri vurup savaşa sürdüler. Onlar, düşmandan oklar yediler. Her yanlarına temrenler sapladı. Savaştan geri dönüp hepsi de perişan bir halde ahıra düştüler. Ayakları sağlam iplerle mükemmel bağlandı. Nalbantlar sıra sıra dizildi. Hançerlerle bedenlerini yarıyor, yaralardan temrenleri çıkarıyorlardı.

Eşek bunları görünce dedi ki: Yarabbi ben yoksullukla süregeldim şu afiyete razıyım. O gıdadan da bizarım, o çirkin yaradan da. Afiyet dileyen dünyayı terk eder.

Tilki dedi ki: Tanrı emrine uyup helal rızk aramak farzdır. Bu âlem sebepler âlemidir. Sebepsiz hiçbir şey elde edilmez, şu halde mutlaka dilemek lazımdır. Tanrı "Allah'ın ihsanını dileyin" diye emretti. Kaplan gibi kaçmak caiz değildir. peygamber rızk için "Kapısı bağlıdır kapısında da kilit var" buyurmuştur. O kilidin anahtarı bizim hareketimiz, gelip gitmemiz ve kazancımızdır. Bu kapının anahtarsız açılmasına yol yok. İstemeden ekmek vermek Tanrının adeti değil.

Eşek o senin dediğin Tanrıya dayanmanın zayıflığından. Yoksa can veren ekmek de verir. Padişahlık ve zafer isteyen kişiye ekmek lokması az gelmez oğlum. Tuzak kurup av avlayanlarla yırtıcı canavarların hepsi rızk yemede. Bunlar ne kazanç peşinde dolaşırlar, ne de rızk kazanmaya çalışırlar. Rızk verici Tanrı, herkese kısmetini vermededir. Herkesin kısmetini, önüne koymadadır. Kim sabrederse rızkı gelir yetişir. Çalışıp çabalama zahmetine düşmen senin sabırsızlığındandır. Dedi.

Tilki dedi ki: Tanrıya dayanma, nadir bulunur. Bu dayanmada mahir olanlar, pek az kimselerdir. Nadir şeyin etrafında dönüp dolaşmak, bilgisizlikten ileri gelir. Herkes nereden padişahlığa yol bulacak? Peygamber kanaate hazine demiştir. Gizli hazineyi herkes elde edebilir mi? Haddini bil de yukarılarda uçma. Uçma da kötülük çukuruna düşme!

Eşek: bunu ters söylüyorsun dedi, bil ki kötülük, insana tamahtan gelir. Kanaatten hiç kimse ölmedi, hırsla da hiç kimse padişah olmadı. Tanrı, ekmeği domuzlarla köpeklerden bile esirgemiyor. Şu bulut ve yağmur, insanların kazancı değil ya. Sen nasıl rızka düşkün bir âşıksan rızk da rızk yiyene öyle düşkün bir âşıktır.

Bir zahit, Mustafa'dan "Herkesin rızkı Tanrı'dan gelir. Dilesen de dilemesen de rızkın, senin aşkınla koşa koşa gelir, sana ulaşır" sözünü duymuş. Denemek için sahralara düştü, bir dağın dibine vardı, yatıp uyudu. Bakalım diyordu rızkım gelecek mi? Şunu bir göreyim de bu husustaki inancım kuvvetlensin.

Bir kervan yolunu kaybetti. Süre süre o adamın bulunduğu yere kadar geldi. Kervan halkı onu uyumuş görünce, birisi bu adam neden böyle çölde yoldan ve şehirden uzak bir yerde çıplak bir halde yatıyor? Hiçbir kurttan, hiçbir düşmandan korkmuyor. Ölü mü acaba, yoksa diri mi? Dedi. Kervan halkı gelip onu yakaladılar. O ulu er hiçbir şey söylemedi. Ne vücudunu oynattı, ne başını. Ne de gözünü açtı. Bunun üzerine bu zavallı zayıf, açlıktan ölüm haline gelmiş dediler. Ekmek ve bir kap içinde yemek getirdiler. Boğazına dökmek istediler. Zahit rızkın insana çaresiz yetişip geleceği hakkındaki sözü iyice anlamak için inadına dişlerini sıktı. Kervan halkı acıdılar. Bu zavallı, tamamı ile bitmiş, açlıktan ölüm haline gelmiş dediler. Koşup bıçak getirdiler, ağzına dayayıp dişlerini zorla açtılar. Ağzına çorba döktüler ekmek parçaları tıktılar.

Adam dedi ki: Gönül susuyorsun ama sırrı biliyorsun da kendini naza çekiyorsun. Gönlü cevap verdi. Biliyorum ki canıma da rızk veren Tanrı'dır, tenime de. Bunu da mahsustan yapıyorum. Bundan fazla sınama, deneme olur mu? Rızk sabredenlere ne güzel yetişiyor bak.

Tilki dedi ki: Bu hikâyeleri bırak da az bile olsa elini kazanca at. Tanrı sana el vermiştir, bir iş yap. Kazan da bir dosta da yardımda bulun. Herkes bir kazanca yürümüş, başka dostlarına da, yardım ediyor. Bütün kazancı bir kişi elde edemez. Bir kişi hem dülger, hem saka, hem terazi olamaz ya. Âlemin kararı böyledir. Herkes yoksulluğundan bir işe sarılmıştır. Ortada bedava yemek şart değildir. sünnet olan yol, iş işlemek ve bir şey kazanmaktır.

Eşek dedi ki: Ben Tanrı'ya dayanmadan daha iyi bir kâr bilmiyorum. İki âlemde de en iyi kazanç budur. Ona şükretme kazancının eşini göremiyorum. Tanrıya şükür rızkı artırır. Aralarında bahis uzadı. Nihayet sualden de kaldılar, cevaptan da.

Tilki, bundan sonra ona "Nefislerinizi, ellerinizle tehlikeye atmayın" emrini söyledi. Kuru ve kayalık bir sahrada sabretmek ahmaklıktır. Tanrı'nın âlemi geniş. Buradan çayırlığa göç. Oradan ırmak kenarında yeşil otlat otla. Cennet gibi yemyeşil bir çayırlık. Orada yeşillikler bitmiş, ta bele kadar büyümüş. Ne mutlu o hayvana ki oraya varır. Deve bile o yeşillikte kaybolur. Orada her yanda bir kaynak akmada. Orada hayvanlar amana kavuşmuş, hepsi rahattaydı. Eşek eşekliğinden "A melun sen oradasın da neden böyle zayıfsın? Nerede neşen, semizliğin, nerede nurun, ferin? Neden bu sıkıntılara düşmüş bedenin böyle zayıf? Bu aç gözlülük, bu görmezlik, senin yoksuzluğundandır, beylerbeyi olduğundan değil. Madem kaynaktan geldin neden kurusun? Madem misk ceylanısın nerede sende misk kokusu? Söylediğin anlattığın şeylerden neden sende bir nişane yok ey yüce kişi? Diyemedi. Birisi deveye "Ey izi kutlu, nereden geliyorsun? Dedi. Deve dedi ki: Senin civarında bulunan sıcacık hamamdan. Adam evet dedi, zaten dizinden belli.

İnatçı Firavun, Musa'nın ejderhasını görünce mühlet istedi, yumuşaklık gösterdi. Akıllılar dediler ki: Bu daha fazla sertleşmeliydi hani ya Tanrı idi. Mucize ister ejderha olsun, ister yılan. Onun tanrılık kibri, tanrılık hışmı ne oldu? Oturunca "Ben yüce Tanrıyım" diyordu. Bir kurtcağız için bu yaltaklanma neden? Senin nefsin mezeyle, hurma şarabı ile sarhoşsa bil ki gayb salkımını görmemiştir. Çünkü o nuru görenlerde alâmetler vardır. Onlar bu gurur yüzünden uzaklaşırlar. Acı suyun etrafında dönüp dolaşan kuş tatlı suyu görmemiştir. Onun imanı da taklitten ibarettir. Canı, iman yüzünü görmemiştir. Mukallide yoldan da büyük bir tehlike vardır, yol kesen taşlanmış bir Şeytan'dan da.

Fakat hak nurunu görünce emin olur. Ondaki şüphe ıstırapları yatışır. Denizin köpüğü, aslı olan toprağa gelmedikçe çalkalanıp durur. O köpük toprağa aittir, deniz de gariptir. Gariplikte de ıstırap çekmesinden başka bir çaresi yoktur. Bir adamın gözü açıldı da o nakşı okudu mu artık şeytan bir daha ona el atamaz. Eşek tilkiye sırlar söyledi ama serserice söyledi mukallitçe söyledi. Suyu övdü, fakat iştiyakı yoktu. Yüzünü elbisesini yırttı, fakat âşık değildi.

Münafıkın özrü kabul edilmez. Çünkü o özür, dudağındadır, kalbinde değil. Elma kokusuna sahiptir ama elmaya değil. O koku onda ancak zarar vermek için vardır. Bütün kadınlar, savaşta saf yarmazlar, feryat ve figan ederler. Onu saf içinde aslan gibi görürsün, eline kılıcını almıştır ama eli titrer durur. Vay aklı dişi, kötü ve çirkin nefsi erkek ve atılmaya hazır olana. Nihayet onun aklı alt olur. Ziyandan başka bir yere göçemez. Ne mutlu aklı erkek olana, çirkin nefsi dişi ve aciz bulunana!

Cüz-i aklı, erkek ve üst olursa dişi nefsini aklı alt eder. Görünüşte dişinin saldırması da kuvvetlidir ama onun ziyanı, o eşek gibi eşekliğindendir. Kadında hayvan sıfatı üstündür. Çünkü kadının renge kokuya meyli vardır.

O eşekte çayırlığın rengini kokusunu duyunca elindeki bütün deliller kaçıp gitti. Yağmura muhtaç bir susuz haline geldi, bulut yoktu. Öküz açlığına uğradı, sabrı yoktu. Babam, sabır demir kalkandır. Tanrı, kalkana "Zafer geldi çattı" yazısını yazmıştır. Mukallit söz arasında yüzlerce delil getirir. Fakat onları kıyas bakımından söyler, açık bir tarzda değil. Misklere bulanmıştır ama misk değildir. kendisinde misk kokusu vardır ama pis bir şeydir ancak.

Ey mürit, pislik misk haline gelinceye kadar yıllarca o bahçede otlamak gerek. Evet, arpa yememeli eşekler gibi. Ceylancasına Huten ülkesinde erguvan otlamak gerek. Karanfillerden, yaseminden, gülden başka bir şey otlama. O ceylanlarla Huten sahrasına yürü. Mideni o reyhanlara, güllere alıştır da peygamberlerin hikmet ve gıdasını bul. Mideni şu ottan arpadan vazgeçir; reyhan ve gül yemeye başla.

Ten midesi insanı samanlığa çeker. Gönül midesi reyhanlığa. Ot ve arpa yiyen kurban olur. Tanrı nuru ile gıdalanan Kur'an olur. Senin yarın pisliktir, yarın misk. Kendine gel de pisliği değil, Çin miskini arttır.

O mukallitte yüzlerce delil, yüzlerce söz vardır. Ama dile getirince görürsün ki onlarda can yok. Söyleyende can ve fer olmazsa sözünde yaprak ve meyve nereden olacak? Öyle söz, tesir eder mi hiç? Küstahçasına insanları yola sokar ama kendisi saman çöpünden fazla titrer. Sözü pek parlaktır, fakat sözünde de bir titreyiş gizlidir.

Nura ulaşmış şeyh, insana yol bildirir, sözünü nurla yoldaş eder. Çalış çabala da sarhoş ol, nura ulaş, sözünden Tanrı nuru aksın. Pekmez içinde ne kaynatılırsa pekmez lezzetini alır. Havuç, elma, ayva ve ceviz, pekmez de kaynatılsa hepsinden de pekmez lezzeti alırsın. Bilgi de nura karışırsa inatçı ve kötü kişiler bile bilginden nur bulurlar. Ne söylersen o da nur olur. Çünkü gökten sudan başka bir şey yağmaz. Gök ol, bulut ol, yağmur yağdır. Oluk da yağmur yağdırır ama faydası yok. Oluktaki su iğretidir, halbuki bulutta ve deniz de yaratılıştan vardır. Düşünce oluğa benzer. Vahiy ve keşif, bulut ve denizdir. Yağmur suyu, bahçeyi yüz türlü renklerle bezer. Halbuki oluk, komşuları birbirine düşürür, kavga çıkarır.

Eşek, tilkiyle iki üç kere bahiste bulundu. Fakat mukallitti, tilkinin hilesine kapıldı. Görgü ve anlayışı olmadığından tilkinin hilesi onu kandırdı. Yemek hırsı onu öyle bir alçalttı ki beş yüz delili olmakla beraber tilkiye zebun oldu. Tilki hilede ayak diredi. Eşeğin sakalını tutup çekti. Nerede o tekkenin ilâhicisi ki hararetle defe vurup "Eşek gitti eşek gitti" desin. Bir tavşan bile aslanı kuyuya sürüklerse bir tilki, eşeği çayırlığa nasıl sürüklemez? Kulağını tıka da o ihsan ve lütuf sahibi velinin afsunundan başka bir afsun okuma. Onun afsunu helvadan da tatlıdır. Hatta öyle bir erdir ki ayağının bastığı toprak, yüzlerce helvaya değer. Şarapla dolu koca küpler, onun dudaklarındaki şaraptan mayalanmıştır. Ondan uzakta kalan can, lal dudaklardaki şarabı görmediği için şaraba âşıktır. Kör kuş, tatlı suyu görmemiş, kara ve acı suyun etrafında dönüp dolaşmasın.

Can Musası, gönlü Sina haline getirir, kör dudu kuşlarının gözlerini açar. Can şirininin Hüsrev'i nöbet tutmuştur. Şehirde şeker ucuzlamıştır. Gayb Yusufları ordularını çekmede, şeker denklerini getirmede. Mısır'dan gelen develerin yüzü bizim tarafa yönelmiş, ey dudu kuşları, şenlik seslerini duyun. Şehrimiz yarın şekerle dolacak. Şeker zaten ucuz ama daha da ucuzlayacak.

Ya hey! Şarap üstüne şarap, meze üstüne meze. Artık minareye çık da sala ver. Taş ve mermer, lâl ve altın haline geliyor. Güneş gökyüzünde elceğizlerini çırpmada. Zerreler âşıklar gibi birbirleriyle oynaşmada.

Kaynaklar yeşilliklerden, çayırlık, çimenliklerden mahmurlaştı. Gül, dallar üstüne çicekler açıyor. Devlet gözü tam bir büyü yapmada; ruh Mansur oldu; "Enel

Hak!" diye bağırmada. Tilki bir eşeği baştan çıkarırsa bırak çıkarsın. Sen eşek olma da gam yeme.

Tilki eşeği alıp çayırlığa götürdü. Aslan, ona saldırıp paramparça edecekti. Eşek aslandan uzaktı. Eşeği görünce hırsından yaklaşmasına sabredemedi. Birden korkunç bir surette kükredi. Fakat kımıldayacak kuvveti yoktu zaten. Eşek, uzaktan bunu görünce dönüp nalları kaldırdı, ta dağın eteğine kadar kaçtı. Tilki dedi ki: A padişahım kavga zamanında neden sabretmedin? O sapık, sana yaklaşsaydı hafif bir saldırışta ona üstün gelirdin. Acele, Şeytan'ın hilesidir; sabır ve tedbir Tanrı'nın lütfu. O uzaktaydı hamleni görüp kaçtı. Zayıflığını anladı, yüzünün suyunu döktü. Aslan kuvvetim yerinde sandın dedi, bu derece halsiz olduğumu zannetmiyordum. Fakat açlık ve ihtiyacım hadden aştı. Açlıktan sabrım da kayboldu aklım da. Elinden gelirse bir kere daha onu baştan çıkar, buraya getir. Düzenlerle onu buraya getirmeye çalış. Sana pek minnettar olurum.

Tilki evet dedi, Tanrı yardım eder de körlükle gözünü bağlar, çektiği korkuyu unutursa ne ala. Bu da, onun eşekliğinden uzak değildir. fakat onu yine kandırırda buraya getirirsem yine acele edip emeğimi yele verme.

Aslan dedi ki: Evet sınadım anladım ki pek halsizim bedenimde fer kalmamış. Eşek tamamı ile bana yaklaşmadıkça yerimden bile kımıldamam. Kendimi öyle uyur gösteririm.

Tilki yola düştü. "Aman padişahım sen bir himmet et de aklını bir gaflet bürüsün. Eşek her kötü kişiye kanmamak için Tanrı'ya tövbeler etmiştir. Onun tövbelerini hilelerimle bozayım. Biz aklın ve aydın ahdın düşmanıyız. Eşek başı çocuklarımızın topudur, eşek fikri elimizin oyuncağı" diyordu.

Zühal yıldızının devrinden meydana gelen aklın, aklı külle karşı ne değeri vardır? O akıl, Utarit'le Zuhal'den feyiz alır, bilgi sahibi olur. Bizse sıfatı lütuf ve ihsan olan Tanrı kereminden feyiz alır, bilgi sahibi oluruz.

Turamızın kıvrımı, "Tanrı insana bilgi öğretti" ayetidir. Maksatlarımız, Tanrı indindeki bilgidir. O aydın güneş bizi terbiye etmiştir. O yüzden "Rabbim yücelerin yücesidir" der dururuz.

Tilki, eşek hilemizi sınadıysa da bununla beraber bu hileye yüzlerce sınamayı unutur gider. Belki o gevşek huylu tövbesini bozar da bunun seyyiesine uğrar demekteydi.

Ahdı, tövbeyi bozmak, sonunda insanı lanete uğratır. Cumartesi günlerinde iş işlemeye mecbur olan Yahudiler, tövbelerini bozdular da çarpılıp helak oldular. Tanrı o kavmi maymun şekline soktu. Çünkü inada girişip Tanrı ahdini bozdular.

Bu ümmette beden çırpınması yoktur. Fakat ey akıllı fikirli adam, gönül çarpılması vardır. Bir adamın gönlü maymun gönlüne döndü mü bedeni de maymunun gönlünden aşağı olur. O eşeğin gönlü de hakikatten haberdar olsaydı, bir hünere nail olmuş bulunsaydı sureti yüzünden hor olur muydu hiç?

Ashabı kehf'in köpeğinin huyu iyiydi, fakat sureti, köpek suretindeydi. Fakat bu suretti, ona bir noksan verdi mi? Yahudiler, halk zahiri azabı görsün diye zahiren çarpıldılar. Fakat iç âleminden bunlardan başka yüz binlercesi, tövbesini bozma yüzünden domuz ve eşek oldu.

Tilki çabucak eşeğin yanına geldi. Eşek, senin gibi dosttan çekinmek gerek. "A adam olmayan" dedi, ben sana ne yaptım da beni ejderhanın yanına götürdün? Bana kinlenmene sebep neydi? Yaradılışındaki kötülükten başka ne sebep vardı buna a inatçı? Ona hiçbir eziyet vermediği, dokunmadığı halde gencin ayağını sokan akrep gibi hani. Yahut ta bizden kendisine bir kötülük gelmediği halde can düşmanımız olan Şeytan gibi. Şeytan tabiatı bakımından insana düşmandır. İnsanın helâk oluşuna sevinir. Her an adamın peşine düşer, bir türlü bırakmaz. Huyunu, çirkin tabiatını bırakır mı hiç? Çünkü onun içindeki kötülük, sebep yokken onu zulme, düşmanlığa çeker. Her an, seni bir kuyuya atmak için bir otağa çağırır. Baş aşağı havuza yuvarlamak için filan yerde bir havuz var, dereler akıyor der durur. Vahye nail olan, gözü açık bulunan Adem'i bile o melûn, kötülüğe, şerre düşürdü. Adem'in geçmişte bir suçu yoktu, ona bir zarar vermemişti, bir haksızlıkta bulunmamıştı.

Tilki dedi ki: O bir büyü, bir tılsımdı, senin gözüne aslan göründü. Yoksa ben beden bakımından senden zayıfım, öyle olduğu halde gece gündüz orada otlamaktayım. O çeşit bir tılsım yapmasalar da her obur, doğru oraya koşardı.

Fillerle, ejderhalarla dolu aç bir dünya durup dururken hiç tılsım olmadıkça yazı, öyle yemyeşil durur mu? Ben, öyle korkunç bir şey görürsen sakın korkma diyecektim ama, gönlüm haline yandı, o derde daldım da aklımdan çıktı. Seni köpek gibi acıkmış, perişan bir halde görünce koşa koşa gelsin diye seğirttim. Yoksa sana tılsım anlatacak, sana bir hayal görünür ama aslı yoktur diyecektim.

Eşek dedi ki: Hadi ey düşman, çekil önümden, çekil de çirkin suratını görmeyeyim. Seni kötü talihli bir hale getiren Tanrı, çirkin suratını da kerih ve pek berbat bir hale soktu. Bana hangi suratla geliyorsun? Gergedanın yüzü bile bu kadar kalın derili değildir. Seni çayıra götüreyim diye apaçık canıma kastettin.

Azrail'i gözlerimle gördüm. Sonra da yine bana düzen kurmaya, beni kandırmaya savaşıyorsun ha! Ben ister eşek olayım, ister eşeklerin kusuru. Nihayet benim de canım var. Bunu nasıl feda edebilirim? O gördüğüm amansız korkuyu çocuk görseydi derhal kocalırdı. O korkudan, o heybetten kendimi cansız, gönülsüz bir halde dağdan baş aşağı attım. O perdesiz azabı görür görmez ayağım, kakıldı kaldı. Tanrıya ahdettim. Ya rabbi dedim, ayağımdaki şu bağı çöz.

Bundan böyle kimsenin vesvesesine kanmayayım ey lütuflar sahibi Tanrı, ey yardımcım, ahtım olsun, nezrim olsun. Tanrı, o anda ayağımın bağını çözdü. O dua ve sızlanma, o niyaz yüzünden ayağım çözüldü. Yoksa o erkek aslan bana yetişseydi halim ne olurdu? Aslanın pençesi altında eşek ne hale gelir? Yine o aç aslan hileyle seni bana yolladı değil mi a kötü arkadaş?

Herkesin, kendisine muhtaç olduğu ihtiyacı bulunmayan pak Tanrı'nın zatına and olsun ki kötü yılan bile kötü arkadaştan yeğdir. Çünkü kötü yılan, insanın yalnız canını alır. Kötü arkadaşsa insanı cehenneme sürer, orasını adama durak eder. İnsanın, düşüp kalktığı adamla konuşa görüşe huyu ile huylanır. Gönül arkadaşının huyunu kapar. O sana gölge saldı mı mayasız olduğu için senin mayanı çalar. Aklın sarhoş bir ejderha bile olsa kötü arkadaş, bil ki zümrüttür. Aklının gözünü çıkarır, kör eder. Onun kınaması, seni taunun eline teslim eder.

Tilki dedi ki: Bizim safımızda tortu yoktur. Fakat vehme gelen hayallerde, küçümsenecek şeyler değildir. ey saf ve bön adam, bütün bunlar senin vehmindir. Yoksa sana karşı hiçbir kastim yoktur. Kötü hayaline kapılıp bana bakma. Dostlara karşı neden kötü zanda bulunuyorsun? Saf kardeşler hakkında iki zanda bulun. Zahiren onlardan cefa bile görsen haklarında kötü düşünceye kapılma. Bu kötü hayal, bu kötü zan, meydana çıktı mı yüz binlerce dostu birbirinden ayırır. Seni esirgeyen biri, sana cevreder, seni sınarsa hakkında kötü zanna düşmemek gerektir. Akıl karı budur.

Hele ben hiç kötü değilim. Adım kötüye çıkmış ama aldırma. O gördüğüm aslan değildi tılsımdı. O uğradığın şey kötü bile olduysa yine dostlar, o hatayı af ederler. Vehim ve tamahla korku âlemi, yolcuya pek büyük bir settir. Bu nakışlar bu hayal suretleri, dağ gibi Halil'e bile zarar verdi. Cömert İbrahim bile vehim âlemine düşünce "Bu benim rabbimdir" dedi. Tevil incisini delen o zat, yıldızı görünce böyle dedi işte.

Gözleri bağlayan vehim ve hayal âlemi, öyle bir dağı bile yerinden oynattı. O bile "Bu benim rabbimdir" dedi. Artık, eşeği ne hale kor, bir düşün! Dağ gibi akıllar bile vehim deniziyle hayal girdabına gark olur. Bu kötülük tufanı, dağları bile aşarken Nuh gemisine binenlerden başka kim aman bulur?

Yakin yolunun bekçisi olan bu hayal yüzünden din ehli, tam yetmiş iki fırka oldu. Yalnız yakin eri, vehim ve hayalden kurtulur. Kaşını kılını yeni ay sanmaz. Fakat bir kimseye Ömer'in nuru dayanç olmadıkça onun eğri kaşı yolunu vurur. Yüz binlerce koskocaman gemi, vehim denizinde paramparça olmuştur. Bunların en aşağısı akıllı ve filozof Firavun'dur. Onun ayı da vehim burcundan tutulup gitti. Hiç kimse orospu kadın kimdir bilmez. Bilen, o kadını iyice tanıyan da hakkında şüpheye düşmez.

Vehmin seni şaşkın bir hale getirdiyse neden öbür vehmin etrafında dönüp dolaşırsın? Ben kendi benliğimden aciz kaldım. Sen neden benlikle dolu bir halde önümde duruyorsun? Canla başla benlikten, varlıktan kurtulmayı istiyorum ki onun güzelim savlicanına top olayım. Kim benliğinden kurtulursa bütün benlikler onun olur. Kendisine dost olmadığı için herkese dost kesilir. Nakışsız bir ayna haline gelir, değer kazanır. Çünkü bütün nakışları aksettirir.

Eşek bir hayli çalıştı tilkiden korundu. Fakat köpek gibi acıkmıştı, açlık kendisine eş olmuştu. Hırsı üstün geldi, sabrı zayıfladı. Ekmek sevdası nice boğazları yırtmıştır. Kendisine hakikatler keşfedilen peygamber, onun için "Az kaldı ki yoksulluk, küfür olayazdı." Dedi. O, eşek açlığa tutsak olmuştu. Hileyse bile dedi tut ki öldüm. Bari bu açlık azabından kurtulurum ya. Yaşayış buysa ölüm bence daha iyi.

Önce tövbe etmiş and içmişti ama nihayet eşekliğinden tövbesini de bozdu, andını da. Hırs, insanı kör ahmak eder, bilgisiz bir hale sokar, ölümü kolaylaştırır. Halbuki ölüm eşeklere kolay değildir. çünkü ebedî canları yoktur ki. Ebedî canı olmadığı için de kötülükte bulunan birisidir. Ecele cüreti ahmaklıktandır.

Çalış da ebedi cana ulaş, ölüm gününde de elinde bir azık bulunsun. Kötü kişinin rızk veren Tanrı'ya güveni yoktur. Gayptan ona rızkının cömertçe saçıldığına inanmaz. Gerçi zaman zaman ona bir açlık verdi, verdi ama Tanrı ihsanı, şimdiye kadar onu rızksız bırakmadı. Eğer açlık olmasaydı imtilâya tutulurdun, ondan sonra da sende daha yüzlerce illet baş gösterirdi. Açlık illeti, hem lâtif oluş, hem hafif bir hale geliş, hem de Tanrı'ya yalvarıp ibadette bulunuş bakımından o illetlerden elbette daha iyidir. Açlık zahmeti, illetlerden daha iyidir; hele açlıkta yüzlerce fayda ve hüner de varken.

Kendine gel açlık ilâçların padişahıdır. Açlığı canla başla kabul et, onu böyle hor görme. Bütün hastalıklar, açlıkla iyileşir. Bütün ilâçlar aç olmadıkça sana tesir etmez. Açlık Tanrı hastalarının gıdasıdır. Senin gibi ahmak yoksul, nereden ona zebun olacak? Aldırış etme sen onlardan değilsin ki bu mutfakta ekmeksiz bekleyesin. Şu aşağılık ve karnına düşkün kişilere daima kase üstüne kase sunarlar, ekmek üstüne ekmek. Bu çeşit adam öldü mü ekmek, önünden giderek ey yoksullukla, ümitsizlikle kendini öldüren der. İşte sen öldün, ekmek kaldı. Hadi kalk da al ekmeğini bakalım ey kendini elemlerle öldüren. Kendine gel de elin ayağın titremesin. Rızkın, senin ona âşık olmandan ziyade sana âşıktır. Âşıktır, senin sabırsızlığını bilir de emekliye emekliye sana gelir a herzevekil. Sabrın olsaydı rızkın gelir âşıklar gibi kendini sana teslim ederdi. Açlık korkusundan bir titreyiş nedir? Tanrı'ya dayanmayla tok yaşanabilir pekâlâ.

Dünyada yemyeşil bir ada vardır, orada yalnız başına obur bir öküz yaşar. Akşama kadar bütün yazıyı yalar, otlar, doyar, semirip şişer. Gece oldu mu yarın ne yiyeceğim diye düşünceye dalar, bu düşünce onu dertlendirir, ince bir kıla döner. Sabah olunca yazı yine yeşermiştir. Yeşillik, çayır, çimen, ta bele kadar büyümüştür. Öküz, öküz açlığına tutulmuştur, akşama kadar bütün yazıyı baştanbaşa otlar, bitirir. Yine büyür, semirir, şişer. Bedeni yağlanır, güçlü kuvvetli bir hale gelir. Derken akşam oldu mu açlık korkusuna düşer, bu korkuyla titremeye başlar, yine korkusundan zayıflar. Yarın yayım zamanı ne yiyeceğim, ne edeceğim? Diye düşünür durur. Yıllardır, o öküz bu haldedir işte. Bunca yıldır bu yeşilliği otlar, bu çimenlikte yayılırım, hiçbir gün rızkım azalmadı. Bu korku nedir, bu gönlümü yakıp yandıran gam nedir diye düşünmez bile. Akşam oldu, gece bastı mı o semiz öküz, eyvahlar olsun, rızkım bitti diye yine zayıflar.

İşte nefis, o öküzdür, yazı da dünya. Nefis ekmek korkusuyla daima zayıflar durur. Gelecek zamanlarda ne yiyeceğim, yarının rızkını nasıl ve nerede elde edeceğim kaydına düşer. Yıllardır yedin, yiyeceğin eksilmedi. Artık biraz da gelecek düşüncesini bırak da geçmişe bak. Yediğin rızkları hatırına getir, geleceğe bakma da az sızlan.

Tilkicik eşeği ta aslanın yanına kadar götürdü. Aslan, eşeği paramparça etti. O canavarlar padişahı, bu savaşta yoruldu, susadı. Su içmek üzere kaynağa gitti. Tilkiceğiz eşeğin ciğeriyle yüreğini fırsat bulup yedi. Aslan, su içip dönünce aradı, eşeğin ne ciğeri vardı, ne yüreği.

Tilkiye ciğeri nerede, yüreği ne oldu? Dedi. Canavar, hayvanın bu iki uzvunu pek sever.

Tilki dedi ki: Onda yahut ciğer olsaydı hiçbir kere buraya gelir miydi? O kıyamet görmüş, o dağdan düşmeyi seyretmiş, o korkuyu tatmış, güç ile kaçmıştı. Ciğeri yahut yüreği olsaydı tekrar senin yanına gelir miydi? Bir gönülde gönül nuru olmadı mı o gönül, gönül değildir. Bir bedende ruh yoksa o beden, topraktan ibarettir.

Bir kandilde can nuru yoksa sidikten, pislikten ibarettir. O sırçaya kandil deme artık. O sırça, o kap, halkın yapısıdır ama kandilin nuru, ululuk ıssı Tanrı'nın ihsanıdır. Hasılı sayı ve çokluk kaplardadır, alevlerdeyse ancak birlik vardır. Bir yere altı tane kandil koysalar nurlarında sayı ve çokluk olmaz. O çıfıt, kapları gördü de müşrik oldu. Öbürü de nuru gördü de imana geldi, anlayış sahibi oldu. Ruh, kaplara baktı mı, Şit'le Nuh'u iki görür. Derenin, suyu varsa deredir. Adam canı olan adamdır. Bunlar insan değillerdir, suretten ibarettirler. Bunlar ekmek ölüsüdürler, şehvet öldürmüştür bunları..

IX. İSTASYON

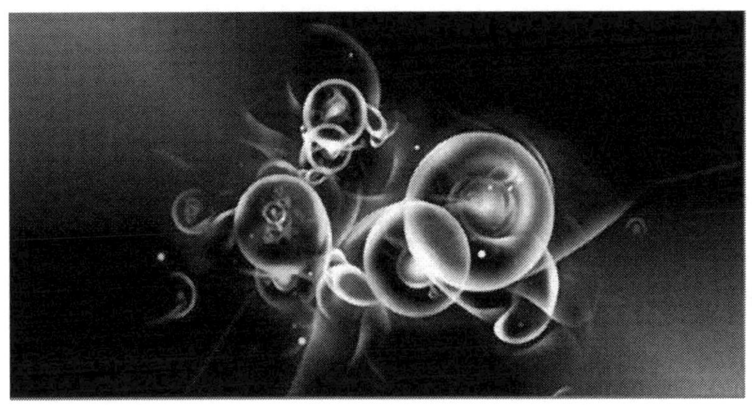

Otuzüçüncü Yolculuk

Bil ki ey nefsim! Sen kendini yükseltmek istiyorsan o ölçüde nefsini alçaltmalısın.

33. SIR: Karga gübreye âşıksa ona de ki: "O sevgi ona yaraşır, ama gül bahçesinde yeşillikler içinde bülbüllerin gülü sevmeleri ne de hoştur." Yani şehvet peşinde koşarak fanî güzellere gönül verenler, koşsun dursunlar ama, sonu utanç olan kirli arzulardan kendilerini kurtararak gerçek sevgiliyi bulan kişilere ne mutlu?

Ney: Bil ki ey nefsim! Sen kendini yükseltmek istiyorsan o ölçüde Nefsini alçaltmalısın. İşte şu hakikatin bir sırrını öğrenmek istiyorsan şu hikâyeyi dinle:

BÜYÜKLENMENİN SONU:

Neşeli ve şaraba düşkün bir bey vardı. Her mahmurun, her çaresiz kişinin sığındığı bir zattı. Esirgeyici, yoksulları korur, altınlar, inciler bağışlayıcı, deryadil bir adamdı.

Erlerin padişahı, inanmış adamların beyi, yol bilir, sırdan anlar, dostlarını görür gözetir bir zattı. İsa'nın zamanı, Mesih'in devri idi. Halkın gönlünü alan, kimseyi incitmemeye gayret eden o güzel beye, bir gece ansızın konuk geldi. O konuk da onun gibi hoş ve iyi bir beydi. Neşelensinler diye şarap içmek istediler. O zaman şarap helâldi. Şarapları azdı dedi ki: Köle, yürü, testiyi doldur, bize şarap getir.

Filan keşişte halis şarap var. Ondan al da canımız, ileri gelenlerin derdinden de halas olsun, halkın derdinden de. O keşişin şarabının bir katrası, binlerce testi, binlerce küp şarabın yaptığını yapar. O şarapta gizli bir maya var, nitekim bazı erler vardır ki aba altında sultandır onlar. Sen paramparça hırkaya bak. Anlaşılmasın diye altının da yüzünü karartırlar.

Lâl görünüşte buğulu görünür ama kötü göz, onu beğenmesin diyedir bu. Hazine ve mücevharat, ev içinde olur mu hiç? Hazineler daima yıkık yerlerdedir.

Adem'in hazinesi de yıkık yere gömülmüştü de bu yüzden o melûn Şeytan'ın gözü onu görmedi. O, toprağa hor baktı. Fakat can, ona bu toprak, sana bir set olmuştur deme de idi.

Köle iki testi alıp yola düştü. Derhal keşişlerin manastırına vardı. Altını verip o altın gibi şarabı aldı. Taşı verip karşılığında cevheri satın aldı. O şarap ki padişahların başına sıçrar da sakinin başına altın taç koyarlar.

O şarap ki fitneler, kargaşalılar çıkarır, kullarla padişahları birbirine katar. O şarabı ki kemikleri eritir de tamamı ile can yapar, o zaman tahtayla taht bir olur. Ayıkken kulla padişah suyla yağ gibidir ama sarhoşluk vaktinde tendeki cana dönerler. Heriseye benzerler, artık farkları kalmaz. Fakat bu makama varıp gark olmayan bunu fark edemez.

İşte o köle o çeşit şarap almış, o adı sanı güzel beyin köşküne gitmekteydi. Yolda gamlar görmüş beyni kuru, belalara bürünmüş bir zahit, önüne çıkıverdi. Zahidin bedeni gönül ateşleriyle yanmış, evini Tanrıdan başka her şeyden silip süpürmüştü. Nice çaresiz mihnetlere uğramış, binlerce dağlar üstüne dağlar yakmıştı. Her an gönlü, savaşlara düşmüş, gece gündüz riyazatlara sarılmıştı. Yıllarca aylarca kanlara batmış, topraklara bulanmıştı. Gece yarısı o köleyi görünce, dedi ki: Testilerdeki nedir? Köle, şarap dedi. Zahit, kimin, kime götürüyorsun? Diye sordu. Köle, o ulu beyin dedi. Zahit dedi ki: Tanrı'yı dileyen kişinin ameli böyle mi olur? Hem Tanrı'yı istiyor, hem de içip eğleniyor ha! Şeytan şarabı sonra da yarım akıl öyle mi? Senin aklın şarapsız böyle dağınık. Aklına akıllar katmak gerek. Ya sarhoş olunca aklın ne hale gelir ey bir kuş gibi sarhoşluk tuzağına tutulmuş adam?

Ziya-i Delk, hazır cevap ve tatlı sözlü bir zattı. Şeyh-i İslam Tac-ı Belh'in kardeşi idi. Tac-ı Belh, pek kısa boyluydu, âdeta bir kuşa benzerdi. Bütün bilgileri bilir, âlim faziletli bir adamdı ama Ziya, güzel söz söylemede ve nüktecilikte ondan üstündü. O pek kısaydı, Ziya da haddinden fazla uzun. Şeyhülislâm, pek nazlı, pek kibirli bir adamdı.

Bu kardeşinden utandı. Ziya da sözü tesirli bir vaizdi. Bir meclis günü, Ziya meclise geldi, kadınlarla, alim ve temiz kişilerle doluydu. Şeyhülislâm, kibrinden kardeşine şöyle kalktı ve yine derhal oturdu.

Ziya alınarak dedi ki: "Çok uzun boylusun. Bari o selvi boyundan birazcığını çal. Sende akıl nerede, fikir nerede ki ey bilgi düşmanı tutup şarap içeceksin? Yüzün pek güzel bari biraz da çivit sür. Habeşin yüzüne, çivit, gülünç olur doğrusu. A azgın sende nur nerede de ki kendinden geçiyor da karanlık arıyorsun.

Gölgeyi gündüz aralar. Sense bulutlu gecede tutmuş, gölge aramaya çıkmışsın. Şarap gıda için halka helâldir ama sevgiyi dileyenlere haramdır. Âşıkların şarabı gönül kanıdır. Onların gözleri yolda konaktadır. Böyle bir korkunç çölde bu akıl kılavuzu, tutulup kalır. Sen de kılavuzları gözetirsen kervanı helak eder yolu yitirirsin.

Arpa ekmeği bile hakikatten haramdır. Nefsin önüne kepekle karşılık ekmek koy. Tanrı yolunun düşmanını hor tut. Hırsızı mimbere çıkarma, dara çek. Hırsızın elini kes. Kesmekten acizsen hiç olmazsa bağla. Sen, onun elini bağlamazsan o, senin elini bağlar. Sen, onun ayağını kırmazsan o, senin ayağını kırar.

Halbuki sen, düşmana şarap ve şeker kamışı veriyorsun. Niçin? Ona zehir gibi gül, taş desene. Zahit, gayrete gelip testiye bir taş attı, kırdı. Köle de testiyi elinden atıp zahitten kaçtı.

Beyin yanına gidince bey, şarap nerede?" Dedi. Köle bir bir macerayı anlattı.

Bey, ateşe döndü, hemen yerinden doğruldu, bana o zahidin evi nerede? Göster dedi. Göster de şu ağır gürzle kafasını ezeyim. O kahpe oğlunun akılsız kellesini kırayım. O, köpekliğinden doğru yolu göstermeyi ne bilir? O, ancak şöhret aşığı. Bu yobazlık, bu riya ile kendisine bir mevki yapmak, bir şey bahane ederek kendini göstermek istiyor. Onun şuna buna riya yapmaktan başka hiçbir hüneri yok. Deliyse, fitne çıkarmak istiyorsa delinin ilâcı, öküz aletinden yapılma kamçıdır.

Vurmalı kerataya da kafasındaki Şeytan çıksın. Eşekçiler, nodullamadıkça eşek gider mi hiç? Bey, eline bir topuz alıp sokağa çıktı. Gece yarısı yarı sarhoş bir halde geldi, zahidin evine girdi. Kızgınlıkla zahidi öldürmek niyetindeydi. Zahit, evde bulunan yünlerin altına girip gizlendi. Zahit, beyin sözlerini yün bükenlerin yünleri altına gizlenmiş, işitiyordu."

Orada kendi kendine dedi ki: Adamın çirkinliğini yüzüne karşı ancak ayna söyleyebilir, çünkü onun yüzü serttir. Ayna gibi demirden bir yüz gerek ki sana çirkin yüzüne bak desin.

Padişah Delkak'la satranç oynardı. Delkak padişahı mat etti mi padişah derhal kızardı. Bunu kibrine yediremez, Tu Allah müstehakını versin diye satranç taşlarını birer, birer Delkak'ın başına vururdu.

Al, işte şahın bu senin bu kaltaban derdi. Delkak, aman padişahım der sabrederdi. Bir gün yine padişah mat oldu. Bir oyun daha oynamalarını emretti. Delkak, zemheride çıplak kalmış adam gibi tirtir titriyordu. Bir oyun daha oynadı, yine padişah mat oldu. Tu Allah müstehakını versin zamanı gelince, Delkak sıçradı bir köşeye kaçtı; korkusundan altı tane halının altına girdi. Yastıklarla o altı tane halının altına gizlenip padişahın satranç taşlarından aman buldu. Padişah ne yapıyorsun, bu ne? Deyince, padişahım dedi, Tu Allah müstehakını versin.

Ateşler püskürüyorsun... Senin gibi öfkeli bir padişaha döşeme altından başka yerde doğru söz söylenebilir mi? Sen mat oldun ama ben şahın çarpmasından mat oluyorum. Onun için halıların altından Tu Allah müstehakını versin diyorum!

Mahalle o beyin bağrış, çağırışıyla, kapıyı tekmelemesi, vurun tutun diye nara atmasıyla doldu. Sağdan, soldan halk dışarı fırladı. Ey ulumuz af zamanıdır. Onun beyni kurumuş. Şimdi onun aklı, fikri çocukların aklından fikrinden az. Hem zahit, hem ihtiyar. Bu halindeki şu zahitlik, onu kat, kat zayıflatmış. Bu zahitlikten de bir feyze nail olamamış.

Zahmetler çekmiş de sevgiliden bir hazine elde edememiş. İşler yapmış da bir pul kazanamamış. Ya iş onun harcı değilmiş, ya henüz mükafat vakti gelmemiş. Ya o çalışma çıfıtça bir çalışma, yahut da mükafata erişmesinin bir zamanı, bir saati var. Ona bu dert bu musibet yeter... Şu kanlı ovada kimsiz kimsesiz kala kalmış.

Gözleri ağırlıklı, bir bucağa çekilip oturmuş, yüzünü ekşitmiş, suratını asmış. Ne bir göz hekimi var ki derdine yansın, ne onun aklı var ki bir göz ilacı arayıp bulsun, gözüne çeksin.

Kendi zannına uymuş, çalışıp çabalamaya koyulmuş, işim, iyileşecek diye bir ümide kapılmış.

Halbuki onun tuttuğu yolla sevgilinin vuslatı arasında ne uzun bir mesafe var. Çünkü o, baş aramıyor, reis olmayı istiyor.

Bir an Tanrı ile, nasibim bu hesapta hep zahmet mi diye âdeta didişmede. Bir an hep uçuyor, ele geçmiyor, bizim kolumuzu kanadımızı kırıyorsun diye bahtı ile kavga etmede. Kim, renge, kokuya mahpus kalırsa zahit olsa bile huyu iyi olmaz, dar canlıdır.

Bu daracık duraktan çıkmadıkça nasıl olur da ahlakı düzelir, gönlü ferahlar? Zahitlere, genişliğe çıkmadan yalnız bulundukları zaman bıçak ve ustura vermeye hiç gelmez. Darlılarından, muratlarına eremediklerinden, dertlerinden karınlarını deşiverirler.

Mustafa'yı ayrılık derdi kapladı, daraldı mı, kendisini dağdan atmaya kalkardı. Cebrail, sakın yapma. Kün emrinde sana nice devletler taktir edilmiştir deyince, yatışır, kendini atmaktan vazgeçerdi. Sonra yine ayrılık derdi gelip çattı mı, yine gamdan dertten bunaldı mı kendisini dağdan aşağı atmak isterdi. Bu sefer Cebrail görünür, ey eşi olmayan Padişah, yapma bunu derdi.

Hicap keşfedilip de o inciyi koynunda buluncaya kadar bu haldeydi. Halk, her çeşit mihnetten ötürü kendini öldürüp dururken mihnetlerin aslı olan bu ayrılığı nasıl çeksin? Halk canını feda eden şaşar. Fakat bizim her birimiz fedai huyluyuz. Ne mutlu o kişiye ki bedenini, feda edilmeye değer bir dosta feda etmiştir.

Herkes bir fennin, bir sanatın fedaisidir. Ömrünü o yolda sarf eder, ölüp gider. İster doğularda olsun, ister batılarda, herkes, nihayet ölür. O zaman ne âşık kalır, ne maşuk. Hiç olmazsa be devletli, zaten şu hünere gönüllü, kendisini feda etmiş. Onun öldürülmesinde yüzlerce hayat var. Âşık da onca ebedi, maşuk da, aşk da. İki âlemde de dileğine ermiş, iyi bir ad san kazanmış.

Ey ulular, aşılara acıyın. Onların şanı, helak olduktan sonra bile helak olmaya hazır bulunmaktadır. Beyim onun kabalığını affet onun derdine bedbahtlığına bak. Onu affet de Tanrı da seni affetsin, suçlarını yargılasın.

Sen de gafletle az testiler kırmamışsındır. Sen de affa ümit bağlamışsındır. Affet de ahrette sen de af edilesin. Kader, ceza vermede kılı kırk yarar.

Bey dedi ki: O kim oluyor ki bizim testimize taş atıp kırıyor? Benim civarımdan erkek aslan bile yüzlerce çekingenlikle korka, korka geçmede. Neden kulumuzun gönlünü incitti, bizi konuğumuzun yanında utandırdı?

Onun kanından daha değerli olan şarabı döktü de kadınlar gibi bizden kaçıp da gizlendi. Fakat tut ki bir kuş gibi uçsun, benim elimden nerede canını kurtaracak? Kahır okumla kanadını kırar, onun arda kalası kanadını koparırım. Benden kaçıp da bir katı taşın içine girse, gizlense yine onu tutar, o taşın içinden çıkarırım. Ona bir kılıç çalayım da bütün kaltabanlara ibret olsun.

Herkese yobazlık satsın, bu yetmiyormuş gibi bir de bize satmaya kalkışsın ha! Onun da cezasını şimdicik vereceğim, onun gibi yüz tanesinin de. Öyle kızmış, öyle kan dökücülüğü tutmuş ki ağzından ateş püskürüyor.

O şefaatçiler, onun o hay hayına karşı birçok defalar elini, ayağını öpüp, dediler ki: A beyim, sana kin gütmek yaraşmaz. Şarap dökülüp gitti ise ne çıkar? Sen, şarapsız da hoşsun. Şarap, neşe sermayesini senden alır. Suyun letafeti senin letafetine imrenir.

Padişahlık et, ey merhamet sahibi, ey kerem sahibinin oğlu kerem sahibi bağışla. Her şarap, bu boya, bu yüze kuldur. Bütün sarhoşlar sana haset ederler.

Senin gül renkli şaraba hiç ihtiyacın yok. Gül rengini bırak, gül renklilik sensin zaten. Ey zühreye benzeyen yüzü kuşluk güneşi olan, ey rengine karşı gül rengi yoksul bir hale gelen bey, şarap küpte gizlice senin yüzünün iştiyakiyle kaynayıp coşar.

Sen baştan başa denizsin, ıslaklığı ne istersin ki? Sen, tamamı ile varlıksın, yokluğu ne arasın ki? Ey parlak ay, tozu ne yapacaksın? Ay bile senin yüzüne bakar da sararır. Sen hoşsun, güzelsin her türlü hoşluğun madenisin. Neden şaraba minnet edersin ki?

Başında "Biz insan oğullarını ululadık" tacı, boynunda "Biz sana kevser ırmağını verdik" gerdanlığı var.

İnsan cevherdir, gök ona arazdır. Her şey fer-i dir, her şeyden maksat odur. Ey akıllar, tedbirler, fikirler kulu kölesi olan bey, mademki böylesin, kendini neden böyle ucuza satıyorsun? Sana hizmet etmek bütün varlık âlemine farzdır. Bir cevher, neden arazdan ihsan ister ki? Yazıklar olsun kitaplardan bilgi arıyorsun ha!

Bir bilgi denizisin ki bir ıslaklıkta gizlenmiş; bir allemsin ki üç arşın boyunda bir bedene bürünmüş!

Şarap nedir, güzel ses ve çalgı dinlemek, yahut bir güzelle buluşmak nedir ki sen onlardan bir neşe, bir menfaat ummadasın!

Hiç güneş, bir zerreden borç ister mi, hiç zühre yıldızı, bir küçücük küpten şarap diler mi? Sen keyfiyeti bilinmez bir cansın, keyfiyet âlemine hapsedilmişsin. Sen bir güneşsin, bir ukdeye tutulmuşsun; işte bu sana yakışmaz yazık.

Bey dedi ki: Hayır, hayır. Ben, o şarabın adamıyım. Ben, bu hoşluktan alınan zevke kanaat edemem. Ben, yasemin gibi olmayı, kâh şöyle, kâh böyle eğilip bükülmeyi isterim. Bütün korkulardan, bütün ümitlerde kurtulup söğüt gibi her yana eğilmeliyim. Söğüt dalı gibi sağa, sola dönmeli, onun gibi rüzgârda çeşit, çeşit oynamalıyım. Şarabın verdiği neşeye alışan, nereden bu neşeyi beğenecek hey hocam!

Peygamberler, Tanrı neşesine dalmışlardı, onunla yoğrulmuşlardı da onun için bu neşeden vaz geçtiler. Onların canları, o neşeyi gördüğünden onlara bu neşeler, oyuncak görünmüştü. Diri olan bir güzelliğe dostluk eden, artık ölüyü nasıl kucaklar?

O âlem, zerre zerre diridir. Her zerresi nükteden anlar, söz söyler. Onlar, ölü olan cihanda oturmaz, dinlemezler. Çünkü ot, ancak hayvanlara layıktır. Kim gül bahçesinde meclis kurar, yurt tutarsa külhanda şarap içer mi hiç?

Pak ruhun makamı, illiyyin'dir. Pislikte yurt edinense kurttur. Tanrı mahmuruna tertemiz şarap kadehi sunulur. Bu kör kuşlaraysa şu kara ve tuzlu su. Kime Ömer'in adaleti el vermezse onca kanlı Haccac adildir.

Kızlara cansız bebekleri oyuncak diye verirler. Çünkü onlar, diri oyuncaktan bir şey anlamazlar ki. Küçük erkek çocuklar, erliklerinden bir şey anlamazlar, güçleri kuvvetleri yoktur. Onun için onlara tahta kılıç daha yeğdir. Kâfirler peygamberlerin kiliselerde yapılmış olan resimleri ile kanaat ederler.

Fakat ay parçaları bizim için apaydın olduğundan resimlerine aldırış bile etmeyiz. Onların birer sureti, bu âlemdedir ama birer sureti de ay gibi gökyüzündedir. Bu suretteki ağızları, onlarla düşüp kalkanla konuşur, nükteler söyler. O suretteki ağızlarıysa Tanrı ile konuşur. Görünen kulak, bu sözü duyar, beller. Can kulağıysa Kün emrinin sırlarını işitir.

Ten gözü, insanın şeklini görür, beller. Can gözü, Mazagalbasar sırrını görür, hayran olur. Görünen ayak, mescit safında durur, mana ayağı göğün üstünde tavafta bulunur.

İşte her cüzü böyle say. Bu, vakit içindedir, zamana bağlıdır, oysa ondan da hariçtir. Zamana bağlı olan, ecele kadar durur. Öbürüyse ebediyete dost, ezele eştir. Bir adı iki devlet sahibidir, bir sıfatı iki kıble imamı.

Ona ne halvetin lüzumu vardır, ne çilenin. Hiçbir bulut onu örtemez. Halvet yurdu, güneş değirmesidir, artık ona nasıl olur da yabancı gece perde kesilir? Hastalık ve perhiz zamanı geçti, buhran kalmadı. Küfür, iman oldu, küfran kalmadı. Elif gibi doğruluğu yüzünden öne geçmiştir. Onda kendi sıfatlarından hiçbir şey kalmamıştır. Kendi huylarından çıkmış tek olmuş. Canı, canına can katan sevgiliyse çırılçıplak bir hale gelmiştir.

O tek ve benzersiz, eşsiz örneksiz padişahın huzuruna çırılçıplak gidince padişah, ona kendi kutlu sıfatlarından bir elbise giydirmiştir. Padişahın sıfatlarından bir elbiseye bürünmüş, kuyudan mevki ve ikbal sayvanının üstüne uçmuştur.

Tortulu bir şey saf oldu mu böyle olur. Tıpkı onun gibi o da tasın dibinden üstüne çıkmıştır. Tasın dibindeyken tortuluydu, toprak cüzüleri, ona karışmış, o şomluk onu bulandırmıştı.

Hiç de hoş olmayan dost onun kolunu kanadını bağlamıştı. Fakat o aslında yüceydi. "Yeryüzüne inin" sesi gelince onu Harut gibi baş aşağı asakodu. Harut gökteki meleklerdendi, bir azar yüzünden öylece asılı kaldı. Baş aşağı asılı kalmasının sebebi, baştan çıkması, kendisini baş sanması ve yalnızca öne geçmeye kalkışmasıydı. Sepet kendisini suyla dolu görünce nazlandı, istiğnaya girişti de sudan çekildi hani. Fakat ciğerinde bir katracık suyu bile kalmadı. Bunun üzerine deniz, acıdı da onu tekrar davet etti.

Denizden sebepsiz hizmet karşılığı olmaksızın rahmet gelir. Bu, ne kutlu andır. Tanrı hakkı için denizin etrafında dönüp dolaşmak, denizde gecelerin yüzleri, sarı olsa bile aldırış etmemek gerek. Denizin etrafında dönüp dolaşmalı ki Tanrı'nın lütfu, bağışlaması gelip çatıversin de sararmış yüz, bir mücevher bularak kızarsın. Yüzün sarı rengi, renklerin en iyisidir. Çünkü o yüze kavuşmayı beklemektedir.

Fakat bir adamın yüzünde parlayıp duran kırmızılık, o adamın canının, bulunduğuna kani olmasındandır. Halbuki insan zayıflatan, alçaltan, sarartıp solduran tamahtır. Bu solgunluk ve arıklık, bedene ait illetlerden değildir. hastalıksız bir sarı yüz görse Calinas'un bile aklı şaşar.

Fakat tamahı bağlandın mı Tanrı nurlarına dalarsın. Mustafa bunun için tamaha düşenin nefsi alçalır demiştir.

Gölgesiz nur, lâtiftir, yücedir. Kafes, kafes vuran nura, bir kalburdan aksetmededir. O kafes şeklindeki gölge, kalburun gölgesidir. Âşıklar, bedenlerinin çıplak olmasını isterler. Fakat erkekliği olmayana ha elbise olmuş, ha olmamış. O ekmek ve sofra, oruçlulara çıkar. At sineğine çorba nedir, tencere ne?..

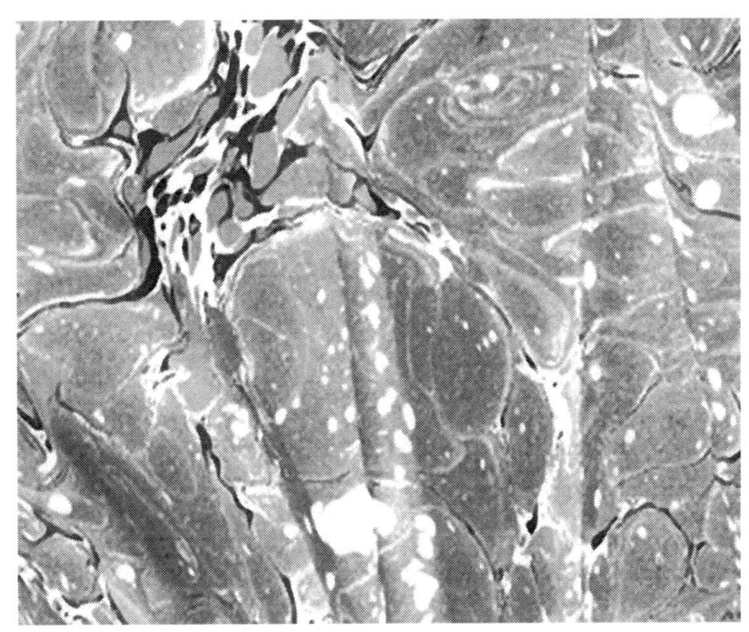

Otuzdördüncü Yolculuk

◊ ◊ ◊ ◊

Bil ki ey nefsim! Tevbe etmenin hakikatini ve önemini bilmek istiyorsan şu hikâyeyi dinle.

34. SIR: İnsanlar geceleri uykuya dalınca, gündüz kendilerini rahatsız eden düşüncelerden kurtulurlar ama, ibadetle geçirdikleri gecenin karanlığında, kuşluk vakti güneşinin nurunu bulan kişilere ne mutlu?

Ney: Bil ki ey nefsim! Tevbe etmenin hakikatini ve önemini bilmek istiyorsan şu hikâyeyi dinle:

NASUH TEVBESİ:

Bundan önce Nasuh adlı bir adam vardı. Tellaklık eder, bu suretle kadınları avlardı. Yüzü, kadın yüzüne benzerdi. Tüyü tüsü yoktu. Erkekliğini daima gizlerdi. Kadınların hamamında tellaklık ederdi. Kötülükte, hilede pek çevikti.

Yıllarca tellaklık etti, kimse onun halinden, sırrından bir koku bile almadı. Çünkü sesi de kadın sesine benziyordu, yüzü de kadın yüzüne. Fakat şehvette pek yüceydi, pek uyanıktı. Çarşaf giyer, başını örter, peçe takardı. Fakat şehvetli ve azgın bir gençti. Bu suretle padişahların kızlarını bile güzelce keseler, ovar, yıkardı. Tövbe etmekte, ayak diremeye çalışmaktaydı. Fakat kâfir nefis, tövbesini bozdurup dururdu.

O kötü işli herif bir arifin yanına gidip "Beni duada an" diye yalvardı. O hür er onun sırrını anladı ama Tanrı hilmi gibi o da açığa vurmadı. Dudağı kilitliydi ama gönlünde sırlar vardı. Dudağını yummuştu ama gönlü sırlarla doluydu. Tanrı şarabını içen arifler, sırları bilirler ama örterler. İşin sırlarını kime öğretirlerse ağzını mühürlerler, dikerlerdi. Arif, tuhaf tuhaf güldü de dedi ki: A içi kötü adam, bildiğin, gönlünde tuttuğun şeyden Tanrı seni kurtarsın.

O dua, yedi göğü de geçti, kabul edildi. O yoksulun işi, nihayet iyileşti, düzene girdi. Çünkü şeyhin o duası, her duaya benzemez. Şeyh, Tanrı'da yok olmuştur, onun sözü Hak sözüdür. Tanrı, kendisinden bir şey isterse kendi isteğini nasıl ret eder. Ululuk ıssı Tanrı, onu bu lânetleme işten, bu vebalden kurtarmak için bir sebep halk etti.

Nasuh hamamda tası doldururken padişahın kızının bir incisi kayboldu ve bütün kadınlar, o inciyi araştırmaya koyuldular. Önce herkesin eşyasını araştırmak üzere hamamın kapısını iyice kapattılar. Herkesin eşyası arandı, inci bulunmadığı gibi inciyi çalan da rezil olmadı. Bunun üzerine bu üstün körü işi bırakıp herkesin ağzını, kulağını vücudundaki bütün delilleri adamakıllı aramaya koyuldular.

O sedefi güzel inciyi altta, üstte her yanda araştırmaya başladılar. Hepiniz soyunun, ihtiyar genç herkes anadan doğma soyunsun diye bağırıldı. Sultanın hizmetçileri, o değerli inciyi bulmak için bir bir herkesi aramaya başladılar. Nasuh korkusundan tehna bir yere çekildi. Yüzü, korkusundan sapsarı olmuştu, dudakları gövermişti. Ölümünü gözünün önünde görüyor, gazel yaprağı gibi tirtir titriyordu.

Dedi ki: Yarabbi, nice defalar tövbeler ettim; ahdlar ettim, sonra onları bozdum. Ben, bana lâyık olanları yaptım. Sonunda da işte bu kara sel, gelip çattı. Arama nöbeti bana gelirse eyvah bana! Kim bilir neler çekecek, ne güçlüklere düşeceğim?

Ciğerime yüzlerce kor düştü. Münacatımdaki ciğer kokusuna bak. Böyle bir keder, böyle bir gam, kâfirde bile olmasın. Rahmet eteğine sarıldım medet, medet! Keşke anam beni doğurmasaydı, yahut da beni bir aslan paralasaydı. Tanrım sana düşeni yap. Beni, her delikten bir yılan sokmada. Ne de taş gibi bir canım, ne de demir gibi bir yüreğim varmış. Yoksa bu dertle çoktan erir, kan kesilirdim.

Vaktim daraldı, bir an içinde feryadıma yetiş, padişahlık et. Beni bu sefer de korur suçumu örtersen ne olur? Her türlü yapılmayacak işlerden tövbe ettim. Bu sefer de tövbemi kabul et de tövbende durmak için yüzlerce kemer bağlanayım. Bu sefer de kusur da bulunursam artık duamı ve sözümü dinleme.

Hem böyle söylenip titremede, hem katra katra gözyaşları dökmede, hem de cellatların, hain kişilerin ellerine düştüm diye feryat etmekteydi. Hiçbir Frenk bu hale düşmesin. Hiçbir mülhit bu feryada uğramasın diyor. Kendine ağlayıp duruyor. Azrail'i gözünün önünde görüyordu. Yarabbi, yarabbi diye o kadar söylendi ki kapı ve duvar da onunla beraber yarabbi demeye başladı.

O yarabbi derken birden, inciyi arayanların sesi duyuldu. Herkesi aradık, ey Nasuh, sen gel. Bu sesi duyar duymaz, Nasuh kendisinden geçti, âdeta bedeninden ruhu uçtu. Harap duvar gibi çöküverdi. Aklı fikri gitti, cansız bir hal aldı. Bedeninden amansız bir halde aklı gidince sırrı, derhal Tanrı'ya ulaştı. Bomboş bir hale geldi, varlığı kalmadı. Tanrı, bir doğan kuşuna benzeyen canını huzuruna çağırdı. Muratsız gemisi kırılınca rahmet denizinin kıyısına düştü. Akılsız fikirsiz bir hale gelince canı, Hakk'a ulaştı. İşte o zaman rahmet denizi coştu.

Canı, beden ayıbından kurtulunca sevine, sevine aslına gitti. Can, doğan kuşuna benzer, ten ona tuzaktır. O, beden tuzağına ayağı bağlı, kanadı kırık bir halde düşüp kalmıştır.

Fakat aklı, fikri gidince ayağı açıldı. Artık o doğan kuşu, Keykubad'a uçar gider. Rahmet denizleri, coşunca taşlar bile abıhayatı içer. Zayıf zerre değerlenir, büyür. Topraktan meydana gelen şu döşeme, atlas haline gelir, değerli bir kumaş olur.

Yüz yıllık ölü mezarından çıkar. Melûn Şeytan güzelleşir, huriler bile ona haset ederler. Bütün bu yeryüzü yeşerir, kuru sopa meyve verir, tazeleşir. Kurt kuzuyla eş olur. Ümitsizlerin damarları hoş bir hale gelir, izleri kutlu olur.

Canı helâk eden o korkudan sonra "Kaybolan inci, işte şuracıkta" diye müjdeler geldi. Ansızın ses geldi: "Korku gitti, o değeri bulunmaz eşsiz inci bulundu. İnci bulundu, biz de neşelere daldık. Müjde verin, inci bulundu."

Hamam, halkın bağrışmasıyla, hüzün gitti feryadı ile, el çırpmasıyla doldu. Kendinden geçen Nasuh, tekrar kendine geldi. Gözü, yüzlerce aydın gün gördü. Herkes ondan helallık istemekte, herkes elini öpüp durmaktaydı.

Senden şüphe ettik, hakkını helâl et. Dedikoduda bulunduk, âdeta etini yedik diyorlardı. Çünkü o, yakınlıkta herkesten ön olduğu için herkes daha ziyade ondan şüphe etmişti.

Nasuh, has tellaktı, mahremdi. Hatta sultanla ruhları birdi bedenleri ayrı. Sultana ondan yakın bir kadın yok. İnciyi aşırdıysa o aşırmıştır. Önce onu aramalı demişlerdi ama yine de hürmet ettiklerinden sona bırakmışlar; aldıysa biraz mühlet vermiş olalım da bir yere atsın bari, fikrine düşmüşlerdi. Onun için ondan helâllik diliyorlardı, mazeret getirip duruyorlardı.

Nasuh, "Bu bana Tanrı'nın lütfu, ihsanı. Yoksa dediğinizden beterim ben. Benden helâllık dilemeye hacet yok. Çünkü ben, zamane halkının en suçlusuyum. Bana söylediğiniz kötülükler, bendeki kötülüğün yüzde biridir. Bunda şüphe eden olabilir, fakat bence apaçık bu. Kim benden birazcık kötülük biliyorsa muhakkak o bildiği şey, binlerce kötü suçumdan, binlerce pis işimden biridir. Suçlarımı ve kötü hareketlerimi bir ben bilirim, bir de onları örten Tanrım. Önce İblis bana hocalık etti ama sonradan o bile gözümde bir yelden ibaret oldu. Yaptıklarımın hepsini Tanrı gördü de göstermedi, bu suretle de kötülükle yüzümü sarartmadı. Sonra da yine Tanrı rahmeti, kürkümü dikti, canıma can gibi tatlı tövbeyi nasip etti.

Ne yaptıysam yapmadım saydı, bulunmadığım ibadetleri yapmışım farz etti. Beni selvi ve süsen gibi azat etti, bahtım, devletim gibi gönlüm de açıldı. Adımı temizler defterine yazdı. Cehennemliktim, bana cenneti bağışladı. Ah ettim, ahım bir ipe döndü, düştüğüm kuyuya sarktı. O ipe sarıldım, dışarı çıktım. Neşelendim, ferahladım, semirdim benzim kırmızılaştı. Kuyunun dibinde zebun bir haldeydim, şimdi bütün âleme sığmıyorum. Şükürler olsu sana Yarabbi. Beni ansızın gamdan kurtardın. Tenimin her kılında bir dil olsa da hepsiyle sana şükretmeye kalkışsam şükründen acizim.

Şu bahçede, şu ırmaklarım kıyısında halka "Keşke kavmim bilseydi, Tanrı beni ne yüzden yarlıgadı" diye nara atmaktayım dedi. Ondan sonra birisi gelip Nasuh'a iltifat ederek dedi ki: Padişahımızın kızı seni çağırıyor. Ey temiz kişi, padişahın kızı seni istemede, gel de başını yıka. Gönlü, senden başka bir tellak istemiyor. Onu ovmak kille yıkamak senin işin. Nasuh yürü yürü dedi, elim işten kurtuldu benim. Senin Nasuh'un hastalandı şimdi. Yürü, koş acele bir başkasını bul. Tanrı hakkı için benim elim, işe varmıyor artık.

Kendi kendisine de suç, hadden aştı. Gönlümden o korku, o elem nasıl gider? Ben bir kere öldüm de tekrar dünyaya geldim. Ben, ölüm ve yokluk acısını tattım. Tanrı'ya sağlam tövbe ettim. Canım, bedenimden ayrılmadıkça bu tövbeyi bozmam. O mihneti gördükten sonra ancak eşek olanın ayağı, tehlikenin bulunduğu tarafa gider diyordu..

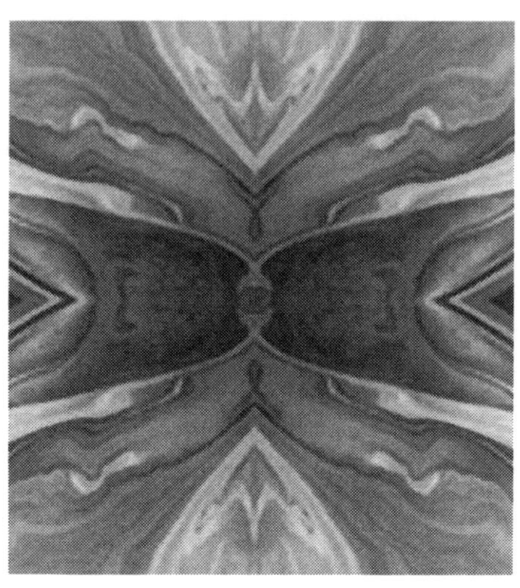

Otuzbeşinci Yolculuk

Bil ki ey nefsim! Cehaletin ne kötü bir haslet olduğunu bilmek istersen şu hikâyeyi dinle.

35. SIR: Benim varlığımı bir kadeh gibi elinde tutan, bazen dolduran, bazen boşaltan, o tek olan, eşi olmayan sevgilim, çok kudretlidir. Her an Adem gibi, havva gibi yüz binlerce insanı yaratır. Dünyaya getirir. Yine yüz binlerce insanı öldürür. Ötelere gönderir. Dünyayı yaptığı resimlerle, nakışlarla süsler, doldurur. Fakat o büyük yaratıcı, o eşsiz sanatkar kendini gizler, göstermez. Akla fikre sığmaz. Nasıl olduğu tasvir edilemez, anlaşılamaz.

Ney: Bil ki ey nefsim! Cehaletin ne kötü bir haslet olduğunu bilmek istersen şu hikâyeyi dinle.

AHMAKTAN DAĞA KAÇIŞ:

Meryem oğlu İsa, sanki bir aslan kanını dökmek istiyormuş da ondan kaçıyormuş gibi bir dağa kaçıyordu. Birisi, ardından koşup dedi ki: "Hayrola peşinde kimse yok, neden böyle kuş gibi kaçıyorsun?" İsa, öyle hızlı koşmaktaydı ki acelesinden cevap bile vermedi. Adam, bir müddet İsa'nın peşinden koştu. Ardını bırakmayıp bağırmadı bağırdı: "Allah rızası için bir an olsun dur. Neden kaçıyorsun. Merak ettim. Ardında be aslan var, ne düşman. Ne bir şeyden korkmana lüzum var, ne bir şeyden ürkmene sebep! O tarafa doğru neden koşuyor, kimden kaçıyorsun a kerem sahibi?" İsa dedi ki: "Bir ahmaktan kaçıyorum. Yürü, benim yolumu kesme, kendimi kurtarayım!" adam dedi ki: "Körün gözlerini, sağırın kulağına açan Mesih sen değil misin? İsa "Evet, benim" dedi. Adam "gayb afsunlarına me'va olan. O afsunu ölüye okuyunca ölüyü, av bulmuş aslan gibi sıçrayıp dirilten padişah sen değil misin!" dedi.

İsa "Benim" dedi. Adam dedi ki: "A güzel yüzlü, topraktan kuşlar yapan sen değil misin?!" İsa. "Evet benim" dedi. Adam "Peki, öyleyse ey tertemiz ruh, dilediğini yaparken kimden korkuyorsun? Âlemde bu kadar mucizelerin varken senin kullarından olmayan kim?" İsa dedi ki: "Teni eşsiz örneksiz yaratan, canı ezelden halk eden Tanrı'nın tertemiz zatına ant olsun. Onun pak zatiyle sıfatları hakkı için felek bile yenini, yakasını yırtmış, ona âşık olmuştur. O afsunu, o ism-i Azam'ı köre okudum, gözleri açıldı; sağıra okudum, kulakları duydu. Taş gibi dağa okudum, yarıldı göbeğine kadar hırkasını yırttı! Ölüye okudum dirildi. Hiçbir şey olmayan vücudu bulunmayan şeye okudum, meydana geldi, bir şey oldu! Fakat ahmağın gönlüne yüz binlerce kere okudu, fayda vermedi. Mermer bir kaya kesildi, ona tesir bile temdi. Âdeta kuma döndü, ondan bir şey bitmesine imkân yok!"

Adam, "Tanrı adının köre, sağıra ölüye tesir edip de ahmağa tesir ermemesinin hikmeti ne? Onlar da illet, bu da illet. Neden onlara tesir ediyor da buna tesir etmiyor?" dedi. İsa dedi ki. "Ahmaklık, Tanrı kahrıdır. Hastalık, körlük, kahır değildir, bir iptilâdır. İptilâ, acınacak bir illettir, ona kul da acır, Tanrı'da. Fakat ahmaklık öyle bir illettir ki ahmağa da mazarrat verir, onunla konuşan da! Ahmağa vurulan dağ, Tanrı mührüdür. Ona bir çare bulmanın imkânı yok!" İsa nasıl kaçtıysa sen de ahmaktan kaç! Ahmakla sohbet, nice kanlar döktü! Hava, suyu yavaş, yavaş çeker, alır ya ahmak da dininizi böyle çalar, böyle alır işte. Taşın üstüne oturmuş adamın harareti nasıl gider, o adam nasıl soğuk alırsa; ahmak da sizden harareti, aşkı iştiyakı çalar, size soğukluk verir! İsa'nın kaçışı korkudan değildi. O zaten emindi, fakat size öğretmek için kaçmıştı. Zemheri rüzgârları âlemi doldursa bile o parlayıp duran güneşe ne gam gelir?..

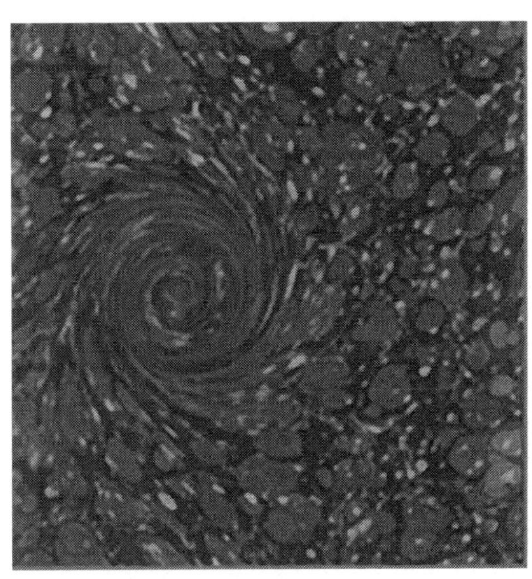

Otuzaltıncı Yolculuk

Bil ki Ey Nefsim! Şu kâinatı meydanı getiren Tabiat kuvvetleri midir yoksa vahdaniyet midir? Aradaki farkı anlamak istersen şu hikâyeyi dinle.

36. SIR: Zerrenin de, ovanın da, katrenin de, deryanın da ne ile nasıl en iyi bir hale gelip düzene gireceğini bilir. Bütün kâinatı, koyduğu şaşmaz değişmez kanunlarla saat gibi işletir durur. Her şeye her yarattığına gereken duyguyu, gereken vasfı, yaşama zevkini, yaşama gücünü verir. Bütün yarattıklarına yardımda bulunur. Bütün canlı varlıklar onun açtığı dünya sofrasına çağırılmışlardır. İyi, kötü herkese rızkını verir, yedirir. Süslü elbiseler, kürkler giydirir. Çeşit çeşit renklerle onları süsler. Onun bilgisine ne had ne hudut, ne de sınır yoktur.

Ney: Bil ki ey nefsim! Şu kâinatı meydanı getiren Tabiat kuvvetleri midir yoksa vahdaniyet midir? Aradaki farkı anlamak istersen şu hikâyeyi dinle:

TABİAT MI RESSAMDIR, YOKSA TASVİR EDEN ALLAH MI?

Çinliler "Biz daha mahir ressamız, dediler. Rum halkı da dedi ki: " Bizim maharetimiz daha üstündür. Padişah "Sizi imtihan edeceğim; bakalım hanginiz davasında haklı" dedi. Çinlilerle Rum diyarı ressamları hazırlandılar; Rum diyarı ressamları ilimlerine daha vakıf kişilerdi.

Çin ressamları " Bize bir hususî oda verin, bir oda da sizin olsun" dediler. Kapıları karşı karşıya iki oda vardı. Bir tanesini Çin ressamları aldı. Öbürünü de Rum ressamlar... Çinliler, padişahtan yüz türlü boya istediler. Yüce padişah bunun üzerine hazinesini açtı. Çinlilere her sabah hazineden boyalar verilmekteydi.

Rum ressamları "Pas gidermekten başka ne resim işe yarar, ne boya!" dediler. Kapıyı kapatıp duvarı cilâlamaya başladılar. Gök gibi tertemiz, saf ve berrak bir hale getirdiler. İki yüz çeşit renge boyanmaktansa renksizlik daha iyi. Renk bulut gibidir. Renksizlikse ay. Bulutta parlaklık ve ziya görürsen bil ki yıldızdan aydan ve güneştendir.

Çinli ressamlar işlerini bitirdiler. Hepsi de yaptıkları resimlerin güzelliğine sevinmekteydiler. Padişah kapıdan içeri girip odadaki resimleri gördü. Hepsi akıldan, idrakten dışarı, fevkalade güzel şeylerdi.

Ondan sonra Rum ressamlarının odasına gitti. Bir Rum ressamı, karşı odayı görmeye mani olan perdeyi kaldırdı. Öbür odada Çin ressamlarının yapmış oldukları resimlerle nakışlar, bu odanın cilalanmış duvarına vurdu. Orada ne varsa burada daha iyi göründü; resimlerin aksi, âdeta göz alıyordu.

Oğul Rum ressamları sofilerdir. Onların; ezberlenecek dersleri kitapları yoktur. Ama gönüllerini adamakıllı cilâlamışlar, istekten, hırstan, hasislikten ve kinlerden arınmışlardır. O aynanın saflığı, berraklığı gönlün vasfıdır. Gönle hadsiz hesapsız suretler aksedebilir. Gaybın suretsiz ve hudutsuz sureti, Musa'nın gönül aynası da parlamış, koynuna sokup çıkardığı elde görünmüştür.

O suret göğe, arşa, ferşe, denizlere, ta en yüce gökten, denizin dibindeki balığa kadar hiçbir şeye sığmaz. Çünkü bütün bunların hududu, sayısı vardır. Halbuki gönül aynasının hududu yoktur. Burada akıl, ya susar, yahut şaşırıp kalır. Sebebi de şu: Gönül mü Tanrı'dır, Tanrı mı gönül?

Hem sayılı hem sayısız olan (hem kesrete dalan, hem vahdeti bulan) gönülden başka bir nakşın aksi geçip gider, ebedi değildir. Fakat ezelden ebede kadar zuhur ede gelen her yeni nakış, gönle akseder, orada perdesiz, apaçık surette tecilli eder.

Gönüllerini cilâlamış olanlar; renkten, kokudan kurtulmuşlardır. Her nefeste zahmetsizce bir güzellik görürler. Onlar, ilmin kabuğundaki nakşı bırakmışlar, Aynel yakin bayrağını kaldırmışlardır. Düşünceyi bırakmışlar, aşinalık denizini bulmuşlar, bilişikte yok olmuşlardır.

Herkes ölümden ürker, korkar. Bu kavimse ona bıyık altından gülmektedir. Kimse onların gönlüne galip gelmez. Sedefe zarar gelir, inciye değil.

Onlar fıkhı ve nahvı terk etmişlerdir ama mahvolmayı ve yokluğu ihtiyar etmişlerdir. Sekiz cennetin nakışları parladıkça onların gönül levhine vurur, orada tecelli eder. Tanrı'nın doğruluk makamında oturanların, orasını yurt edinenlerin derecesi; arştan da yücedir, kürsüden de, boşluktan da!..

X. İSTASYON

Otuzyedinci Yolculuk

◊ ◊ ◊ ◊

Bil ki ey nefsim! Esas büyük cihadın kendi nefsinle yapmış olduğun mücadele olduğunu anlamak istersen şu hikâyeyi dinle.

37. SIR: Gerçek aşka tutulmamış, o sevgiyi kendine iş edinmemiş ruhun yok olması daha iyidir. Çünkü onun varlığı ayıptan, ardan başka birşey değildir.

Ney: Bil ki ey nefsim! Esas büyük cihadın kendi Nefsinle yapmış olduğun mücadele olduğunu anlamak istersen şu hikâyeyi dinle:

HZ. ALİ'YE GÖRE BÜYÜK CİHAD:

Hz. Ali dedi ki: "Ben kılıcı Allah rızası için vuruyorum. Allah'ın kuluyum ten memuru değil! Tanrı aslanıyım heva heves aslanı değil. İşim, dinime şahittir. Ben "Attığın zaman sen atmadın, Tanrı attı" sırrına mazharım. Ben kılıç gibiyim, vuran o güneştir.

Ben; pılımı pırtımı yoldan kaldırdım; Tanrı'dan gayrısını yok bildim. Bir gölgeyim, sahibim güneş. Ona hacibim hicap değil. Kılıç gibi vuslat incileriyle doluyum; savaşta diriltirim, öldürmem. Kılıcımın gevherini kan örtmez. Rüzgâr nasıl olur da bulutumu yerinden teprendirebilir? Saman çöpü değil; hilim, sabır ve adalet dağıyım. Kasırga dağı kımıldatabilir mi? Bir rüzgârla yerinden kımıldanıp kopan bir çöpten ibarettir. Çünkü muhalif esen nice rüzgârlar var!

Hışım, şehvet ve hırs rüzgârı, namaz ehli olmayan kişiyi silip süpürür. Ben dağım; varlığım, onun binasıdır. Hatta saman çöpüne benzesem bile rüzgârım, onun rüzgârıdır. Benim hareketim, ancak onun rüzgârıyladır.

Askerimin başbuğu, ancak tek tanrının aşkıdır. Hiddet, padişahlara bile padişahlık eder, fakat bize köledir. Ben hiddete gem vurmuş, üstüne binmişimdir. Hilim kılıcım, kızgınlığımın boynunu vurmuştur. Tanrı hışmıysa bence rahmettir. Tavanım, damım yıkıldı ama nura gark oldum.

Toprak atası (Ebu Turab) oldumsa da bahçe kesildim. Savaşırken içime bir vesvese, bir benlik geldi; kılıcı gizlemeyi münasip gördüm. Bu suretle "Sevgisi Tanrı içindir" denmesini diledim; ancak Tanrı için birisine düşmanlık etmeli.

Cömertliğimin Tanrı yolunda olmasını, varımı yine Tanrı için sakınmamı istedim. Benim sakınmamam da ancak Tanrı içindir. Vermem de... Tamamı ile Tanrınım, başkasının değil. Tanrı için ne yapıyorsam bu yapışım, taklit değildir; hayale kapılarak, şüpheye düşerek de değil.

Yaptığımı, işlediğimi, ancak görerek yapıyor, görerek işliyorum. Hüküm çıkarmadan arayıp taramadan kurtuldum. Elimle Tanrı eteğine yapıştım. Uçarsam uçtuğum yeri görmekteyim, dönersem döndüğüm yeri. Bir yük taşıyorsam nereye götüreceğimi biliyorum.

Ben ayım, önümde güneş, kılavuzuyum. Halka bundan fazla söylemeye imkân yok; denizin ırmağa sığması mümkün değildir. Akılların alacağı kadar aşağı mertebeden söylemekteyim. Bu, ayıp değil, Peygamberin işidir. Garezden hürüm ben; hür olan kişinin şahadetini duy Kul, köle olanların şahadetleri iki arpa tanesine bil değmez!

Şeriatte dava ve hükümde kulum şahitliğinin kıymeti yoktur. Senin aleyhinde binlerce köle şahadet etse şeriat onların şahadetlerini bir saman çöpüne bile almaz. Şehvete kul olan, Tanrı indinde köleden, esir olmuş kullardan beterdir.

Çünkü köle bir sözle sahibinin kulluğundan çıkar,hür olur. Şehvete kul olansa tatlı dirilir, acı ölür. Şehvet kulu, Tanrı'nın rahmeti, hususi bir lütuf ve nimeti olmadıkça kulluktan kurtulamaz. Öyle bir kuyuya düşmüştür ki bu kuyu, onun kendi suçudur. Ona cebir değildir, cevir de değil!

Kendisini kendisi, öyle bir kuyuya atmıştır ki ben o kuyunun dibine varacak ip bulamıyorum. Artık yeter... Eğer bu sözü uzatırsam ciğer ne oluyor? Mermer bile kan kesilir. Bu ciğerlerin kan olmaması katılıktan, şaşkınlıktan, dünya ile uğraşmadan ve talihsizliktendir.

Bir gün kan kesilir ama bu kan kesilmesinin o gün faydası yok. Kan kesilme işe yararken kan kesil!

Mademki kulların kölelerin, şahadeti makbul değildir, tam adalet sahibi, o kişiye derler ki gulyabani kölesi olmasın. Kuran'da peygambere "Biz seni şahit olarak gönderdik" denmiştir. Çünkü o, varlıktan hür oğlu hürdür.

Ben, mademki hürüm; hiddet beni nasıl bağlar, kendisine nasıl kul eder? Burada Tanrı sıfatlarından başka sıfat yoktur, beri gel! Beri gel ki Tanrı'nın ihsanı seni azat etsin. Çünkü onun rahmeti gazabından üstün ve arıktır.

Beri gel ki şimdi tehlikeden kurtuldun, kaçtın kimya seni cevher haline soktu. Küfürden ve dikenliğimden kurtuldun, artık Tanrı bahçesinde bir gül gibi açıl! Ey ulu kişi, sen bensin, ben de senim. Sen Ali'ydin, Ali'yi nasıl öldürürüm?

Öyle bir suç işledin ki her türlü ibadetten iyi bir anda gökleri bir baştan bir başa aştın. O adamın işlediği suç ne kutlu suç! Gül yaprakları dikenden bitmez mi? Ömer'in Peygambere kastedişi suçu, onu ta kabul kapısına kadar çekip götürmedi mi?

Firavun; büyücüleri, büyüleri yüzünden çağırmadı mı? Onlara da bu yüzden ikbal yardım etmedi mi, bu yüzden devlete erişmediler mi? Onların büyüsü, onların inkârı olmasaydı inatçı Firavun, onları huzuruna alır mıydı?Onlar da asayı ve mucizeleri nereden göreceklerdi?

Ey isyan eden kavim! Suç, ibadet oldu. Tanrı ümitsizliğin boynunu vurmuştur. Çünkü günah ve suç ibadet olmuştur. Çünkü Tanrı, şeytanların rahmine suçları ibadete, sevaba tebdil eder. Bundan dolayı Şeytan, taşlanır; hasedinden çatlar, iki parça olur.

Şeytan bir günah meydana getirmek ve onunla bizi bir kuyuya düşürmek ister. "O günahın ibadet olduğunu gördü mü?" işte o an, Şeytan'a yomsuz bir andır. Beri gel; ben, sana kapı açtım; sen benim yüzüme tükürdün, bense sana armağan sundum.

Cefa edene bile böyle muamelede bulunur, aleyhime ayak atanların ayağına bile bu çeşit baş korsam, vefa edene ne bağışlarım? Anla! Cennetlerde ebedî mülkler ihsan ederim. Ben öyle bir erim ki kanlıma, katilime bile lütuf şerbetim, kahır zehri olmadı. Peygamber, hizmetkârımın kulağına, bu başımı boynumdan onun ayıracağını söyledi. Peygamber, sevgilinin vahyiyle nihayet ölümümün onun eliyle olacağını haber verdi. O, daima " Beni önce öldür de benden bu kötü ve yanlış iş zuhur etmesin" demekte; Ben de "Mademki ölümüm senden olacak, ben kaza ve kadere karşı nasıl hile edebilirim?" demekteyim.

O, daima önümde yerlere kapanarak "Ey Kerem sahibi, beni Tanrı hakkı için ikiye böl, ki bu kötü akıbete uğramayayım. Bu yüzden canım yanmasın" der; Ben de daima "Yürü, git. Kader kalemi, bunu yazdı, yazının mürekkebi de kurudu. Olan oldu. Kader kaleminden nice bayraklar, baş aşağı olur.

Gönlümde, sana hiçbir düşmanlık yok. Çünkü bunu, ben senden bilmiyorum ki. Sen Tanrı aletisin; yapan, Tanrı'nın eli. Hakkın âletini nasıl kınayayım, Hakkın aletine nasıl itiraz edeyim?" derim. O, "Öyle ise kısas niçin?" dedi. Ali cevap verdi: "O da Hak'tan, o da gizli bir sır. Eğer Tanrı, kendi yaptığı işe itiraz ederse bu itiraz yüzünden bağlar, bahçeler yeşertir. Kendi yaptığı işe itiraz, ancak onun kârıdır. Çünkü kahırda da tektir, lütufta da.

Bu hadiseler şehrinde bey odur, memleketlerde tedbir onundur, âletini kırarsa kırılanı tekrar iyileştirebilir." Ulu kişi, "hiçbir ayeti değiştirmedik ki ardından daha hayırlısını getirmeyelim" remzini bil.

Tanrı hangi şeriatın hükmünü kaldırdıysa otu yoldu, yerine gül bitirdi demektir. Gece, gündüz meşguliyetini giderir, bitirir. Akıl ermeyen şu uykuya bak! Sonra tekrar gündüzün nuruyla gece ortadan kalkar, bu suretle de o yalımlı ateş yüzünden donukluk, uyku yanar, gider.

O uyku, o duygusuzluk zulmettir ama abıhayat, zulmette değil mi? Akıllar, o zulmetle tazelenmiyor mu? Hanendenin bestedeki duraklaması sese kuvvet vermiyor mu? Zıtlar, zıtlardan zuhur etmekte... Tanrı, kalpte ki süveydada daimî bir nur yarattı.

Peygamberin savaşı sulha sebep oldu. Bu ahir zamandaki sulh o savaş yüzündendir. O gönüller alan sevgili (Peygamber), âlemdekilerin başları aman bulsun diye yüz binlerce baş kesti. Bahçıvan, fidan yücelsin, meyve versin diye muzır dalları budar.

Sanatını bilen bahçıvan, bahçe ve meyve gelişsin diye bahçedeki otları yolar. Sevgilinin ağrıdan, hastalıktan kurtulması için hekim, çürük dişi çekip çıkarır. Noksanlarda nice fazlalıklar var. Şehitlere hayat yokluktadır. Rızk yiyen boğaz kesildi mi "Onlar rablerinden rızıklanır, ferahlarlar" nimeti hazmedilir. Hayvanın boğazı kesilince insanın boğazı gelişir. O hayvan, insan vücuduna girer, insan olur, fazileti artar. İnsanın boğazı kesilirse ne olur, fazileti ne dereceye varır? Artık agâh ol da onu bununla mukayese et. Öyle bir üçüncü boğaz doğar ki o, Tanrı şerbetiyle, Tanrı nurlarıyla beslenir, gelişir. Kesilen boğaz, bu şerbeti içer ama "lâ" dan kurtulmuş "belâ" da ölmüş boğaz!

Ey kısa parmaklı, himmeti kesik kişi! Ne vakte dek canının hayatı ekmek olacak? Beyaz ekmek için yüzsuyu döktüğünden dolayı söğüt ağacı gibi meyven yok! Duygu canı, bu ekmeğe sabredemiyorsa kimyayı elde et de bakırı altın yap!

Elbiseyi yıkamak istiyorsan bez yıkayanların mahallesinden yüz çevirme! Ekmek orucunu bozduysa kırıkçıya yapış, yücel! Onun eli, mademki kırıkları sarar, iyileştirir. Şu halde onun kırması şüphe yok ki yapmaktır. Fakat sen kırarsan der ki: "Gel yap bakalım." Elin ayağın yok ki yapamazsın.

Şu halde kırmak, kırığı sarıp iyileştiren adamın hakkıdır. Dikmeyi bilen yırtmayı da bilir. Neyi satarsa yerine daha iyisini alır. Evi yıkar, hak ile yeksan eder; fakat bir anda da daha mamur bir hale getirir.

Bir bedenden baş kesti mi yerine derhal yüz binlerce baş izhar eder. Canilere kısas emretmese, yahut "Kısasta hayat var" demeseydi, Kimin haddi vardı ki kendiliğinden, Tanrı hükmüne esir olmuş bir kişiye kılıç vurabilsin!

Çünkü Tanrı, kimin gözünü açmışsa o adam bilir ki katil, takdirin esiridir. O takdir kimin boynuna geçmişse kendi oğlunun başına bile kılıç vurmuştur. Yürü, kork ve kötüleri az kına; takdirin hüküm tuzağına karşı aczini bil!

Adem Peygamber, ansızın esasen şaki olan iblise hor baktı. Kendisini beğenip, kendisini ulu görüp melûn Şeytan'ın yaptığı işe güldü. Tanrı gayreti bağırdı: Ey tertemiz adam! Sen gizli sırları bilmiyorsun. Eğer Tanrı kürkü ters giyerse dağı bile ta kökünden temelinden söker.

O zaman, yüzlerce Adem'in perdesini yırtar, yüzlerce yeni müslüman olmuş suçsuz, günahsız iblis yaratır! Adem "Bu hor görüşten tövbe ettim. Bir daha böyle küstahça düşünceye düşmem" dedi.

Ey yardım dileyenlerin yardımcısı, bize hidayet ver. Bilgilerle, zenginlikle öğünmeye imkân yok. Kerem ederek hidayet ettiğin kalbi azdırma; takdir ettiğin kötülükleri bizden defet; kötü kazaları üstümüzden esirge; bizi Tanrı'ya razı olan kardeşlerden ayırma!

Senin ayrılığından daha acı bir şey yok. Sana sığınmazsak sen esirgemezsen işimiz, gücümüz ancak kargaşalıktır. Zaten malımız mülkümüz; malımızın, mülkümüzün yolunu kesmekte. Zaten cismimizi soyup çırçıplak bırakmakta!

Elimiz, ayağımıza kastettikten sonra artık kim, senin lütfun olmadıkça canını kurtarabilir ki? Bu pek büyük tehlikelerden canını kurtarsa bile kurtardığı şey ancak idbar ve tehlike sermayesi kesilir.

Çünkü can, canana ulaşmadıkça ebediyen kördür. Ebedîyen yaslıdır. Esasen senin inayetin olmazsa can, âdeta bir tutsaktır; seninle diri olmayan canı ölü farz et. Sen kullara darılır, kulları kınarsan, Ey Tanrı hakkındır, yaparsın.

Aya, güneşe kusurlu, nursuz... Servinin boyuna iki büklüm; Feleğe, arşa hor ve aşağı... madene, denize yoksul dersen, Kemaline nispetle yaraşır. Çünkü yokluklara kemal verip onlara eriştirme kudreti ancak senindir. Çünkü sende yokluk ve ihtiyaç yoktur; yokları icat eden, onları ihtiyaçtan kurtaran sensin. Yetiştiren, yakmayı da bilir; çünkü yırtık söken, dikmeyi de bilir. Her güz; bağı bahçeyi yakıp yandırmakta. Sonra yeniden bahçeleri renklere boyayan kırmızı güllere boyayan kırmızı gülleri yetiştirmektedir.

"Ey yanıp yakılan, zuhur et, yenilen; tekrar güzelleş, güzel sesli bir hale gel" diye hepsini yeniden yaratır. Nergisin gözü körleşir, o, tekrar açar. Kamışın boğazını keser, sonra yine kendisi tekrar okşar, ondan nağmeler çıkarır. Biz mademki masnu'uz, sani değiliz. Şu halde ancak zebunuz, ancak kanaatkârız.

Hepimiz "Nefsim, nefsim" deyip durmakta, hepimiz yalnız kendimizi düşünmekteyiz. Sen buna lütufta bulunmazsan şeytanız. Sen bizim canımızı körlükten kurtardığından, gözümüzü açtığından dolayı Şeytan'dan kurtulduk.

Kim hayattaysa değnekçisi, yol gösteren sensin. Değneğin, değnekçisi olmadıkça kör nedir ki, ne yapabilir ki? Senden gayrı hoş olsun, hoş olmasın. Her şey, insanı yakar, ateşin aynıdır.

Kim ateşe dayanır, ateşe arka verirse hem mecusîdir, hem zerdüşt! Tanrı'dan başka her şey batıldır, asılsızdır. Tanrı'nın ihsanı, yağmuru kesilmeyen bir buluttur.

Tekrar Ali ve katilinin hikâyesine dön; katiline fazlasıyla gösterdiği kerem ve mürüvveti anlat. Ali dedi ki: "Ben düşmanımı gözümle görmekte, gece gündüz ona bakıp durmaktayım. Böyle olduğu halde hiç kızmıyorum. Çünkü ölümüm, bana can gibi hoş geliyor; dirilmemle âdeta bir.

Ölümsüzlük ölümü bize helâl olmuştur; azıksızlık azığı, bize rızk ve nimettir. Ölümün görünüşü ölüm, iç yüzü diriliktir; ölümün görünüşte sonu yoktur, hakikatte ise ebediliktir. Çocuğun rahimden, doğması bir göçmedir; fakatta cihanda ona yeni baştan bir hayat var.

Ecele doğru meylimiz, ecele aşkımız olduğundan "Nefislerinizi elinizle tehlikeye atmayın" nehyi asıl bizedir. Çünkü nehiy, tatlı şeyden olur, acı için nehye zaten hacet yok ki.

Bir şeyin içi de acı olur dışı da acı olursa onun acılığı kötülüğü esasen nehiydir. Bana da ölüm tatlıdır. "Onlar ölmemişlerdir, Rablerinin huzurunda diridirler" ayeti benim içindir. Ey inandığım, itimat ettiğim kişiler! Beni kınayın ve öldürün. Şüphe yok, benim ebedi hayatım öldürülmemdedir.

Ey yiğit! Hayatım, mutlaka ölümdedir. Ne zamana kadar yurdumdan ayrı kalacağım? Bu âlemde durmaklığım, ayrılık olmasaydı (öldüğümüz zaman) "Biz, şüphe yok, Tanrı'ya dönenleriz" denmezdi. Dönen kişi; ayrıldığı şehre tekrar gelen kişidir; zamanın ayırışından kurtulup birliğe erişendir. Seyis tekrar gelerek "Ya Ali, beni tez öldür ki o kötü vakti, o fena zamanı görmeyeyim. Sana helâl ediyorum, kanımı dök ki gözüm o kıyameti görmesin" dedi. Dedim ki: Eğer her zerre bir kanlı, bir katil olsa da elinde hançer olarak senin kastına yürüse. Yine senin bir tek kılını kesemez. Çünkü kader kalemi böyle yazmıştır; sen beni öldüreceksin. Fakat tasalanma, senin şefaatçin benim. Ben ruhun eri ve sultanıyım, ten kulu değil! Yanımda bu tenin kıymeti yok; ten kaydına düşmeyen bir er oğlu erim. Hançer ve kılıç, benim çiçeğim; ölüm meclisim... Bağım, bahçemdir."

Tenini bu derece öldürüp ayaklar altına alan kişi, nasıl olur da beylik ve halifelik hırsına düşer? O, ancak emirlere yol göstermek, emirliği belletmek için zahiren makam işleriyle ve hükümle uğraşır; Emirlik makamına yeni bir can vermek, hilâfet fidanını meyvelendirmek için bu işle meşgul olur.

Peygamber, Mekke'yi fethe uğraştı diye nasıl olurda dünya sevgisiyle ittiham edilir? O öyle bir kişiydi ki imtihan günü (yani Miraç'ta) yedi göğün hazinesine karşı hem yüzünü yumdu, hem gönlünü kapadı.

Onu görmek için yedi kat gök uçtan uca hurilerle meleklerle dolmuştur. Hepsi kendilerini, onun için bezemişti, fakat onda sevgiliye aşktan, sevgiliye meyil ve muhabbetten başka bir heva ve heves nerede ki.

O, Tanrı ululuğuyla, Tanrı celâliyle öyle dolmuştur ki bu dereceye, bu makama Tanrı ehli bile yol bulamaz. "Bizim makamımıza ne bir şeriat sahibi peygamber erişebilir, ne melek, hatta ne de ruh" dedi. Artık düşünün anlayın!

"Göz Tanrı'dan başka bir yere şaşmadı, meyletmedi" sırrına mazharız, karga değiliz; âlemi renk renk boyayan Tanrı sarhoşuyuz; bağın bahçenin sarhoşu değil" buyurdu! Göklerin, hazinelerin akılları bile Peygamberin gözüne bir çöp kadar ehemmiyetsiz görünürse. Artık Mekke, Şam ve ırak ne oluyor ki onlar için savaşsın, onlara iştiyak çeksin! Ancak gönlü kötü olan, onun işlerini kendi bilgisizliğine, kendi hırsına göre mukayese eden kişi onun hakkında böyle bir şüpheye düşer. Sarı camdan bakarsan güneşin nurunu sapsarı görürsün. O gök ve sarı camı kır da eri ve tozu gör!

Atlı bir er, atını koştururken tozu dumana katar, etrafta bir tozdur kalkar. Sen, tozu Tanrı eri sanırsın. İblis de tozu gördü, "Bu toprağın fer'idir. Benim gibi ateş alınlı birisinden nasıl üstün olur?" dedi. Sen azizleri insan gördükçe bil ki bu görüş İblis'in mirasıdır. Be inatçı, İblis'in oğlu olmasan o köpeğin mirası nasıl olur da sana düşer? Ben köpek değilim, Tanrı aslanıyım. Tanrı aslanı suretten kurtulandır. Dünya aslanı av ve rızk arar, Tanrı aslanı hürlük ve ölüm! Çünkü ölümde yüzlerce hayat görür de varlığını pervane gibi yakıp yandırır.

Ölü isteği, doğru kişilerin boyunlarına bir halkadır. Çünkü bu istek, yahudilere imtihan oldu. Tanrı Kuran'da "Yahudiler, doğrulara ölüm; futuhat, sermaye ve ticarettir. Sermaye ve ticaret isteği var ya; ölümü istemek ondan daha iyidir. Ey Yahudiler; halk içinde namusunuzu korumak istiyorsanız bu dileği, bu ölüm temennisini dile getirin" dedi. Muhammet, bu bayrağı kaldırınca bir tek Yahudi bile bu istekte bulunmaya cüret edemedi.

Peygamber "Eğer bunu dillerine getirirlerse dünyada tek bir Yahudi bile kalmaz" dedi. Bunun üzerine Yahudiler; "Ey din ışığı, bizi rüsvay etme! Diyerek mal ve haraç verdiler. Bu sözün sonu görünmez. Mademki gözün sevgiliyi gördü, ver elini bana! Emir-ül Müminin, o gence dedi ki: "Ey yiğit! Savaşırken. Sen benim yüzüme tükürünce nefsim kabardı, hiddet ettim, huyum harap berbat bir hale geldi. Öyle bir hale geldim ki o anda savaşımın yarısı Tanrı içindi, yarısı nefsim için. Tanrı işinde ortaklık yaraşmaz..

Otuzsekizinci Yolculuk

Bil ki Ey Nefsim! Sana Ölüm vakti gelmeden önce kendini ölmüş bil.

38. SIR: Hakiki aşkla mest ol! Kendinden geç! Çünkü dünyada ne varsa hep aşktan ibarettir. Aşkla meşgul olmaktan başka dosta layık bir iş güç yoktur.

Ney: Bil ki ey nefsim! Sana Ölüm vakti gelmeden önce kendini ölmüş bil. İşte, şu ölüm hakikatinin sırrını öğrenmek istiyorsan şu hikâyeyi dinle:

ÖLÜMÜN HAKİKATİ:

Bir haylidir can çekiştin ama hâlâ perde arkasındasın. Çünkü bir türlü ölemedin; halbuki ölüm, asıldı. Ölmedikçe can çekişmen, sona ermez. Merdiven tamamlanmadıkça dama çıkamazsın. Yüz ayak merdivenin iki ayağı noksan olsa dama çıkmak isteyen çıkamaz, dama namahrem kesilir. Yüz kulaç ipin bir kulacı eksik olsa kovaya kuyu suyunun dolmasına imkân yoktur.

Bu gemi, yükünden artık olan son batmanı da yüklemezse batmaz beyim. Son yüklenen yükü asıl bil, ne iş yaparsa o yapar. Vesvese ve azgınlık gemisini o batırır. Akıl gemisi battı mı insan, bu gök kubbeye güneş kesilir. Ölmediğin için can çekişmen uzadı. Ey Tıraz mumu, sabahleyin sön öl. Yıldızlarımız gizlenmedikçe can güneşi, bil ki gizlidir.

Topuzu kendine vur da benliğini darmadağın et. Çünkü bu ten gözü, kulağa tıkanmış pamuğa benzer. Ey alçak, bende, benim hareketlerimde gördüğün benlik, senin benliğinin aksidir. Sen, kendi kendine topuz vurmadasın.

Benim suretimde kendi aksini görmüş kendinle boğazlaşmak için coşmuş, köpürmüşsün. Hani o aslan da kuyuda kendi aksini görmüştü de düşmanı sanıp saldırmıştı ya, onun gibi işte.

Yok demek, şüphe yok ki var olanın varlığın zıddıdır. Yok, diyorum, bilmem diyorum, sen de bu zıtla, zıddı olan varı ve varlığı birazcık anla artık.

Bu zamanda zıddı nefyetmeden başka anlayış çaresi yok ki tuzak olmasın. Ey akıllı fikirli er, sevgiliyi perdesiz görmek istiyorsan ölümü seç, o perdeyi yırt. Fakat ölür mezara gidersin hani o ölümü değil. Seni değiştiren nura götüren ölümü seç.

Erkek erkeklik çağına girdi, kendini bildi mi çocukluk, ölür gider; Rum diyarına mensup olur. Zencîlik kalmaz. Toprak altın oldu mu topraklığı kalmaz. Gam ferahlık haline geldi mi insana keder verme dikeni yok olur gider.

Mustafa bunu için ey sırları arayan, diri olan bir ölü görmek istersen dedi. Diriler gibi şu toprak üstünde ölü olarak yürüyen, canı göklere yücelmiş, yüceleri yurt edinmiş birisini görmek dilersen. Ölümden önce bu âlemden göçmüş, akılla değil de ancak sen de ölürsen anlayacağın bir hale gelmiş. Canı, halkın canı gibi göçmemiş, bir duraktan bir durağa göçe göçe ta son durağa varmış.

Birisini, yeryüzünde bu sıfatlara bürünmüş gezip duran bir ölüyü görmek istersen. Tertemiz Ebu Bekir'i gör ki o, doğruluğu yüzünden mahşere varmış, haşrolmuş kişilerin ulusudur. Bu âlemde Ebu Bekri-s Sıddıyk'a bak da haşri daha iyi tasdik et.

Muhammed'de elde bulunan, görünüp duran yüzlerce kıyametti. Çünkü o, her hakikati, çözüp bağlama yokluğunda hal olmuş, hakiki varlığa ulaşmıştı. Ahmet bu dünyaya ikinci defa doğmuştu. O, apaçık yüzlerce kıyametti. Ondan kıyameti sorup dururlar ve "Ey kıyamet, kıyamete ne kadar zaman var" derlerdi.

Birisi o hakiki mahşer olan Peygamberden haşri sordu mu çok defa hal diliyle "Mahşerden haşri soruyor" derdi. İşte onun için o güzel haberler veren peygamber, ey ulular demiştir, ölmeden önce ölün! Nitekim ben de ölmeden öldüm de bu sesi, bu şöhreti o taraftan aldım, getirdim.

Kıyamet ol da kıyameti gör. Her şeyi görmenin şartı budur. İster nur olsun, ister karanlık. O olmadıkça onu tamamı ile bilemezsin. Akıl oldun mu aklı tamamı ile bilirsin, aşk oldun mu aşkın yanmış, mahvolmuş fitillerini anlar, duyarsın. Anlayış bunu kavrayabilseydi bu davanın delilini apaçık söylerdim. İncir yiyen bir kuş gelip konuk olsa bu tarafta incir çoktur, incirin hiçbir değeri yoktur. Âlemde bulunan kadın, erkek... Herkes her an can vermede, ölmededir. Sözlerini de, ölüm zamanı babanın oğula vasiyeti say da ibret al, acın. Bu suretle de buğuz haset ve kin, kökünden sökülüp çıksın. Yakınlarına onlar ölünce nasıl yüreğin yanarsa o çeşit bak. Gelecek şey gelmiştir onları ölmüş say, sevdiğini ölüyor, ölmüş onu kaybetmişsin bil.

Garezler senin bu çeşit bakışına perde oluyorsa onları yırt, at. Bunları yırtıp atamazsan acizim deyip kalma. Bil ki aciz olanı bir acze salan var. Aciz, bir zincirdir. Birisi gelmiş, sana o zinciri takmıştır. Gözünü açıp zinciri takanı görmek gerek.

Ey yaşayış yolunu gösteren ben bir doğandım, ayağım bağlandı, bu neden? Diye yalvarıp sızlanmaya koyul. Yarabbi de, kötülüğe kuvvetle adım attım. Bu yüzden kahrınla daima zarar ve ziyan içindeyim.

Senin öğütlerine karşı kulağım sağırdır. Put kırıyorum diye davadaydım ama put yapıyormuşum meğer. Senin yaptığın şeyleri senin sanatlarını anmak mı farzdır, ölümü anmak mı? Ölüm, güz mevsimine benzer, sense yaprakların aslısın.

Şu ölüm yıllardır davulcağızını döver durur da senin kulağın vakitsiz ve yersiz oynar. Fakat can verme çağında ah ölüm dersin. Ölüm şimdi mi seni uyandırdı? Ölümün nara atmadan boğazı yırtıldı sesi tutuldu; dövüle dövüle davulu patladı! Sense kendini bir şeylere verdin, ince eleyip sık dokudun; ne sesini duydun, ne davulunu! Fakat ölümün ne demek olduğunu şimdi anladın işte..

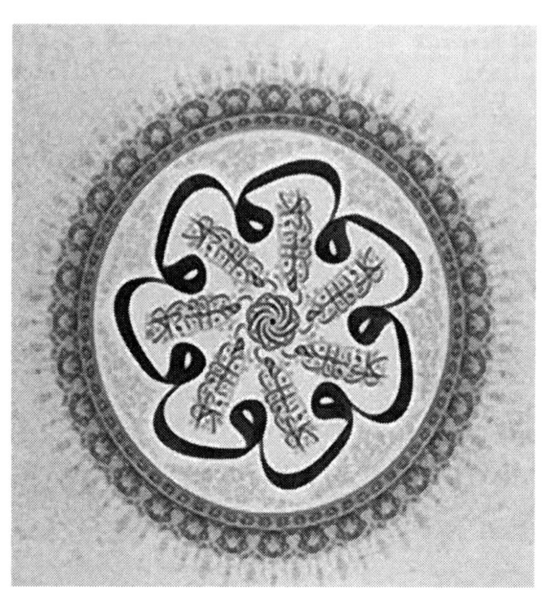

Otuzdokuzuncu Yolculuk

◊ ◊ ◊ ◊

Bil ki ey nefsim! Sana ölümün hakikatini bildiren pek çok şey olduğu halde ibret almazsın.

39. SIR: "Aşk nedir?" diye sorarlarsa de ki: "Aşk dileği, isteği, yapıp yapmama arzusunu, iradeyi terk etmektir. İhtiyarı terk etmeyip o isteği hakiki lâyık olana vermeyende hayır yoktur, iyi insan değildir."

Ney: Bil ki ey nefsim! Sana Ölümün hakikatini bildiren pek çok şey olduğu halde ibret almazsın. Eski dönemlerde yaşamış olan İsrailoğulları peygamberleri ve hükümdarlarının başlarından geçen şu hikâyeler ile ölümün hakikati ve Melek-ül Mevt'in (Azrail) azametli heykelini ve ölümün ne kadar elem verici bir firak ve ayrılış olduğunu anlamak istersen, şu **yedi** kıssayı nefsimle beraber dinle:

"**Her nefis ölümü tadacaktır. Sizi hayır ve şer ile imtihan etmekteyiz ve sonunda, bize döndürüleceksiniz.**"

[Enbiya, 35]

Ayetinin bir sırrını ve ölümün hakikatini bildiren İsrailoğlu peygamberlerine ait yedi ibretli kıssadır:

BİRİNCİ KISSA:

HZ. İSA VE SÜRÜDEN AYRILAN KOYUN

İsa a.s bir gün kırlarda otlayan sürünün içinden bir koyun yakalayıp kulağına bir şeyler söyledi. O andan itibaren koyun, ot yemez, su içmez oldu. Birkaç günden sonra yine aynı yerden geçen İsa a.s sürünün çobanına sürmeli koyunu göstererek:

-Bu hayvan hasta mı? Neden diğer hayvanlar gibi yiyip, içmiyor? diye sordu. Kendisini tanımayan sürünün çobanı da;

-Geçenlerde buradan bir kimse geçti ve bu sürmeli koyunun kulağına bir şeyler söyledi. O günden beri hayvancağıza bir durgunluk geldi, cevabını verdi.

Acaba Hazreti İsa koyunun kulağına ne söylemişti?..

Hazreti İsa o sürmeli koyunun kulağına "ölüm var" demiş ve hayvan olduğu halde, ölüm sözünü işiten sürmeli koyun yemeden içmeden kesilmiş ve bu hale gelmişti.

Ya biz insanlar?

İşte bu kısa hikâyeyi dinleyen arkadaş;

Gözlerimizin önünde en sevdiklerimiz, ölüp bir ahirete göçtüğü halde, sanki ölüm sırası bize gelmeyecekmiş gibi gülüp oynuyor, Allah'a karşı yüz bin isyandan geri durmuyoruz. Halbuki bize hayvanlardan daha fazla üzülmek ve düşünmek düşer.

Çünkü; dünya hayatı geçici bir **imtihan**dır. **Ölüm** ise bize, **hesap** yine **bize**, ve **sual** yine **bize**dir.

Çünkü; **ölüm**den ibret almayan **hiçbir şeyden** ibret alamaz.

İKİNCİ KISSA:

HZ. İSA VE ÇÖLDEKİ ALTIN

Adamın biri Hz. İsa (a.s)'ya arkadaş olur, ona "Senin yanında sana yoldaş olabilir miyim?" diye teklif eder. Teklifinin kabul edilmesi üzerine yola koyulurlar, bir nehrin kenarına varınca yemek molası için otururlar, yanlarında üç çörek vardır. İkisini yerler, birisi kalır, bu arada Hz. İsa (a.s) nehre varıp su içmek üzere kalkar, su içip dönünce üçüncü çöreği bulamaz. Adama "çöreği kim aldı?" diye sorar, adam "bilmiyorum" diye cevap verir.

Yemekten sonra arkadaşı ile birlikte yola koyulur. Yolda iki yavrulu bir geyik görürler. Hz. İsa (a.s) yavrulardan birini çağırır, yavru Hz. İsa (a.s)'nin daveti üzerine yanına gelince onu keser, etinin bir kısmını kızartarak yerler. Yemekten sonra Hz. İsa (a.s) geyik yavrusunun kalıntılarına "Allah (C.C)'in izni ile canlanıp kalk" der, yavru da derhal canlanıp kalkarak oradan uzaklaşır.

Bu olay üzerine Hz. İsa (a.s) yoldaşına, "Sana az önceki mucizeyi gösteren Allah (C.C) için soruyorum, çöreği kim aldı?" der. Adam yine "bilmiyorum" diye cevap verir. Bir müddet sonra bir nehrin yanına varırlar. Hz. İsa (a.s) adamın elinden tutarak su üstünde yürürler, karşıya geçerler. Nehri asınca Hz. İsa (a.s) "Az önceki mucizeyi sana gösteren Allah (C.C) hakkı için sana soruyorum, üçüncü çöreği kim aldı?" diye sorar, adam yine "bilmiyorum" diye cevap verir.

Bir müddet sonra bir çöle varırlar ve otururlar. Hz. İsa (a.s) bir yere kum ve toprak yığar, meydana gelen yığına Allah (C.C)'in izni ile "altın ol" der, yığın da altın olur. Hz. İsa (a.s) altın yığınını üçe bölerek adama "üçte biri benim, üçte biri senin, öbür üçte biri de çöreği alanın" deyince adam "çöreği alan bendim" diye gerçeği itiraf eder.

Bunun üzerine Hz. İsa (a.s) "Altının hepsi senin olsun" diyerek ondan ayrılır. Adam altının başında dururken çölde yanına iki yolcu gelir. Gelenler kendisini öldürüp altını almak ister, adam "Onu aramızda üçe bölüşürüz, şimdi önce biriniz şehre varıp yiyecek bir şey alsın" diye teklif eder. Adamın teklifi kabul edilerek gelenlerden biri şehre gönderilir. Şehre giden adam yolda giderken "Niye altını onlar ile bölüşeyim, alacağım yiyeceğe zehir katar, onları öldürürüm, böylece altının hepsi bana kalır" diye düşünür ve dediği gibi yapmak üzere şehirden aldığı yiyeceğe zehir katarak döner.

Altının yanında kalanlar da "Niye ona altının üçte birini verelim, dönünce onu öldürür ve altını ikimiz paylaşırız" diye Konuşurlar. Adam dönünce onu öldürürler, fakat yiyeceği yeyince de kendileri ölür, böylece altın çöl ortasında ve her üçünün ölüsünün yanı başında sahipsiz kalır. Bu sırada Hz. İsa (a.s) olay yerine yeniden uğrar, durumu görünce yanındakilere "İşte dünya budur, ondan sakının" der.

ÜÇÜNCÜSÜ KISSA:

SÜLEYMAN AS. VE ÖLÜM MELEĞİ

Süleyman (a.s) dostlarından birisiyle sohbet ettiği sırada ölüm meleği bir insan suretinde içeriye girdi. Gelen adam Hz. Süleyman'ın (a.s) sohbet ettiği kişiye sert bakışlarla uzun bir müddet baktı; sonra çıkıp gitti. Hz. Süleyman'ın (a.s) dostu:

- Ey Allah'ın peygamberi! Bu kimdi ? diye sordu;

Süleyman (a.s):

- Ölüm meleği idi, dedi. Adam:

- Onun canımı almasından korkuyorum, beni ondan kurtar, dedi. Süleyman (a.s):

- Nasıl kurtarabilirim ki? dedi. Adam:

- Rüzgâra, beni Hindistan'a götürmesini emret; belki benim izimi kaybeder ve bulamaz, dedi. Süleyman (a.s), adamı Hindistan'a götürmesi için rüzgâra emretti. Rüzgâr, onu bir anda Hindistan'a götürdü. Biraz sonra Azrail (a.s) geri geldi; içeri girer girmez Süleyman (a.s) ona:

- Niçin o adama bakıp durdun? diye sordu. Azrail:

- Onun hâline şaşırdım. Bana bu adamın canını Hindistan'da almam emredilmişti. Adam ise oradan çok uzaktaydı. Sonuçta Allahu Teala'nın takdir ettiği şey oldu; rüzgâr onu can vereceği yere getirdi, dedi.

DÖRDÜNCÜ KISSA:

ZÜLKARNEYN AS. VE ÖLÜMÜN HAKİKATİ

Zülkarneyn (a.s), dünya malı olarak hiçbir şeye sahip olmayan bir topluluğa uğradı. Onlar, ölmüşlerinin kabirlerini, kapılarının önüne kazmışlardı. Her gün bu kabirleri süpürüp temizliyor, orayı ziyaret edip içinde Allah'a ibadet ediyorlardı. Yiyecekleri sadece ot ve yerde biten şeylerden ibaretti. Zülkarneyn bir adam göndererek reislerini çağırttı. Fakat reisleri: "Onun benimle ne işi olur!" diyerek reddetti. Zülkarneyn (a.s) reislerinin yanına kendisi gitti.

Onlara:

- Hâliniz nasıldır? Zira ben sizin altın-gümüş hiçbir şeye sahip olmadığınızı ve yanınızda hiçbir dünya nimeti bulunmadığını görüyorum! dedi. Reis:

- Dünya nimetlerine bugüne kadar hiç kimse doyamamıştır, diye cevap verdi. Zülkarneyn:

- Niçin kabirleri kapılarınızın önüne kazdınız? diye sordu. Reis:

- Onlar gözümüzün önünde bulunsun da onlara bakalım; bize ölümü hatırlatsın, kalbimizdeki dünya sevgisini soğutsun, dünya bizi Rabbimize ibadet etmekten alıkoymasın diye böyle yaptık, dedi. Zülkarneyn:

- Niçin sadece ot yiyorsunuz? diye sordu. Reis:

- Çünkü biz, midelerimizi hayvan kabristanlığı haline getirmek istemiyoruz. Bütün nimetlerin lezzeti boğazdan öteye geçmez, diye cevap verdi. Sonra elini oradaki pencere şeklindeki bir boşluğa soktu, oradan bir kafatası çıkardı, Zülkarneyn'in önüne koydu ve:

- Ey Zülkarneyn! Bunun sahibinin kim olduğunu biliyor musun? diye sordu;

Zülkarneyn:

"Bu kafatasının sahibi, halkına zulüm eden, zayıfları ezen, bütün zamanını dünya serveti toplamakla geçiren bir hükümdardı. Allah (c.c) onun ruhunu aldı ve cehennemi ona mesken yaptı. Bu da onun kafatasıdır, dedi. Reis elini tekrar o yere sokarak başka bir kafatası daha çıkardı; onu da önüne koyarak:

- Bunun kim olduğunu biliyor musun? diye sordu; Zülkarneyn:

"Bu da insanlara karşı adaletli, şefkatli, halkını seven bir sultandı. Allah (c.c) onunda ruhunu aldı ama onu cennetine koydu; derecesini yükseltti, dedi. Sonra reis, elini Zülkarneyn'in başının üzerine koyarak:

- Ey Zülkarneyn! Senin kafanın bu ikisinden hangisi olmasını istersin, dedi. Zülkarneyn çokça ağlamaya başladı, kafasını onun göğsüne koyarak:

- Eğer benimle arkadaş olmayı kabul edersen, sana vezirlik veririm, ülkemi de paylaşırız, olmaz mı? dedi. Reis:

- Heyhat! Benim onlara hiç rağbetim yoktur! dedi. Zülkarneyn:

- Neden? diye sorunca; Reis:

- Çünkü bütün insanlar malın ve saltanatın sebebiyle sana düşmandırlar; bana ise kanaatim ve fakirliğimden dolayı dostturlar. Allah seninle beraber olsun, dedi.

BEŞİNCİ KISSA:

ZENGİN HÜKÜMDAR VE ÖLÜM MELEĞİ-I

İsrailoğulları zamanında zalim bir hükümdar vardı. Bir gün makamında otururken kapıdan içeri sevimsiz görünüşlü ve korkunç halli birisinin girdiğini gördü. Hükümdar onun aniden içeri dalışının heybetli bir şekilde girişinin verdiği şiddetli korku ile hemen adamın karşısına dikilerek:

- Ey adam, sen kimsin! Evime bu şekilde girmene kim izin verdi? diye sordu. Gelen adam:

- Bu evin asıl sahibi izin verdi! Ben ise hiçbir kapıcı ve muhafızın engel olamayacağı, hiçbir padişahın yanına girerken izin almaya ihtiyaç duymayan, hiçbir sultandan korkmayan, hiçbir zalimin korkutamadığı ve aynı zamanda hiçbir kimsenin elimden kaçamadığı birisiyim, dedi. Bunları duyan hükümdar yüz üstü yere düştü, vücudu titremeye başladı; ona:

- Yoksa sen ölüm meleği misin? diye sordu; o da:

- Evet, ben ölüm meleğiyim, dedi. Hükümdar:

- Allah'a yemin ederek söylüyorum; bana bir gün zaman tanısan da, yapmış olduğum bütün günahlardan tövbe etsem, Allah'tan benim kusurlarımı bağışlamasını istesem ve hazinemde biriktirmiş olduğum bütün malları dağıtsam! Yoksa ben, ahirette O'nun azabına tahammül edecek güçte değilim, dedi. Melek:

- Sana nasıl zaman tanıyabilirim ki! Ömrünün günleri sayılı ve vakitleri değişmeyecek şekilde yazılıdır, dedi. Hükümdar:

- O zaman bir saat mühlet versen olmaz mı? diye sordu; melek:

- Sana tanınan bütün saatler bu hesabın içindededir. Onlar geçip gitti, senin hiç haberin olmadı. Sen bütün nefeslerini tükettin, senin için bir nefeslik süre kalmadı, dedi. Hükümdar:

- Peki, sen beni mezara koyunca yanımda kim olacak? diye sordu. Melek:

- Salih amelinden başka hiçbir şey olmayacak, dedi. Hükümdar:

- Benim hiçbir salih amelim yok ki! deyince, melek:

- Hiç şüphesiz senin gidişin ateşe ve varacağın yer Cabbar olan Allah'ın gazabı olacaktır, dedi ve onun ruhunu aldı. Ruhu alınan hükümdar tahtından aşağı yüz üstü düştü. Memleketindeki insanlar ise ardından feryat ediyorlardı. Çünkü, şayet onlar Allah'ın ona gazap etmesi sebebiyle gideceği yeri bilselerdi; daha çok ağlarlar ve daha fazla feryat ederlerdi..

ALTINCI KISSA:

ZENGİN HÜKÜMDAR VE ÖLÜM MELEĞİ-II

Malı çok olan bir hükümdar daha vardı. Onun bütün derdi, refah içinde bir hayat sürmek ve yiyip içmekti. Bunun için, Allahu Teala'nın yarattığı her çeşit dünya malından çok miktarda toplamıştı. Bu kimse, sultanlara yakışır büyüklükte ve yükseklikte bir saray yaptırmış, ona sağlam iki tane kapı inşa ettirmiş ve oraya dilediği şekilde cellatlar, gardiyanlar ve nöbetçiler yerleştirmişti. Bir gün kendisine en güzel yemeklerin yapılmasını emretti; memleketindeki akraba, arkadaş, eş dost herkesi yanında yemek yemeleri ve ihsanlarından pay almaları için çağırırdı. Daha sonra tahtına çıktı, yastığına yaslandı ve:

"Ey nefsim! Bütün dünya nimetlerini topladın; şimdi aklındaki bütün düşünceleri bir kenara at; uzun bir ömürde kazanılmış ve büyük zevkler ile hazırlanmış şu yiyeceklerden ye!" dedi.

O böyle düşünürken sarayın dışında, boynunda azık torbası asılı, kılık kıyafeti pejmürde, insanlardan yiyecek isteyen dilenci şeklinde birisi belirdi. Bu kimse sarayın kapısına geldi; kapıya öyle bir vurdu ki, âdeta saray sallandı. Bütün nöbetçiler ve hizmetçiler kapıya koşuştular. Adama:

- Ey zayıf ve çelimsiz dilenci! Nedir bu hırs ve edepsizlik? Sabret, önce biz yiyelim, arta kalandan sana da getiririz, dediler. Gelen zat onlara:

- Efendinize buraya gelmesini ve kendisiyle çok önemli bir işim olduğunu söyleyin, dedi. Nöbetçiler:

- Ey zayıf ve çelimsiz dilenci! Defol git! Sen kim oluyorsun da padişahımızı ayağına çağırıyorsun? dediler. Dilenci:

- Siz benim söylediklerimi ona iletin, dedi. Nöbetçiler olan biteni padişaha anlattılar. Padişah:

- Onu azarlayarak buradan kovmasını beceremediniz mi? diye nöbetçilerine çıkıştı. Bu sırada kapı birincisinden daha şiddetli ve korkutucu bir şekilde tekrar çalmaya başladı. Bütün nöbetçiler ellerine aldıkları sopa ve silâhlarla sarayın kapısına koştular. Dilenci onlara bir haykırışla:

- Yerinizde durun! Çünkü ben ölüm meleğiyim, dedi. Herkesin vücudunu bir titreme aldı; ellerini ve ayaklarını hareket ettiremez oldular. Korkularından neredeyse akıllarını yitireceklerdi. Padişah:

- Söyleyin ona; canıma bedel başka bir şey vereyim, dedi. Azrail:

- Ben ancak seni istiyorum, sadece senin canını almak için geldim; yoksa seninle şu topladığın mülkün arasında hiçbir fark yok, dedi. Padişah:

- Allah, bana zarar verip beni aldatan şu nimetlere lânet etsin. Bana fayda verecek zannettiğim bu şeyler, beni Rabbime ibadetten alıkoydu. Bugün benim için hüsran ve belâdan başka bir şey olmadılar. Onlar sebebiyle ellerim bomboş, her şeyim düşmanlarıma kaldı, dedi. Bunları söylerken Allah (c.c) sultanın malına dil verdi; malı ona şöyle dedi:

- Neden bize lânet edersin? Sen kendi nefsine lânet et! Zira Allah (c.c) her ikimizi de topraktan yarattı. Bizi, ahiretin için bir azık olsun, sana faydamız dokunsun diye, fakirlere ve miskinlere sadaka ve zekât vermen, insanların faydası için mescit, okul, köprü gibi hayırlar yapman için senin eline verdi. Sen ise bizi, servetinin çoğalması için topladın, nefsinin şehevî arzuları doğrultusunda harcadın, bir kere olsun şükretmedin, aksine hep nankörlük ettin. Şimdi ise, hasret ve zarar içerisinde bizi düşmanlarına terk ediyorsun. Hangi günahımız var ki bize lânet ediyorsun?

Bu konuşmadan sonra ölüm meleği hemen padişahın canını aldı; padişahın ölü cesedi tahtından aşağıya yuvarlandı.

YEDİNCİ KISSA:

ZENGİN PADİŞAH VE SALİH ADAM

Büyük bir padişah kendisinin görkemli ve hayret verici hâlini halkına göstermek istedi. Bütün valilerine, muhafızlarına ve devlet erkanının büyüklerine saltanatının büyüklüğünü göstermek için atlarına binmelerini emretti. Kendisi için en güzel elbiselerin hazırlanmasını, en heybetli ve hızlı atlarının getirilmesini istedi. Aralarında en hoşuna giden "Sebk" isimli atını seçti. Onu mücevherlerle kaplı koşum takımı ile süslediler. Seyisleri onu atına bindirdiler. Arkasındaki vezirleri ve ordusuyla halkının arasında giderken, padişah heybeti ve büyüklüğü ile övünmeye başladı. Gurur ve kibir onu büsbütün sarmıştı. Şeytan, ağzını onun burun deliklerine dayayıp aldığı her nefeste onu biraz daha şişirmekte ve kendini beğendirmekteydi. Padişah kendi kendine:

"Bu âlemde benim gibisi var mı!" diye düşündü. Arkasındaki büyük ordusu, ihtişamlı atlarıyla hiç kimseye bakmadan kibirli ve gururlu bir hâlde ilerlemekte iken; hâli perişan, pejmürde kıyafetli birisi önüne çıktı. Padişaha selam verdi; fakat o selâmı almadı. Adam atının geminden tuttu; padişah:

- Çek elini oradan! Sen, kimin atının gemine dokunduğunu bilmiyorsun herhalde?" dedi. Adam:

- Benim bir ihtiyacım var, dedi. Padişah:

- Sabret! İneyim öylece söylersin, dedi. Adam:

- İhtiyacım şimdi! İndikten sonra değil, dedi. Padişah:

- Pekala derdini anlat! deyince, adam:

- Bu sırdır, ancak kulağına söyleyebilirim, dedi. Padişah onu dinlemek için kulağını uzatınca, adam:

- Ben ölüm meleğiyim, canını almaya geldim, dedi. Padişah:

- Bana biraz mühlet ver de, evime gidip çoluk-çocuğuma veda edeyim, dedi. Melek:

- Hayır! Onları görmek için dönemezsin; çünkü ömrünü tükettin" dedi ve atın sırtındayken padişahın canını aldı. Padişah birden yere yığıldı. Ölüm meleği oradan, Allah'ın kendisinden hoşnut olduğu salih bir zatın yanına vardı. Ona selâm verdi, o da selâmını aldı. Ölüm meleği adama:

- Benim senden bir arzum var; fakat çok gizli! dedi.

Salih adam:

- O zaman kulağıma söyle, dedi.

Melek:

- Ben ölüm meleğiyim! dedi. Salih adam:

- Hoş geldin! Allah'ıma hamdolsun! Nice zamandır senin gelmeni gözledim, yollarına müştak oldum; bana gelmen çok uzun sürdü, dedi.

Ölüm meleği:

- İşin varsa yap! Çünkü birazdan görevimi yapacağım, dedi.

Salih adam:

- Rabbime kavuşmaktan başka işim yok! dedi.

Ölüm meleği:

- Ruhunu nasıl almamı istersin? Çünkü ben, sen nasıl istersen o şekilde canını almakla emrolundum, dedi.

Salih adam:

- Müsaade et; bir abdest alayım, ardından da namaz kılayım, tam secdede iken canımı alırsın, dedi. Azrail salih adamın dediği gibi yaptı ve secde hâlinde ruhunu alıp Rabbinin rahmetine kavuşturdu.

Vesselâm...

Kırkıncı Yolculuk

◊ ◊ ◊ ◊

Bil ki ey nefsim! Gerçek aşk hakkı bilmektir.

40. SIR: Ebedî olarak bakî kalacak olan ancak ilâhi aşktır. Hakiki aşktan başka bir eşe gönül vermek ise eğreti bir iştir.

Ney: Bil ki ey nefsim! Gerçek Aşk Hakkı bilmektir. İşte şu hakikatin bir sırrını öğrenmek istersen şu hikâyeyi dinle:

GERÇEK (İLÂHİ) AŞK:

Ney: Ey dostlar! Bu hikâyeyi benimle beraber dinlediniz. İşte şu uzun hikâye, Hakikatte bizim bu günkü halimizdir:

Bundan evvelki bir zamanda bir padişah vardı. O hem dünya, hem din saltanatına malikti. Padişah, bir gün hususî adamları ile av için hayvana binmiş, giderken ana caddede bir halayık gördü. O halayığın kölesi oldu. Can kuşu kafeste çırpınmaya başladı. Mal verdi o halayığı satın aldı. Onu alıp arzusuna nail oldu. Fakat kazara o halayık hastalandı. Birisinin eşeği varmış, fakat palanı yokmuş. Palanı ele geçirmiş, bu sefer eşeği kurt kapmış. Birisinin ibriği varmış, fakat suyu elde edememiş. Suyu bulunca da ibrik kırılmış! Padişah sağdan, soldan hekimler topladı. Dedi ki: "İkimizin hayatı da sizin elinizdedir. Benim hayatım bir şey değil, asıl canımın canı odur. Ben dertliyim, hastayım, dermanım o. Kim benim canıma derman ederse benim hazinemi, incimi ve mercanımı (atiye ve ihsanımı) o aldı (demektir)".

Hepsi birden dediler ki: "Canımız feda edelim. Beraberce düşünüp beraberce tedavi edelim. Bizim her birimiz bir âlem mesihidir, elimizde her hastalığa bir ilâç vardır." Kibirlerinden Allah isterse (inşaallah) demediler. Allah da onlara insanların acizliğini gösterdi. "İnşaallah" sözünü terk ettiklerini söylemeden maksadım, insanların yürek katılığını ve mağrurluğunu söylemektir. Yoksa arızi bir halet olan inşaallahı söylemeyi unuttuklarını anlatmak değildir. Hey gidi nice inşaallahı diliyle söylemeyen vardır ki canı "inşaallah" la eş olmuştur.

İlâç ve tedavi nevinden her ne yapıldı ise hastalık arttı maksat da hasıl olmadı. O halayıkcağız, hastalıktan kıl gibi oludu. Padişah, hekimlerin aciz kaldıklarını görünce yalınayak mescide koştu. Mescide gidip mihrap tarafına yöneldi. Secde yeri göz yaşından sırsıklam oldu. Yokluk istiğrakından kendisine gelince ağzını açtı, hoş bir tarzda medhü senaya başladı: "En az bahşişi dünya mülkü olan Tanrım! Ben ne söyleyeyim? Zaten sen gizlileri bilirsin.Ey daima dileğimize penah olan Tanrı! Biz bu sefer de yolu yanıldık.Ama sen "Ben gerçi senin gizlediğin şeyleri bilirim. Fakat sen, yine onları meydana dök" dedin.

Padişah, ta can evinden coşunca bağışlama denizi de coşmaya başladı. Ağlama esnasında uykuya daldı. Rüyasında bir pir göründü. Dedi ki: "Ey padişah, müjde; dileklerin kabul oldu. Yarın bir yabancı gelirse o, bizdendir. O gelen hazık hekimdir. Onu doğru bil, çünkü o emin ve gerçek erenlerdendir. İlâcında kati sihri gör, mizacında da Hak kudretini müşahede et."

Vade zamanı gelip gündüz olunca... güneş doğudan görünüp yıldızları yakınca, Rüyada kendine gösterdikleri zatı görmek için pencerede bekliyordu.Bir de gördü ki, faziletli, fevkalade hünerli, bilgili bir kimse, gölge ortasında bir güneş; uzaktan hilâl gibi erişmekte, yok olduğu halde hayal şeklinde var gibi görünmekte. Ruhumuzda da hayal, yok gibidir. Sen bütün bir cihanı hayal üzere yürür gör! Onların başları da, savaşları da hayale müstenittir. Öğünmeleri de, utanmaları da bir hayalden ötürüdür. Evliyanın tuzağı olan o hayaller, Tanrı bahçelerindeki ay çehrelilerin akisleridir.

Padişahın rüyada gördüğü hayal de o misafir pirin çehresinde görünüp duruyordu. Padişah bizzat abeyincilerin yerine koştu, o gaipten gelen konuğun huzuruna vardı. Her ikisi de aşinalık (yüzgeçlik) öğrenmiş bir tek denizdi, her ikisi de dikilmeksizin birbirine dikilmiş, bağlanmışlardı. Padişah: "Benim asıl sevgilim sensin, o değil. Fakat dünyada iş işten çıkar. Ey aziz, sen bana Mustafa'sın. Ben de sana Ömer gibiyim. Senin hizmetin uğrunda belime gayret kemerini bağladım" dedi.

Tanrı'dan edebe muvaffak olmayı dileyelim. Edebi olmayan kimse Tanrı'nın lütfundan mahrumdur.Edebi olmayan yalnız kendine kötülük etmiş olmaz. Belki bütün dünyayı ateşe vermiş olur.

Alışverişsiz, dedikodusuz Tanrı sofrası gökten iniyordu. Musa kavmi içinde birkaç kimse terbiyesizce "hanı sarımsak, mercimek" dediler. Ondan sonra gökyüzünün sofrası, ekmeği kesildi; ekme, bel belleme, orak sallama kaldı.Sonra İsa şefaat edince Hak, yemek sofrası ve tabaklarla ganimetler gönderdi. Yine küstahlar edebi terk ederek sofradan yemek artığını aşırdılar. İsa bunlara yalvardı. "Bu devamlıdır, yeryüzünden kalkmaz.Bir ulu kişinin sofrası başında kötü zanna düşmek ve harislik etmek küfürdür" dedi. O rahmet kapısı, hırslarından dolayı bu görmedik dilencilerin yüzlerine kapandı. Zekât verilmeyince yağmur bulutu gelmez zinadan dolayı da etrafa veba yayılır. İçine kasavetten, gussadan ne gelirse korkusuzluktan ve küstahlıktan gelir.

Kim dost yolunda pervasızlık ederse erlerin yolunu vurucudur, namert odur. Edepten dolayı bu felek nura gark olmuştur: Yine edepten dolayı melekler masum ve tertemiz olmuşlardır. Güneşin tutulması, küstahlık yüzündendir. Bir melek olan Azazil de yine küstahlık yüzünden kapıdan sürülmüştür.

Kollarını açıp onu kucakladı, aşk gibi gönlüne aldı, canının için çekti. Elini, alnını öpmeğe, oturdu yeri, geldiği yolu sormaya başladı. Sora sora odanın başköşesine kadar çekti ve dedi ki: "Nihayet sabırla bir define buldum.

Ey vuslatı, her sualin cevabı! Senin yüzünden nişliğin anahtarıdır" sözünün manası, Ey vuslatı, her sualin cevabı! Senin yüzünden müşkül, konuşmaksızın, dedikodusuz hallolur gider. Sen, gönlümüzde, onların tercümanısın, her ayağı çamura batanın elini tutan sensin.

Ey seçilmiş, ey Tanrı'dan razı olmuş ve Tanrı rızasını kazanmış kişi, merhaba! Sen kaybolursan hemen kaza gelir, feza daralır. Sen, kavmin ulususun, sana müştak olmayan, seni arzulamayan bayağılaşmıştır. Bundan vazgeçmezse..." O ağırlama, o hal hatır sorma meclisi geçince o zatın elini tutup hareme götürdü.

Padişah, hastayı ve hastalığını anlatıp sonra onu hastanın yanına götürdü. Hekim, hastanın yüzünü görüp, nabzını sayıp, idrarını muayene etti. Hastalığının arazını ve sebeplerini de dinledi. Dedi ki: "Öbür hekimlerin çeşitli tedavileri, tamir değil; büsbütün harap etmişler. Onlar, iç ahvalinden haberdar değildirler. Körlüklerinden hepsinin aklı dışarıda." Hekim, hastalığı gördü, gizli şey ona açıldı. Fakat onu gizledi ve sultana söylemedi. Hastalığı safra ve sevdadan değildi.

Her odunun kokusu dumanından meydana çıkar. İnlemesinden gördü ki, o gönül hastasıdır. Vücudu afiyettedir ama o, gönüle tutulmuştur. Âşıklık gönül iniltisinden belli olur, hiçbir hastalık gönül hastalığı gibi değildir. Âşığın hastalığı bütün hastalıklardan ayrıdır. Aşk, tanrı sırlarının usturlabıdır. Âşıklık ister cihetten olsun, ister bu cihetten... akıbet bizim için o tarafa kılavuzdur. Aşkı şerh etmek ve anlatmak için ne söylersem söyleyeyim... asıl aşka gelince o sözlerden mahcup olurum. Dilin tefsiri gerçi pek aydınlatıcıdır, fakat dile düşmeyen aşk daha aydındır. Çünkü kalem, yazmada koşup durmaktadır, ama aşk bahsine gelince; çatlar, aciz kalır. Aşkın şerhinde akıl, çamura saplanmış eşek gibi yattı kaldı. Aşkı , âşıklığı yine aşk şerh etti.

Güneşin vücuduna delil, yine güneştir. Sana delil lâzım ise güneşten yüz çevirme. Gerçi gölgede güneşin varlığından bir nişan verir, fakat asıl güneş her an can nuru bahşeyler. Gölge sana gece misali gibi uyku getirir. Ama güneş doğuverince ay yarılır (nuru görünmez olur). Zaten cihanda güneş gibi misli bulunmaz bir şey yoktur. Baki olan can güneşi öyle bir güneştir ki, asla gurup etmez. Güneş gerçi tektir, fakat onun mislini tasvir etmek mümkündür. Ama kendisinden esir olan güneş, öyle bir güneştir ki, ona zihinde de, dışarıda da benzer olamaz. Nerede tasavvurda onun sığacağı bir yer ki misli tasvir edilebilsin!

Şemseddin'in sözü gelince dördüncü kat göğün güneşi başını çekti, gizlendi. Onun adı anılınca ihsanlarından bir remzi anlatmak vacip oldu. Can şu anda eteğimi çekiyor. Yusuf'un gömleğinden koku almış! "Yıllarca süren sohbet hakkı için o güzel hallerden tekrar bir hali söyle, anlat. Ki yer, gök gülsün, sevinsin. Akıl, ruh ve göz de yüz derece daha fazla sevince, neşeye dalsın" (diyor). "Beni külfete sokma, çünkü ben şimdi yokluktayım. Zihnim durakladı onu görmekten acizim. Ayık olmayan kişinin her söylediği söz... dilerse tefekküre düşsün, dilerse haddinden fazla zarafet satmaya kalkışsın, yaraşır söz değildir.

Ney: Eşi bulunmayan o sevgilinin vasfına dair ne söyleyeyim ki bir damarım bile ayık değil! Bu ayrılığın, bu ciğer kanının şerhini şimdi geç, başka bir zamana kadar bunu bırak!" (Can) dedi ki: "Beni doyur, çünkü ben açım. Çabuk ol çünkü vakit keskin bir kılıçtır.

Sufi: Ey yoldaş, Ey arkadaş! Sufi isen bil ki, vakit sultanın oğludur ki, bulunduğu vaktin iktizasına göre iş görür. Yoksa, "Yarın" demek yol şartlarından değildir. Yoksa sen sufi bir er değilmisin?"

Ney: Varlığa yokluktan kapı aralanır, kapıdan içeriye girdiğinde ise, yokluk sana hiç gelir.

Yolcu: Öyleyse, bırak şu senlik-benlik nedir, şu ayrı-gayrı nedir. Şu buzda da ayrılık-gayrılık vardır fakat denize düşünce denizle bir olur, varlığının kaynağıyla birleşir.

Ney: Öyleyse, Ey hakikati arayan yolcu! Sen aşk-ı mesnevînin hakiki bir müridi isen, sendeki o birlik hakikati ve cevheri, sen yok oldukça varlığa hakiki bir suret, yeni bir mana verir.

-Vesselam-

HATİME (SONUÇ)

Yolcu: Hikâyenin sonunda, bu hilkat dairesi içerisinde Yolculuk yapan 40 adet kafileler anladılar ki, o aradıkları Anka kuşu hükmündeki Kaf dağının ardına saklanan büyük hakikat kendileridir. İşte böylece, hikâyenin sonunda her varlık öyle bir noktaya ulaştı ve kemale erdi ki, aradıkları hakikatin ve Anka kuşunun kendileri olduğunu anladılar. Yani, aslında her bir kuş, içerisinde Anka'dan bir suret taşıyan bir varlıktı. İşte bu kuş misali varlıklar, sonunda anladılar ki, her bir nefis kendini tanımak suretiyle zaten o uzun yolculuğu kestirme, kısa yoldan kateder ve kendi üzerinde yaratıcının nakışlarını sergileyerek o büyük hakikate bir yol bulabilir.

Leyla ve Halil: 80. Günün sonunda Leyla ve Halil tekrar aynı kütüphanede buluşmuşladı. Fakat bu kez Halil'in fikirleri bambaşkaydı ve âdeta yenilenmiş gibiydi. Leyla kendi hikâyesiyle ilgili Halil'in yaşamış olduğu bu anekdotlardan almış olduğu notları biryandan karıştırırken anlayamadığı bir şey vardı. Madem görünür âlem, yani kâinat yaratıcıyı tanıtıyordu, o halde neden hakikate ulaşmak için hem dış dünyada ve hem de iç dünyada devam edip giden bir iki aşamalı yolculuğa gerek vardı?

Leyla: Gerçekten de anlattığın hikâyeyi çok ilginç ve çok açıklayıcı buldum Halil, fakat dikkat ettim de 15. yolculuğa kadar galaksilerden başlayıp atomaltı dünyada biten bir yolculuk var. Buna sufi gelenekte zahirî yolculuk diyorsun. Ve anladığım kadarıyla 16 yolculuktan sonrakiler ağırlıklı olarak hep batınî olarak kabul edilen insanın iç dünyasına doğru devam ediyor ve anlaşılıyor ki, bu iç yolculuğun hiç sonu yok, yani sonsuz gibi. Ve bu yolculuk nihai olarak sanki aşkla ilgili bir durumla sona eriyor.

Halil: Evet, gerçekten de buradan insanın iç dünyasının tüm kâinattan daha geniş olduğu görülüyor ve bu yolculuğun nihai noktası ise sihirli bir kelimede bitiyor: O da aşk. Bunu sana şöyle açıklayabilirim: İsmini farklı farklı adlarla andığımız sonsuzluğun sonsuz gücü, bütünün gücü; herşeyin içerisine öyle bir işlemiştir ki, içine baktığımız herşeyden âdeta fışkıracak gibidir. Asırlardır insanlar bunun farkındalığını yakalayabilmek için; ibadet, zikir, tasavvuf vs. gibi yolları kullanmışlardır. Birtakım kurallar da bunları takip edip gitmiştir. Bu Güç herşeyin içerisinde olduğu için, gerçekten de içe yönelmek gerekmektedir. Fakat, bu gücün farkındalığını yakalayabilmemiz için; fizik olan yanımızdan ya da dünyamızdan kopmamız gerekmiyor. Zaten herşeyin içerisinde olan bu gücü; yine baktığımız herşeyde, gerçekten görebilmeyi istersek ve bunu denersek görebiliriz.

Şahsen, oturup şöyle doğru düzgün zikir ve ibadet yapan birisi değilim. Fakat insan hayatının tümünü bence bir çeşit ibadet olarak görmekteyim. Tasavvufta ise, bu durum bir metodoloji izler ve daha içsel ve farklıdır. İşte çoğumuzun günlük hayatta gözden kaçırdığı bu farklılık aslında hayatın kendisinin içerisinde de mevcuttur. Bunu farkedebilmek; günlük hayatımızda yaptığımız her işte; sadece yapılan o işe değil de, her an içimizdeki kendi sesimize kulak tıkamadan, yaptığımız o işin bile bütünün bir parçasi ile iletişimimiz olduğunu hep hatırlayarak hareket etmekle olabilmektedir.

Sonsuzluğun sonsuz gücü; her an her yerde ve herşeyde titreşmekteyken, baktığımız herşeyde o titreşimi sadece düşünmemizin bile; onu görüp, hissedebilmemize büyük yardımı olacaktır. Bu ise; saf sevgiyle işlenmiş olan özümüzün Bütünü hissedebilme, görebilme ve onunla birleşebilme isteğine uymakla başlar. Buna uyan kişi artık onu yaşayabileceği imkanlara kendisini açmıştır, işte burada karşımıza iki tane anahtar çıkmaktadır:

1- TEVAZULU İSTEK (İRADE-İ KÜLLİ veya HAKİKAT-İ İLAHİYE)

2- KENDİLİĞİNDEN FARKINDALIK (İRADE-İ CÜZ'İ)

İçerisinde bulunduğumuz; ikilemlerle sınav ve geçiş boyutu olan bu boyut bilincini kısa yoldan aşabilmemiz için: Bu formülle; tekliği hepliğe, hepliği de tekliğe dönüşürerek geçiş yapabiliriz. Bu formüle de İKİYİ BİR ETME FORMÜLÜ ismini verebiliriz. Bu boyut bilincini bilincen aşarken, fiziğimizi de buna uyumlu hale getirebilmek bizlerin elindedir. Böylelikle, bu geçişleri yaşarken, bedenimizi terk etmemize gerek kalmayacaktır.

Sonsuzluğun parçası olan insan, onun parçası olduğunu ve BÜTÜNÜ teşkil ettiğini FARK ederek önündeki engelleri aşabilir. Bu zamanda artık: ARACILARI KALDIRARAK ona özgürce ulaşabilirsiniz.

Bulunduğumuz boyut bilincini aşan birisi; bu boyuttaki ikilemlerle yapılan sınavların diğer boyutlara geçişi yapmaya yarayan birer araç vazifesi gördüklerini anlayacaktır.

İkiyi Bir Etme Formülü: Varlıkla yokluğun durmadan birleşerek TEK'i oluşturduğu gibi, insanın da Fiziği ile Enerjisini bilincinde tam anlamıyla birleştirmeyi başardığı anlarda Tek'e ulaşmasıdır. O Tek'e ulaşan birey artık sonsuzluğun sırlarına açılmış demektir. İşte biz tasavvuf yoluyal bu muhteşem yapıtın her birimini istediğimiz bir bilgisayar programı gibi PROGRAMLAYABİLMEK elimizdedir. Bugüne dek bu yeteneğini kullanabilenlere hep; DOĞA-ÜSTÜ YETENEKLERİ olanlar veya EVİLİYALAR denilmiştir. Aslında bu yetenek: Doğanın üstünden ya da altından değil, ta Kendisinden yaratıcının zat-ı ilâhîsinden gelmektedir. Bu yüzden; herşeyin doğal olması ve doğallığını koruyabilmesi gerçekten de çok önemlidir.

İKİYİ BİR ETME FORMÜLÜNDEKİ:

1-TEVAZULU İSTEK: Olumsuz duygu ve düşünceler olmadan, kişinin kendisinin Bütünlüğe olan Sevgiyle işlenmiş Özünün sesinden gelen: Gerçeği ile kalpten bir BİRLEŞME isteği olmalıdır ki olumlu sonuç verebilsin.

2-KENDİLİĞİNDEN FARKINDALIK ise: Tevazulu isteğin doğasallığı ile kendiliğinden getirecegi o HUZUR anında yoğunlaşan hislerin ve içinizdeki Sonsuz gücün Titreşimlerinin, frekanslarının yarattığı Farkındalığının yakalanabilmesidir. İşte o esnalarda: Heryerde olan O Sonsuzun gücünün; SİZDEN: Görüp, Duyup, Hareket ettiğini ve böylece, nasıl HERAN, HER YERDE ve HERŞEYDE olduğunun, Tekliğinin Bölünmezliğinin bir kez daha anlaşılmasıdır. Bu belirtileri farketmek kişide zamanla öyle bir gelişir ki; bunu heran baktığı heryerde, herşeyde hissetmeye ve fizik ötesi gözlerle görmeye başlar. Bunların getirdiği ÖZÜ ile birleşince; BÜTÜNSEL BÜTÜNLE her an, her yerde ve herşeyde olduğunu yaşar. Ardından da sonsuza açılan başka kapıları açmaya başlar. Bir başka ifade ile: FARKLI BOYUTLARI yaşar.

Yakalanan bu YÜKSEK FARKINDALIK HALLERİNDE: Bütün ZAMANLAR, Bütün MEKANLAR ve Bütün FORMLARLA bir Bütün olduğumuzu hiç şüphe bile etmeden, düşünüp, hissedip ve de yaşayabiliriz. İşte o anlarda Sonsuzun gücüyle birleşen birey: Kendisi olmanın vereceği varlıkta yokluk; yoklukta da varlık duygusu ile, GERÇEK ÖZGÜRLÜĞÜ tatmış olacaktır. O anlarda; içinizdeki IŞIĞI, SESi ve SICAKLIĞI hissedip onu alıp vücudunuza yaydıktan sonra onun toprağa ve minerallere kavuşmasına izin veriniz. Buna bir nevi: SONSUZUN SONSUZA AKIMI yani ZAT-I İLAHİNİN TECELLİ ETMESİ diyebiliriz. Sonsuzluğun sonsuz sonlarına ve de başlarına durmadan sebep olan Bilinç Potansiyellerimiz, yine o

Sonsuzun Sonsuz gücünden KAYNAKLANDIĞI gibi, bunları FARKLI FARKLI olmak üzere sonsuza dek yaşayacaktır.

Yaratılışın sebebi olan ve bir BÜTÜNÜ teşkil eden bilinç potansiyellerimiz: Sonsuzun gücünü oluşturup, kendini kendinde deneyimleyebilme arzusuyla dünyada beden bulmaktadır. Bu deneyimlerini de her bilinç yine kendinden kendine yapmaktadır. Bilinç potansiyellerimiz her seferinde FARKLI deneyimleri öğrenmek ve öğretmek üzere buraya gelmektedirler. Bu yüzden de herkesin bazı KAVRAMLARI farklı algılayıp farklı değerlendirmesi gayet normaldir. Kapılar farklı olsa da sonunda Sonsuza ulaşılmaktadır. Önemli olan bunu KAYNAKLARIN KAYNAĞI Sonsuzun Sonsuz gücünden yapabilmektir. Bilincimizi neye açıyorsak, onun SIRRINI kavramaya hazır oluyoruz. Örneğin; bir kişi uzay gemisini metal olarak algılarken, diğer kişi onu enerjetik olarak algılar, üçüncü bir kişi; bunları da aşarak kendi bedenini bir uzay gemisi gibi algılayabildiği takdirde onu öyle kullanabilip fiziken bile boyut atlayabilmesi, yani tayy-ı mekân vs. gibi.. Birşeyi öğrenmek istediğimizde kendimizi ne şekilde şartlandırırsak onu o şekilde algılayıp kendi kendimize yaşatmamız da kaçınılmaz oluyor.

DÜNYA ise: Uzayın içerisinde durmadan gezen bir ANA GEMİ gibi olup, BİZLER de onun üzerinde sürekli seyahat eden ve öğrenen UZAYLILARIZ diyebilirim. Çünkü o gemiyle beraber BİZ de uzaydan hariç değiliz. Bütün Mesele: Bilincimizde mühürlü olup, o mühürü açmak ise yine bize kalmaktadır. Deneyim için sonsuz sınırsız yaşam şekilleri ve boyutlar olan uzayda; onları algılayabilmek için kendimize herhangi bir şart koşmaz ve şartlanmalara maruz kalmaz isek; etrafımızda olup biten herşeyden o denli TÜM GERÇEKLİKLERİ ile haberdar olabiliriz. Bütün bunları yaparken bilincimizi âdeta bir fırlatma aracı olarak kullanıyoruz: Bilincimizi hedef alınan yere yönlendirip harekete geçiriyor ve sonunda da onunla temasa geçiyoruz. Burada dikkat edilmesi gereken husus: Bilincimizi kendi bilinç boyutlarımıza göre ayarlamadan oraya yükseltebilmek ve o denli de gerçek cevapları alabilmektir. Görmeyi istediğimiz o şeyi, kendi görme isteğimize göre hayal etmeyip, sadece onu olduğu gibi deneyimleyebilmeye çalışırsak, gerçekleri de o denli algılamaya başlayacağız.

Başka bir örnekle: Sana inanışa geçmiş ve artık KALP KAPISINI açmış birisine onun hayatıyla ilgili bir sırrı bildirsen, o kişi hemen kendisini onlara ayarlayacaktır, oraya odaklanacaktır. Her zaman: Geçmişini kendi hatırlayıp, geleceği gören ve kendimle ilgili herşeyi kendi kendime sorup yine kendi çözen birisi olarak; önemle vurgulamak isterim ki: Kişi her zaman kendisiyle ilgili soruları kendisine sorup, en doğru cevapları da yine kendisinden alıp sağlıklı sonuçlara varabilmelidir. Bunları yaparken de kendi doğasallığının getireceği hatırlamalarla kendisini açması gerekmektedir. Böylelikle kendi kendisi için yine olumlu bir verim alabilecek ve etrafına da o denli fayda sağlayabilecektir. Birey şu anda dünyaya kim olarak geldi ise geçmişin ve geleceğin sonsuz gücü yine Onda mevcuttur. Bu yüzden de önce onu açması gerekmektedir. Kişi kendisini açabilirse; Kalu Belâ'daki geçmişini hatırlayıp geleceğini de VAR edebilecektir. Bütün bunları yaparken de *sonsuzluğun nötr dengesinde* bütünle birleşip: Yaşamla-ölüm gibi, bu boyutla-diğer boyutlar arasındaki ince çizgiyi anlayarak Sonsuzluğa kendisini gerçek anlamda açmış olacaktır. uzay ve boyutları kendi içerisinde hissedip onların içerisinde bulunan çeşitli obje, suje ve kavramlardan normal olarak etki alıp, çeşitli iletişimler kurabilecektir. Aynı zamanda da onları etkileyenin ta kendisi olduğunu ve nu ilâhî ilhamın kaynağının ise zat-ı Zülcelâl olduğunu farkedecektir. Kişinin buradaki özgür seçimi: Onların kendisi üzerinde zaman zaman olan hakimiyetini, kendisinin onlar üzerindeki hakimiyetine tercih ederek: kavram ötesi her türlü kavramı; hiçbir şartlanmaya ve şartlandırılmalara maruz kalmadan özgürce her boyuta açabilmektir. Artık dünya üzerindeki hiçbir bilgi onu tatmin etmediğinde de gerçek soznsuzluğa açılmış olacaktır. İşte o zaman özünü isteyen kişi her an, dinlediği heryerden kendisini işitip, Sonsuzun gözüyle, kendisini herşeyde görüp, Zat-ı Züzlcelâl'in bilgisini her zerrede görerek, onu yaşayarak hayatı anlamaya başlayacak, nihayet sonsuzu sonsuzca yaşayacaktır.

Leyla: Sanırım pek anlamadım, biraz karmaşık geldi bana. Biraz daha basit olarak açıklayabilir misin?

Halil: Elbette. Şimdi eline bir kağıt kalem al ve başlangıç noktası bitiş noktasında birleşen bir daire çiz.

Leyla: Şunun gibi mi yani?

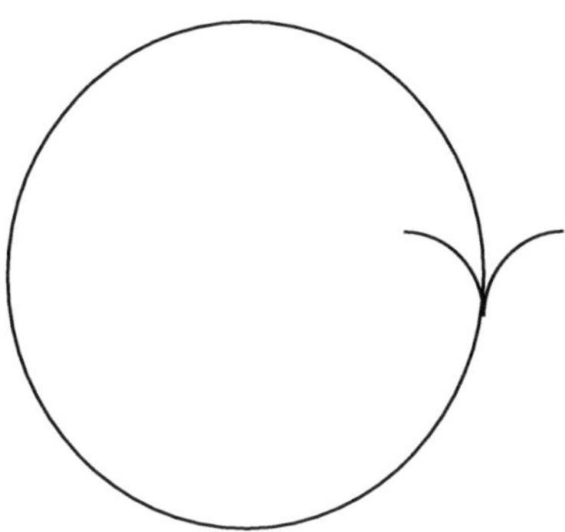

Halil: Evet. Bu daire bizin kendi benliğimizi ve kâinatın deveranını simgeleyen uzay-zaman çizgisini temsil etsin. Şimdi yanına aynı daireden bir tane daha çiz.

Leyla: Evet çizdim:

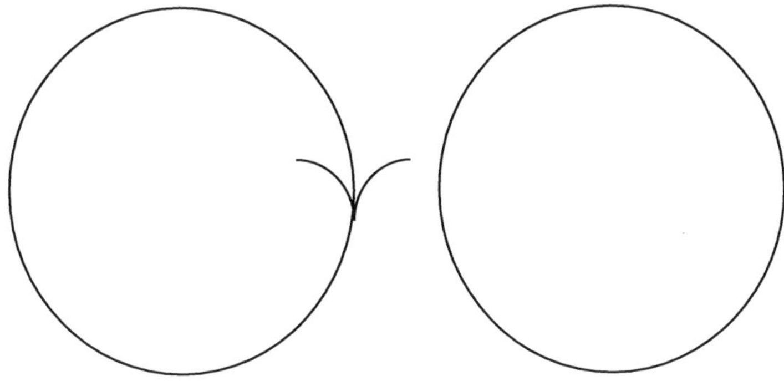

Halil: Şimdi bu iki daireyi birbirine en yakın noktalarından birleşecek şekilde yan yana getir.

Leyla: Evet getirdim:

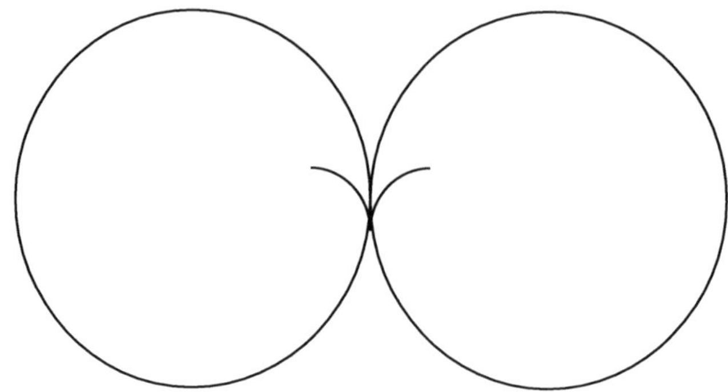

Halil: Ne görüyorsun?

Leyla: Çok ilginç! Sonsuzluk.

Halil: Evet sonsuzluk. Çünkü zahiri olan kâinat bilgisi ile batıni olan gayb bilgisi yan yana gelmezse hakikat-i ilâhîyeye, yani sonsuzluk âlemine ulaşamaz. Şeklin tam merkezindeki nokta ise, bizim kendi benliğimiz, yani nefsimizi gösterir ve o da sonsuzluğu çevreleyen hattın merkez noktasını oluşturur, yani sonsuzluğa açılan kapı insanın dış dünyasından değil, iç dünyasından geçer, bu noktadan başlar. Dolayısıyla seyr-i süluk kâinat bilgisini tamamladığında aslında bitmemiştir, yani yeni başlamıştır ve ikinci tur daireyi de tamamlamak zorundadır. İşte, pek çok felsefecinin ve dini tek taraflı yorumlayan katı, bağnaz tutumlu tarikat ehlinin takıldığı en önemli nokta burasıdır. İstersen ben sana o şekilleri yazılarıyla beraber açıklayayım:

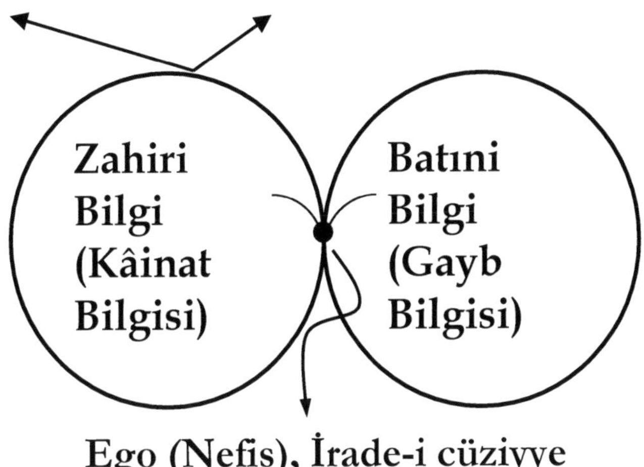

Leyla: Evet, gerçekten çok harika ve basit bir şekilde anlattın. Anladım! O yüzden yanyana paralel yerleştirilmiş iki aynanın tam ortasında durduğumuzda aynalarda sonsuz adet görüntümüz oluşuyor ve O yüzden huzur-u ilâhîde tek yönlü ilerlemek mümkün olmuyor ve gerçekten de tasavvuf tam manasıyla bu demek.

Halil: Evet, öyle. Fakat daha bitmedi. Tasavvufta ilerlemenin son noktası ise, Tevhid inancını tüm varlıklarda ve dinlerde görebilmenin özünden ve tüm dinlere Allah'ın indirmiş olduğu şeriatlar ve dinler olarak bakmaktan geçer. İşte bunun için, Sufi bunu göremedikçe pek çok olayı mesela hikayenin başındaki Şems'in Mevlana'dan onu denemek için Şarap istemesi gibi hadiseleri ve esas ardındaki mana olgularını ve tasavvufun ince noktalarını görmesini engelleyecektir. İşte, insanın iç dünyası ile kainat arasındaki bu uyum dinlerin temel özelliklerinde vardır ve bu temel öğeler tevhid inancının göstergesidir, yani tek Allah inancının.

Halil: Elbette çok eski zamanlarda, eski peygamberlere bildirilen vahiy bilgileri simgesel ve sembolik kapalı bir dil ile anlatılıyordu. Bunun zamanı ise, 5-6 bin yıl öncesindeki Hz. Adem dönemine ve hatta ondan 10-12 bin yıl öncesi zamana kadar uzanan Cinlerden gönderilen peygamberler dönemine kadar uzanmaktadır. Hatta, bugün varlığından kuşkulanılan Atlantis ve Mu uygarlıkları o dönemde tevhid inancının yaşandığı son kara parçalarıydı ve Kur'an-ı kerime göre cinlerin dinden uzaklaşması ve tevhid inancını bozmaları sebebiyle o kıtalar Atlas ve Pasifik okyanuslarına gömülerek helak edildiler. O dönemlerde tevhid inancının göstergesi bu sembollerle vahyediliyordu. Fakat, zamanla dinden uzaklaşan insanlar ve cinler vahiy bilgilerini olduğu gibi, bu sembolleri de gerçeklikten uzaklaştırdılar.

Leyla: Yani sen bu antik çağ öncesi işaretlerin kapalı bir mana mı içerdiğini savunuyorsun?

Halil: Evet, şimdi daha İslamiyet gönderilmeden önce Hristiyanlığın çok bilinen şu haç sembolünü daha yakından inceleyelim.

Halil: Peki, İslamiyetin bilinen en büyük sembolü nedir?

Leyla: Mekke'deki Kabe olabilir mi?

Halil: Evet, doğru söyledin. Kare şeklindeki bir bina olan Kabe islamiyetin hem kıblesi ve hem de tevhid sembolüdür. Fakat, bu secde edilen yerin ve sembolün bir put olduğu anlamına mı gelir? Elbette hayır. Yüce Allah bize onu bir Tevhid sembolü olarak seçmiştir. Nasıl ki, islamiyetten önceki sembolik tevhid kıbleleri Kudüs'teki Mescid-i Aksa idiyse (ki o zamanlar mescid-i aksa mabedi kabe gibi kare şeklinde değil bir çokgendi. Sekizgen veya ongen gibi) işte bu işlemi geriye doğru götürdüğümüzde ilk kıblesel binaların sembollerinin mükemmel geometrik şekil olan daire şekline yakınsadığını farkederiz. Yani, senin ilk çizmiş olduğun sonsuzluğu sembolize eden kainat mabedi ile kendi içimizde bulunan Nefis mabedinin sembolik şekli. Yani, buradan şu sonucu çıkarabiliriz ki, yeryüzünde inşa edilen ilk tevhid kıbleleri dairesel şekillere doğru yakınsar ve bu da Allah'ın Dünyadaki ve Ahiretteki hakimiyeti ile ezeli ve ebedi sonsuzluğunu temsil eder:

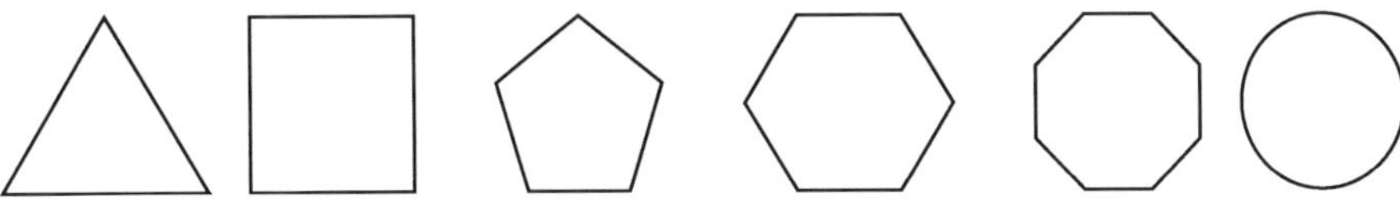

3 kenar, 4 kenar, 5 kenar, 6 kenar, 8 kenar...Sonsuz (∞) kenar şeklinde!

Leyla: Yukarıdaki gibi mi yani?

Halil: Evet, gördüğün gibi geometrik şekillerin kenar sayısı arttıkça mükemmel geometrik şekil olan daireye yakınsar ve merkez noktasına göre etrafına en geniş olan ve etrafına en çok yayılmış şekil bir daire olmalıdır. Kur'an-ı Hakim'deki Meleklerin secdegâhı olan "**Benim Arş'ım geniştir**" lafzını hatırla.

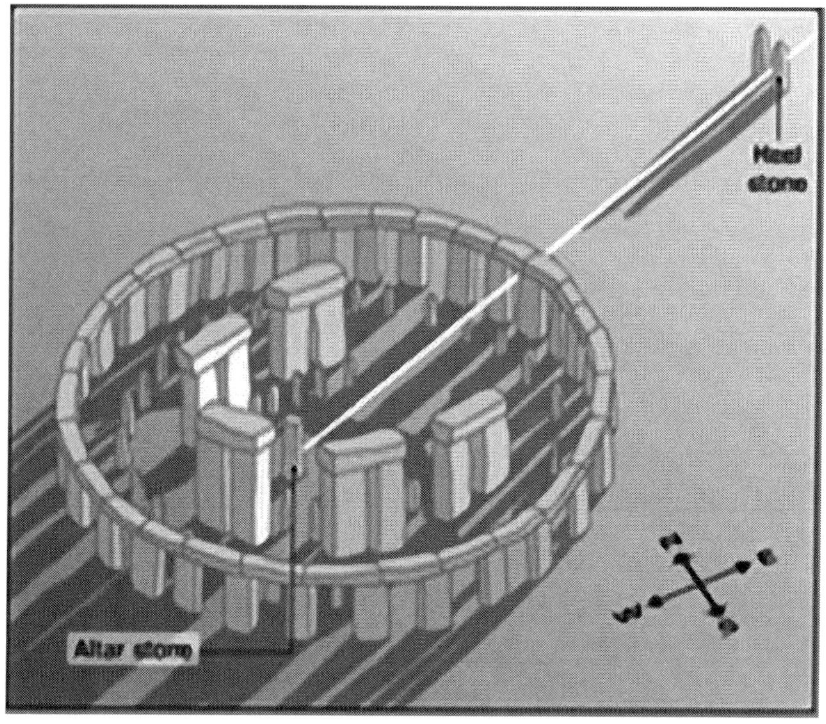

Resim: Yeryüzünde inşa edilen ilk mabedler dairesel biçimlerdeydi. Burada, İngiltere'de inşa edilen tarihi M.Ö. 10.000'lere kadar uzanan Stonehenge taşları görünüyor.

Leyla: Nasıl yani sembolik manada başka bir örnek verebilir misin?

Halil: Mesela en basitinden başlayalım. Şu işaret:

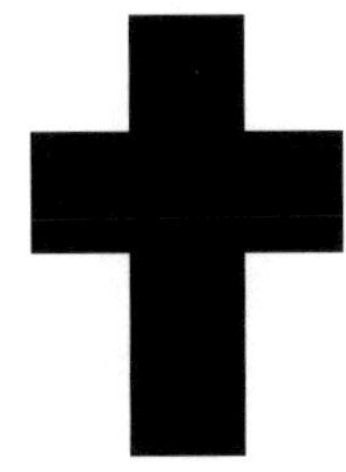

nedir?

Leyla: Bir haç işareti ve aynı zamanda bir put.

Halil: Evet, Hristiyanlarca kabul edilen şekliyle doğru. Çünkü, onlar Hz. İsa'nın çarmıha gerildiğini söylüyorlar, fakat bu işaretin gerçek manasını bilmiyorlardı. Evet, Kur'an'a göre gerçi Hz. İsa çarmıha gerilmedi fakat Hz. İsa'nın yaşadığı dönemde bu işaret çok kullanılan bir semboldü, tabi kapalı manada. Oysa, Hz. İsa tarafından kullanılan bu işaret onun gelişinden binlerce yıl önce de biliniyordu ve kullanılıyordu. Aynen, Hz. Süleyman'ın kullandığı ve Yahudiliğin sembolü olan Davut yıldızı gibi. Çok ilginç değil mi? Peki sence kaynakları nereye dayanıyordu.

Leyla: Tevhid inancına mı?

Halil: Evet, bildin. Şimdi, bunun nasıl olduğunu öğrenmek için yukardaki haç işaretine yeniden dönelim. Şimdi bana kağıt üzerinde Kabe'nin geometrik şeklini gösterebilir misin?

Leyla: Şunun gibi mi yani?

Halil: Evet, fakat kabenin üç boyutlu şekli bu değildir. Kabe altı kenarlı bir küp şeklindedir:

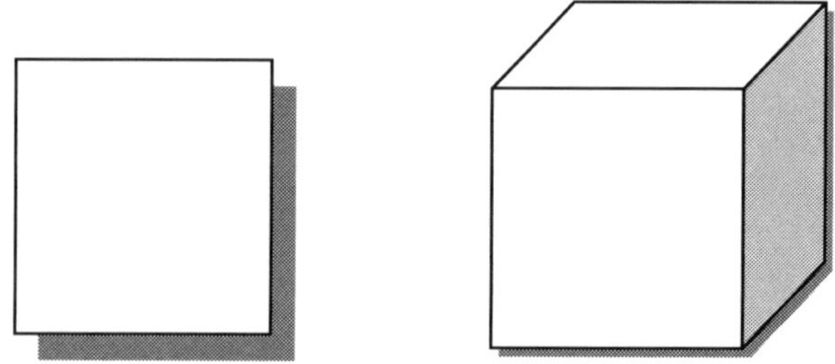

Halil: Şimdi, bu küpü kağıt üzerinde iki boyutlu olarak açabilir misin? Sana bir ipucu vereyim: Bu basit geometri probleminin çözümünde, her dinin gönderilen önceki hak dinin sembolik bir açılımı olduğunu göreceksin!

Leyla: Şunun gibi mi yani?

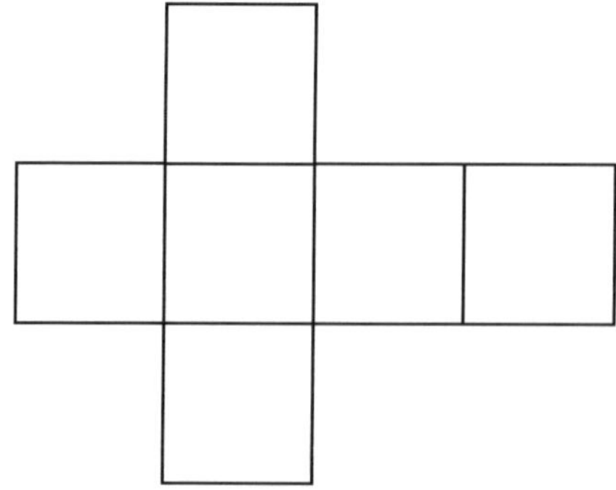

Halil: Evet, çok güzel betimledin. Peki, şimdi şekli saat yönünde 90 derece döndürelim ve söyle bakalım bu şekil neye benzedi?

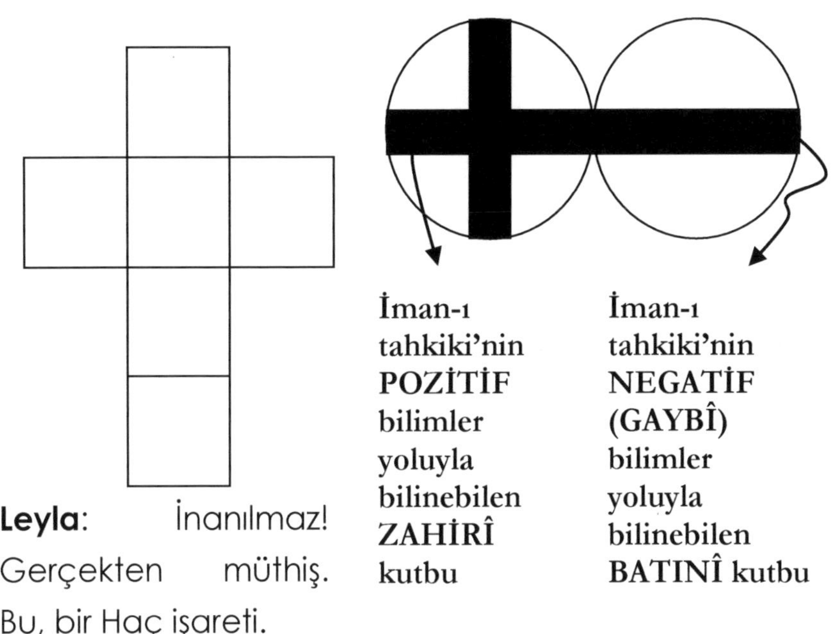

Leyla: İnanılmaz! Gerçekten müthiş. Bu, bir Haç işareti.

Halil: Evet, bildin! Şekli 90 derece saat yönünde döndürürsek eğer, İseviliğin sembolü olan Haç şeklini elde ederiz ki, bu da bize Kabe'nin üç boyutlu sembolik açılımının haç işaretini verdiğini gösteriyor. Aynı zamanda dikkat et! Bu şekil kollarını iki yana alabildiğince açmış ayakta durup ∞&yatarak dua eden bir insanı temsil ediyor ("**Siz, dua ettiğinizde kollarınızı mümkün olduğu kadar yanlara doğru açın**" hadis-i şerifini hatırla) ki bu da insanın öz benliğine işaret ettiğini gösteriyor. Yani, zahiri ve batıni bilgi kanalları vasıtasıyla hakkı bulmak, kendi nefis kafesi ve kainat binasındaki büyük mabedde hakikati anlamak.

Leyla: Gerçekten çok ilginç. Bu hikayeyi hiç bu şekilde düşünmemiştim. Yani, şu işaretleri ve **ÜÇ** dinin **BİR**'liğini!

Halil: Evet, işaretler pek çok şeyi açıklar. Peki şimdi bir sembolik işaret daha göstereyim. Şimdi kağıt üzerinde bana Museviliğin sembolik işaretini gösterebilir misin?

Leyla: Şunun gibi mi yani?

Halil: Evet, şimdi kağıt üzerinde içiçe geçmiş üçgenleri birbirinden ayırıp yanyana gösterebilir misin?

Leyla: Şunun gibi mi yani?

Halil: Evet, şimdi bu iki şekli yanyana getirerek birleştir.

Leyla: Şunun gibi mi yani?

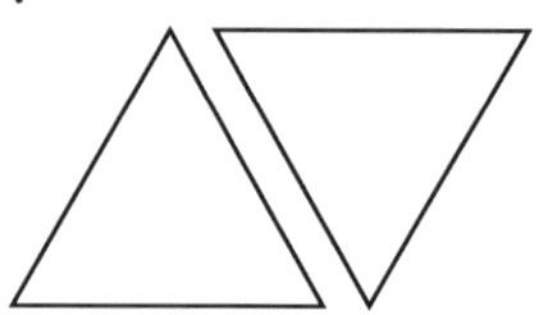

Halil: Evet, fakat eşkenar üçgenleri iç açıları 45 derece olan ikizkenar dik üçgenlere yakınsatıp tekrar çiz.

Leyla: Şunun gibi mi yani?

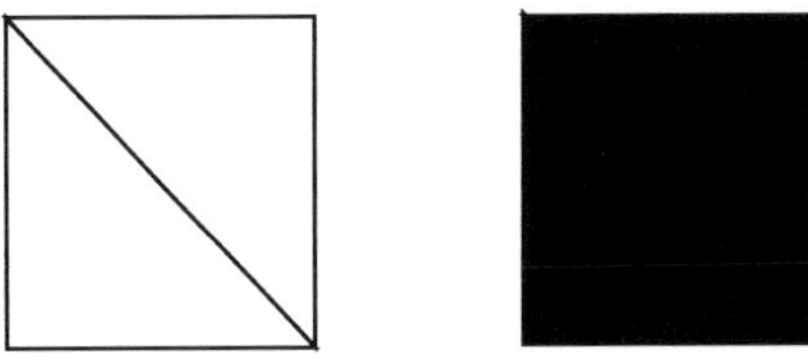

Halil: Ne görüyorsun?

Leyla: İnanılmaz, bu bir kare! Yani haçın bir önceki açılımı.

Halil: Evet, iki şekli ayırıp yeniden birleştirdiğimizde bir kare, yani Kabe'nin iki boyutlu üstten görünüşü ortaya çıktı. Yani, bu da demek oluyor ki, Kabe'nin karesel geometrik şekli sıradan olmayıp, aslında tevhid inancının ve daha önceki gelen vahiy dinlerinin sembollerinin bir toplamı, hulasası olup, Tevhid inancının ortak kıblesini oluşturur.

Leyla: Gerçekten inanılmaz. İşte, tam bir Tevhid inancı. Demek ki, önceki dinlerde de bilinen semboller Tevhid inancını gösteren birer sembolik kıble manasına geliyor.

Leyla: Evet, bu da gösteriyor ki, secde edilen hakiki yer sembolik manada Kabe olmakla birlikte, gönüllerde inşa edilen tevhid inancının yeri ve kıblegâhı olan asıl binalar kalplerdir, o sembollerin, yani sonsuzluğun bir yansımasıdır.

Halil: Evet, çok doğru söyledin. Bir düşün, Kabe'nin dışındaki insanlar kabenin binasına yönelerek ibadet ederler. Peki, ya küçük bir cemaat kabenin içerisinde namaz kılmış olsaydı hangi yöne secde edecekti? İşte, Mevlana'nın ilahi aşk felsefesinin sırrı ve temeli şu noktada yatmaktadır. Mevlana, "**İçerisinde Hak'kın sevgisini barındırmayan Kabe-misal bir binaya benzettiği gönlü**" kafir olarak nitelendirir. O gönül harap olmuş, yıkılmış bir şehir gibidir. İsterse yüz kez o beyti tavaf etse de boştur. Allah sevgisiyle dolu gönül ise; Hak güneşinin nurunu aksettirir, onun nuruyla mamur haldedir. İşte, böyle mamur gönüller Hakkın hakiki, gerçek evidir, secdegâhıdır. Bunun için Mesnevi'de şöyle der: "**Kabe'den maksat velilerin ve nebilerin gönülleridir ve burası Allah vahyinin yeridir. Kabe onun feridir. Eğer gönül olmazsa, Kabe ne işe yarar?**" (Fihi Mafih, 254) Elbette, böylesine kutsal bir yapıya hürmetsizlik edilmez. Fakat, gönül kırmaktan, insanları incitmekten sakınılmalıdır. Gönül yıkan bedbahtlar, akıldan yoksundur. "Ahmaklar, secde edilen mescide hürmet gösterirken, secde edenin kalbini kırmaya çalışırlar. Gerçekteyse ey aptallar; o mecaz, bu hakikattir. Asıl mescit ariflerin gönül evidir. Velilerin gönlü, temiz kişilerin secde ettiği bir mescittir.." der. Bu da gösteriyor ki, tüm dinler saf ve temiz olan kaynaklarına bakıldığında kardeştir ve hakikatte tek Allah inancını savunur, işte bu işaretler de onu sembolize eder ve işte Mevlanâ'nın asli Felsefesi'nin temeli de bu **BİR**'lik olgusudur.

Halil: İstersen geç oldu, kalkalım artık. Hem konular çok derin olduğu için bitecek gibi görünmüyor.

Leyla: Evet. Bence de öyle!

Halil: Halil, saatine baktı ve epey geç olmuştu, Kütüphane kapanmak üzereydi. Fakat huzurluydu, çünkü aradığı soruların cevaplarını tam olarak almıştı. Zamanın nasıl geçtiğini anlayamayan Halil, Kitabın kapağını kapattığında gözü sanki kitabın bir Hülasasını (Özetini) veren Mukaddime'sinin (Giriş kısmının) son cümlesine takılmıştı.

Üstad: Ne diyordu Üstad:

درنيابد حال پخته هيچ خام

پس سخن كوتاه بايد و السلام

Der neyâbed hâl-i puhte hîç hâm

Pes sühan kûtâh bâyed vesselâm

Ham ervâh olanlar,

pişkin ve yetişkin zevâtın hâlinden anlamazlar.

O halde sözü kısa kesmek gerektir.

Vesselâm..

~ ∞ ~

~ SON ~

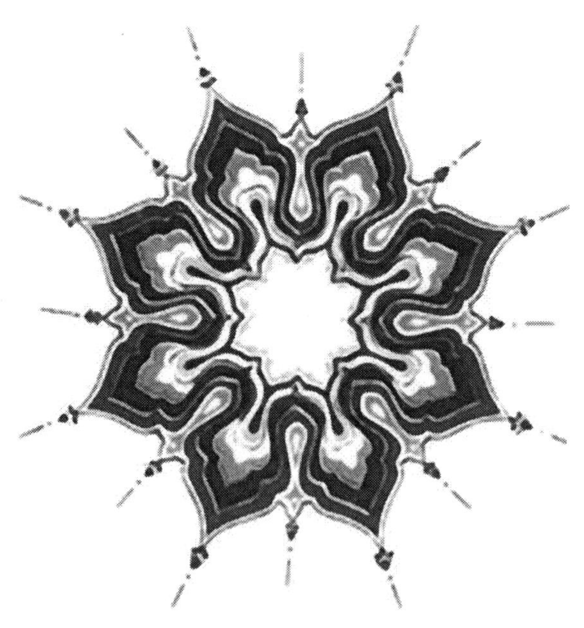

NOTLAR:

Zeitfracht Medien GmbH
Ferdinand-Jühlke-Straße 7
99095 Erfurt, Deutschland
produktsicherheit@kolibri360.de